国家出版基金项目
NATIONAL PUBLICATION FOUNDATION

国之重器出版工程
网络强国建设

物联网在中国

大数据在智能物流中的应用

Application of Big Data in Intelligent Logistics

李芏巍　编著

電子工業出版社
Publishing House of Electronics Industry
北京 · BEIJING

内 容 简 介

大数据时代已经到来，消费者享受着大数据带来的便利，经营者越来越意识到大数据的价值，研究人员借助技术手段挖掘大数据的潜在价值，并将其转换为更有价值的资源优势。大数据与各行业加速融合，智能物流是现代物流变革的主要方向，是具有智能化功能的物流先进模式。

本书涉及大数据与智能物流融合领域，是在实践中动态发展的成果体现。智能物流是物流系统向高质量发展的重要阶段。在物流行业飞速发展和市场竞争日益激烈的双重作用下，智能物流创新发展、日新月异。本书力图让读者感受大数据在智能物流中的实际应用，本书理论与实践相结合，可为智能物流领域相关工作者提供借鉴和参考。

图书在版编目（CIP）数据

大数据在智能物流中的应用 / 李芏巍编著. —北京：电子工业出版社，2021.6
（物联网在中国）
ISBN 978-7-121-42128-0

Ⅰ. ①大… Ⅱ. ①李… Ⅲ. ①数据处理－应用－物流管理－研究 Ⅳ. ①F252.1-39

中国版本图书馆 CIP 数据核字（2021）第 196903 号

责任编辑：李　敏
印　　刷：固安县铭成印刷有限公司
装　　订：固安县铭成印刷有限公司
出版发行：电子工业出版社
　　　　　北京市海淀区万寿路 173 信箱　　邮编：100036
开　　本：720×1 000　1/16　印张：17.5　字数：364 千字
版　　次：2021 年 6 月第 1 版
印　　次：2021 年 6 月第 1 次印刷
定　　价：129.00 元

凡所购买电子工业出版社图书有缺损问题，请向购买书店调换。若书店售缺，请与本社发行部联系，联系及邮购电话：（010）88254888，88258888。

质量投诉请发邮件至 zlts@phei.com.cn，盗版侵权举报请发邮件至 dbqq@phei.com.cn。

本书咨询联系方式：（010）88254753 或 limin@phei.com.cn。

《物联网在中国》（二期）
编委会

《国之重器出版工程》编辑委员会

郑纬民　中国工程院院士
郑建华　中国科学院院士
屈贤明　国家制造强国建设战略咨询委员会委员、工业和信息化部智能制造专家咨询委员会副主任
项昌乐　中国工程院院士
赵沁平　中国工程院院士
郝　跃　中国科学院院士
柳百成　中国工程院院士
段海滨　“长江学者奖励计划”特聘教授
侯增广　国家杰出青年科学基金获得者
闻雪友　中国工程院院士
姜会林　中国工程院院士
徐德民　中国工程院院士
唐长红　中国工程院院士
黄　维　中国科学院院士
黄卫东　“长江学者奖励计划”特聘教授
黄先祥　中国工程院院士
康　锐　“长江学者奖励计划”特聘教授
董景辰　工业和信息化部智能制造专家咨询委员会委员
焦宗夏　“长江学者奖励计划”特聘教授
谭春林　航天系统开发总师

序

大数据开启了一次重大的时代转型。大数据渗透到各行业和各业务领域，成为重要的生产要素。创意设计研发是“智能物流之源”，产品终端是“智能物流之本”，顶层策划是“智能物流之魂”，“协同”和“跨界”是“智能物流之核”，大数据则是“智能物流之根”。大数据思维正在引领智能物流的发展。

智能物流的突破之处在于走向平台、走向社会，包括时间、空间、管理、服务等的整合，通过连接升级、数据升级、智能升级、绿色升级全面提升消费体验，深刻影响社会生产和流通方式。物流产业已从传统的劳动密集型产业转向与大数据、人工智能等技术融合发展的产业。拥抱智能物流，已经成为物流企业寻求转型升级突破的共识。大数据在物流产业中的应用，打破了物流产业低层次、低效率、高成本的运输局面，使之逐渐演化为对数字化要求极高的产业。

物流产业对大数据的需求前景广阔，具有超大规模、虚拟化、可靠安全等独特功能。未来，智能物流系统必然会发展为以高度集成化和智能化为特征的智能化系统，实现现代物流产业与供应链流程的最优化、自动化、智能化。

李芏巍是我在物流界的一位老朋友，他对我国各地物流产业及物流园区的规划做出了很大贡献，有些规划项目的质量与水平相当不错。李芏巍对现代物流与现代供应链有许多独到见解，出版了不少专著。只有对这个领域真正有感觉，才会朝这个方向去努力、去钻研。听闻李芏巍在写《大数据在智能物流中的应用》这本书，我非常高兴，也十分欣慰。这本书涉及大数据与智能物流的融合，有高度、有视角，为大数据在智能物流中的应用开了个好头。

《大数据在智能物流中的应用》理论与实际相结合，为读者认识大数据世界、智能物流世界提供了一把开门入室的钥匙，可为读者今后的学习方向提供借鉴和参考。

中国物流与采购联合会会长、中国物流学会会长

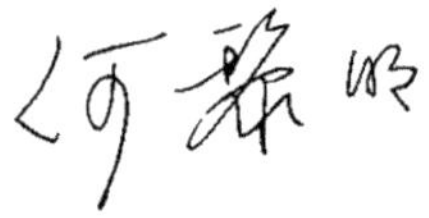

前 言

《大数据在智能物流中的应用》对“大数据”与“智能物流”两大命题进行全面、详尽的梳理，让人们看到“大数据”前进的铿锵，承载着全球“智能物流”产业在理论、实践方面创新的不懈努力。本书介绍了大数据在物流产业非同一般的创造力，展现了中国智能物流开创的智慧新局面，阐述了现代物流与供应链的发展历程和发展现状。

《大数据在智能物流中的应用》出版并进入公众视野，是大数据技术不断进步，并与物流产业高度融合发展的产物。大数据和智能物流不仅是中国关注的内容，也是世界高度关注的内容，而且吸引我们不断在新动态中关注未来世界。

大数据是人们获得新认知、创造新价值的源泉。在大数据时代，企业可以分析更多的数据，甚至可以处理和某个特别现象相关的所有数据。近年来，随着物联网、人工智能等技术在传统物流行业的应用推广，物流行业正在经历智慧化、科技化转型，智能物流应运而生并将重构物流行业版图。

我国是物流大国，现代信息技术是助力我国从物流大国转向物流强国的关键。实现智能物流的基础是数据库和物联网，大数据提供数据分析，物联网提供平台支撑。过去，物流形态多是合约模式，通过内部管理或线下组织车辆和运力完成物流运输；未来，物流生态圈将依托平台形成专业服务体系，借助平台整合人力、物力和大数据，为企业和个人提供更多的个性化服务。

在物流产业规模稳步增长的同时，现代科技正助推物流产业转型升级，物联网和人工智能技术驱动物流产业新旧动能加快转换。载重 12 吨以上的货车安装北斗导航定位系统，智能快递柜广泛铺设，大量托盘、智能柜、货物接入互联网，无人仓、无人港、无人机、无人驾驶卡车、物流机器人等一批领先技术在物流领域得到广泛应用。数据总量的优势叠加数据收集的能力，依托我国庞大的人口基数和经济规模，我国有机会也有实力走在世界物流大数据应用的前列。

本书重点介绍大数据在智能物流中的应用，智能本质上是一种知晓能力。智能物流是物流产业向高质量发展的重要阶段，我国智能物流的发展，尤其是电子商务和跨境电商的发展得益于大数据在智能物流中的应用。

《大数据在智能物流中的应用》可为高等院校物流、电子商务、管理、经济、国际贸易等专业高年级本科生、研究生，以及国家物流枢纽城市、物流枢纽、物流园区、物流与配送中心、物流企业、电子商务企业、供应链企业、跨境电商企业相关专家、学者、决策人员、管理人员及行业学会、协会联盟提供参考。本书试图引导智能物流产业进入以发展战略和实战应用为主导的创新阶段，为读者带来了积极的精神动力和行为动力。

在本书撰写期间，因项目任务较多，笔者基本上只能利用节假日和深夜时段撰稿，书中仍有不足之处，还望读者朋友批评指正，不胜感激。

李芏巍

于北京香山

目 录

第1章

大数据与智能物流

大数据开启了新时代高质量发展的新征程。

当前，人类进入大数据时代，基于大数据的重要性和有效性，其发展趋势不断扩大。大数据的应用使物流行业得到充分的提升，帮助物流行业拓展了新领域。大数据分析相关的技术，挖掘了物流数据的信息价值，为上下游关联用户等提供了丰富的大数据资源，为物流行业提供了有益的帮助，为物流行业的战略规划和商业运营创新模式等全方位部署提供了依据。大数据已全方位覆盖物流领域。

大数据时代智能物流模式的优势更加明显，如便于管理、一体化程度更高、效率提高、服务更加多样、顾客满意度更高等。物流行业在大数据时代进行了智能物流模式改革，大数据推动物流行业从粗放式服务向个性化服务模式转变，整个物流行业发生了颠覆性的变化。

在大数据时代，产业智能化是我国物流行业的发展方向和发展路径，我国智能物流模式变革推进建立了智能物流模式生态系统，整合信息资源实现信息共享，提高了物流行业的运营效率和核心竞争力，提升了人才培养机构的成才率，最终推动我国智能物流不断进步和高质量发展。

1.1　大数据的内涵与发展现状

当前，大数据已广泛渗透到各行各业，成为各领域重要的生产要素。大数据技术挖掘和应用海量数据，助力新型经济增长模式到来。数字产业价值链思维，这一前沿理念正在引领各行业的新未来。

1.1.1 大数据的发展历程

大数据的发展历程一般可以划分为 5 个阶段，即大数据出现阶段、大数据初级阶段、大数据热门阶段、大数据时代特征阶段、大数据爆发期阶段。

1. 大数据出现阶段（1980—2001 年）

著名未来学家阿尔文・托夫勒所著的《第三次浪潮》中将“大数据”称为“第三次浪潮的华彩乐章”。1997 年，美国国家航空航天局的两位研究员迈克尔・考克斯和戴维・埃尔斯沃斯在第八届可视化会议上首次使用“大数据”一词，其用来描述模拟飞机周围的气流——是不能被处理和可视化的，因为其数据集通常非常大，超出了主存储器、本地磁盘，甚至远程磁盘的承载能力，称之为“大数据问题”。

2. 大数据初级阶段（2002—2008 年）

在“9・11”事件后，美国政府为阻止恐怖主义，开始涉足大规模数据挖掘。美国国防部整合现有政府的数据集，组建了一个集合通信、犯罪、教育、金融、医疗和旅行等记录来识别可疑人的大数据库，但一年后该数据库停止使用。大数据在云计算出现之后才凸显其真正价值，谷歌在 2006 年首次提出云计算的概念。2007—2008 年，随着社交网络的激增，大数据的概念被注入新的生机。2008 年 9 月，《自然》杂志推出了名为“大数据”的封面专栏。

3. 大数据热门阶段（2009—2011 年）

2009—2010 年，“大数据”成为互联网行业的热门词汇。2009 年，印度建立了用于身份识别管理的生物识别数据库，联合国全球脉冲项目研究了如何利用手机和社交网站的数据来分析预测疾病暴发之类的问题；欧洲一些领先的研究型图书馆和科技信息研究机构建立了伙伴关系，致力于改善在互联网上获取科学数据的难度。2010 年，肯尼斯库克尔发表大数据专题报告《数据，无所不在的数据》。2011 年，IBM 的沃森计算机系统在智力竞赛节目《危险边缘》中打败了两名人类挑战者，《纽约时报》称这一刻为“大数据计算的胜利”。2011 年 6 月，麦肯锡发布了关于大数据的报告，正式定义了大数据的概念，并逐渐受到了各行各业的关注。2011 年 11 月 28 日，工业和信息化部发布了《物联网“十二五”发展规划》，将信息处理技术作为 4 项关键技术创新工程之一提出，其中包括海量数据存储、数据挖掘、图像视频智能分析，这些是大数据的重要组成部分。

4. 大数据时代特征阶段（2012—2016 年）

《大数据时代》一书中将大数据的影响分为 3 个不同的层面，分别是思维变革、商业变革和管理变革。“大数据”这个概念乘着互联网的浪潮在各行各业扮演了举足轻重的角色。

2012 年，大数据被越来越多地提及，人们用它来描述和定义信息爆炸时代产生的海量数据，并命名与之相关的技术发展与创新。数据正在迅速膨胀，随着时间的推移，人们越来越意识到数据的重要性。

2012 年 1 月，在瑞士达沃斯世界经济论坛上发布的《大数据　大影响》宣称，数据已经成为一种新的经济资产类别。2012 年，美国奥巴马政府在白宫网站发布了《大数据研究和发展倡议》，标志着大数据已经成为重要的时代特征；2012 年 3 月 22 日，奥巴马政府宣布投资 2 亿美元在大数据领域，这是大数据技术从商业行为上升到国家科技战略的分水岭。2011 年，韩国提出了“大数据中心战略”；2012 年，美国颁布了《大数据的研究和发展计划》；2013 年 6 月，日本发布了《创建最尖端 IT 国家宣言》；2013 年 10 月，英国发布了《英国数据能力发展战略规划》；世界上其他一些国家也制定了相应的战略和规划。2012 年 7 月，联合国在纽约发布了《大数据促发展：挑战与机遇》，总结了各国政府如何利用大数据更好地服务和保护人民。2012 年 7 月，为挖掘大数据的价值，阿里巴巴在管理层设立“首席数据官”一职，负责全面推进“数据分享平台”战略，并推出大型数据分享平台——“聚石塔”，为天猫、淘宝平台上的电商及电商服务商等提供数据云服务。

2013 年被称为中国的“大数据元年”，大数据因互联网和信息行业的发展而引起人们关注，并开始在我国逐渐展开应用，在社会的各个领域探索与落地实践。阿里巴巴于 2013 年 1 月 1 日转型重塑平台、金融和数据三大业务，阿里巴巴是最早提出通过数据进行企业数据化运营的企业。2013 年，在全球 70 个开放数据国家和地区中，中国仅列第 35 位。2013 年，英国政府宣布注资 6 亿英镑发展 8 类高新技术，其中，1.89 亿英镑用来发展大数据技术，旨在开放欧盟公共管理部门的所有信息。大数据掀起的变革，对生产力和生产关系产生了重要影响。

2014 年，数据开放运动已覆盖全球 44 个国家。2014 年 4 月，世界经济论坛以“大数据的回报与风险”为主题发布了《全球信息技术报告（第 13 版）》；2014 年 5 月，美国白宫发布了全球“大数据”研究报告《大数据：抓住机遇，守护价值》。2014 年，“大数据”首次出现在我国《政府工作报告》中，设立新兴产业创业创新平台，在新一代移动通信、集成电路、大数据、先进制造、新能源、新材料等方面赶超先进，引领未来产业发展。2014 年 8 月 7 日，国务院通过《企业信息公示暂行条例》（国务院令第 654 号），原则是实现企业信息的互联共享，运用大数据等手段提升监管水平。

2015 年 9 月 5 日，《国务院关于印发促进大数据发展行动纲要的通知》发布；2015 年 10 月 26—29 日，党的十八届五中全会召开，提出要实施“国家大数据战略”，这标志着大数据战略正式上升为国家战略，开启了我国大数据建设的新篇章。

2016 年 12 月 18 日，工业与信息化部正式印发《大数据产业发展规划（2016—2020 年）》。据《中国大数据发展调查报告》统计，2016 年中国大数据市场规模为 168.0 亿元，同比增速达到 45%。

5. 大数据爆发期阶段（2017—2022 年）

2017 年，在政策、法规、技术、应用等多重因素的推动下，我国基本形成了跨部门数据共享共用的格局。北京、天津、上海、重庆、河北、辽宁、贵州、山西等省市政府相继出台了大数据研究与发展行动计划，展开区域数据中心资源汇集与集中建设。北京、上海、贵阳开展了大数据标准试点示范，全国至少有 13 个省份成立了 21 家大数据管理机构，已有 35 所高校获批“数据科学与大数据技术”本科专业、62 所专科院校开设“大数据技术与应用”专科专业，申报“数据科学与大数据技术”本科专业的院校达到 293 所。

2017 年，我国大数据产业发展进入爆发期。《2017 中国地方政府数据开放平台报告》《大数据安全标准化白皮书（2017 版）》《中国大数据发展调查报告（2017 年）》《工业大数据白皮书（2017 版）》等陆续发布。2016 年 12 月 15 日，《“十三五”国家信息化规划》发布。

在 2018 拉斯维加斯消费电子展（CES）上，美国消费技术协会总裁兼首席执行官加里·夏皮罗、英特尔首席执行官布莱恩·克尔扎尼奇等表示，大数据将对人类生活产生深远影响，大数据是未来科技浪潮发展不容忽视的巨大推动力量。2018 年，许多国家都对大数据产业发展展现出高度的热情：美国希望利用大数据技术实现多个领域的突破，包括科研教学、环境保护、工程技术、国土安全、生物医药等，涉及美国国家科学基金会、美国国家卫生研究院、美国国防部、美国能源部、美国国防部高级研究局、美国地质勘探局 6 个联邦部门和机构；欧盟在大数据方面的活动主要有 4 个方面，即研究数据价值链战略因素，资助“大数据”和“开放数据”领域的研究和创新活动，实施开放数据政策，促进公共资助科研实验成果和数据的使用及再利用。

2019 年，随着互联网发展，全球大数据量呈现爆发式增长，中国数据量增长最迅速，年平均增长速度比全球快 3%。大数据产业将不断丰富商业模式，构建多种多样的市场格局，具有广阔的发展空间。2018 年，我国产生的数据量约为 7.6ZB，美国产生的数据量约为 6.9ZB。截至 2019 年 6 月，中国网民数量达 8.54 亿人。2019 年 12 月 5 日，2019 中国（上海）大数据产业创新峰会在上海召开，会议按照“融合创新”的宗旨，围绕大数据产业创新链营造积极、良好的生态氛围。

大数据发展浪潮席卷全球。以美国、英国、韩国和日本为代表的发达国家一向重视大数据在促进经济发展和社会变革、提升国家整体竞争力等方面的重要作用，把大数据视为重要的战略资源，大力抢抓大数据技术与产业发展先发优势，积极捍卫本国数据主权，力争在数字经济时代占得先机。美国实施“三步走”战略，推进大数据产业发展，对大数据应用及其产业发展持续关注，并督促相关部门实施大数据重大项目，构建并开放高质量的数据库。

大数据产业或开源大数据商业化有七大特点：一是开源大数据商业化进一步深化；二是大数据行业分析应用开拓新市场；三是大数据细分市场规模进一步扩大；四是大数据推动公司并购规模和数量进一步提升；五是大数据分析的革命性方法出现；六是大数据与云计算深度融合；七是大数据一体机将陆续发布。

随着全球化进入加速发展期，大数据技术走向“大数据+行业”融合发展阶段。同时，大数据产业保持良好发展势头，渗透、融合到各行业全面发展。其中，互联网大数据与工业大数据的差别和联系如表 1-1 所示。

表 1-1 互联网大数据与工业大数据的差别和联系

项 目	互联网大数据	工业大数据
数据源	互联网中产生及传播的社会和媒体数据	传感器采集数据及控制器维修过程中的日志、记录等
数据量	样本数较多	样本较全面，以覆盖工业化过程中的各类变化条件
数据质量	较低	较高，需要对数据质量进行预判和修复

续表

项 目	互联网大数据	工业大数据
分析手段	不用特意考虑数据属性意义，一般通过统计分析方法挖掘样本中各属性之间的相关性并进行预测，或者借助人工智能算法从文本、图像、视频等非结构化数据中挖掘潜在特征和价值	强调数据特征的物理关联，采用具有一定逻辑的流水线式数据流分析手段，强调跨学科技术的融合，包括数学物理、机器学习、控制技术、人工智能等
结果	较低	较高

1.1.2 大数据的基本内涵

随着大数据的发展和广泛应用，数据的产生方式和数据变量发生了巨大的变化。大数据作为一种抽象化名词来指代海量的数据。简而言之，大数据是既庞大又复杂的数据集合，是传统方法无法获取、存储、处理、分析的数据。基于此，一项突破传统数据分析方法的技术出现了，那就是大数据技术。

麦肯锡对大数据做出了如下定义：大数据是指那些大小比常规数据库工具的获取、存储量等更大的数据集。大数据与小数据的思维差异如图 1-1 所示。

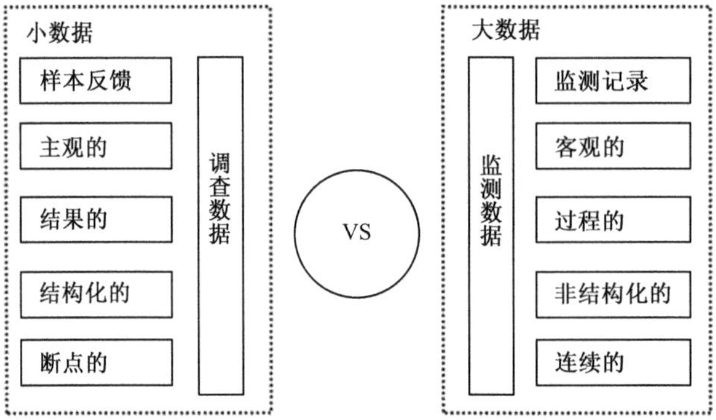

图 1-1 大数据与小数据的思维差异

大数据的内涵通常用“4V”特征来表述。

第一个 V 是 Volume，就是数据体量大，大到运用常用的数据库软件无法对其进行管理。现在来看，基本上是几十 TB 到几个 PB 数量级。当然，随着技术的进步，数据不断积累，这个数值会变得更大，有人预测 5 年后也许只有 EB 数量级的数据量才称得上大数据。

第二个 V 是 Variety，是指数据类型繁多，来源各异。有来自网络的网页、日志、图片，有来自传感器的监测数据、视频数据、音频数据、位置信息，还有来自日常运营系统的各类信息等。

第三个 V 是 Velocity，速度快。它包含两个含义。一是数据产生和更新的频率快，数据量增长速度快。如今，只需要两天就能产生自人类文明诞生以来到 2003 年所产生数据的总量。谷歌搜索引擎每个月处理的数据量超过 400PB；百度每天大约要处理几十 PB 数据；淘宝上有 10 亿多件商品，每天发生数千万笔交易，产生约 20TB 数据。各个城市的视频监控每时每刻都在采集巨量的流媒体数据。二是响应快，要有很高的时效性。大数据的处理要遵循 1 秒定律，就是在 1 秒内出结果。

第四个 V 是 Value，价值性。一是价值密度低，在数据总量中有用数据所占比例低。以视频数据为例，在连续不间断的监控图像中，可能有用的数据仅有一两秒。二是整体价值高，设想一下，研究问题领域相关的、全部的、真实的数据被汇集起来形成的大数据集，其价值是何等珍贵。三是潜在价值大。大数据应用就是在特定场景下利用大数据分析技术挖掘大数据中存在的潜在价值，大量数据的价值尚未被挖掘利用，大数据挖掘就像“沙里淘金”。

1.1.3　由小数据到大数据的思路转变

1. 由分析随机样本转变为分析全体数据

在小数据时代，由于记录、存储和分析数据的工具不够发达、完善，只能收集少量数据进行分析，信息处理能力受到一定的限制，因此采用随机抽样分析方法进行数据分析，抽样的目的是用最少的数据获得最多的信息。

美国在抵抗流感中对大数据技术的应用就是典型案例。美国流感趋势预测不依赖对随机样本的分析，而是分析了美国几十亿条互联网检索记录。分析整个数据库，而不是分析一些样本，能够提高微观层面分析的准确性，甚至能够推测出某个城市的流感状况。因此，在大数据时代，需要放弃随机抽样分析方法，而选择收集全面、完整的数据。这需要足够的数据处理和存储能力，也需要最先进的分析技术。

随着数据分析技术水平的不断提高，可处理的数据量大大增加，对事物理解的角度将比以前更宽广、更全面。

2. 由追求数据精确性转变为接受数据混杂性

过度注重精确性是小数据时代的特点。小数据时代的数据分析，更多的是精确的样本、深度的数据挖掘，不符合规格的样本会被过滤掉，然后深度挖掘数据字段间的关系，得出精确无比的结果。

在大数据时代，只有5%的数据是传统数据库中的结构化数据，95%的数据是混合杂乱的非结构化数据，因此分析出的结果不会很精确。大数据更多通过对各种数据分析得出某种趋势，这种趋势不强求过于精确。因此，只有接受数据的不精确性和完整性，才能发现事物的真相。

3. 小数据到大数据的一般处理过程

1）数据的采集

大数据采集多个“小数据”，通过数据库进行查询和处理。数据抽取将分布于异构数据源中的数据抽取进行清洗、转换、集成，并联机分析处理使之成为数据挖掘的基础。

在大数据采集过程中，其主要特点和挑战是并发数高，因为有可能同时有成千上万的用户在进行访问和操作。例如，火车票售票网站和淘宝的并发访问量在峰值时可达上百万人次，需要在采集端部署大量数据库才能支撑。如何在这些数据库之间进行负载均衡和分片需要深入思考和设计。

2）数据导入与预处理

数据导入与预处理过程通常会用到自然语言处理（Natural Language Processing，NLP）和人工智能（Artificial Intelligence，AI）等技术。

数据导入与预处理过程的特点和挑战主要是导入的数据量大，每秒的数据导入量通常会达到百兆字节，甚至千兆字节。

3）数据统计与分析

数据统计与分析主要利用分布式数据库或分布式计算集群，对存储其内的海量数据进行分析和分类汇总等，以满足大多数常见的分析需求。

数据统计与分析的主要特点和挑战是数据分析涉及的数据量大，对系统资源尤其是I/O的占用率较高。

4）数据挖掘

数据挖掘一般没有预先设定好的主题，主要在现有数据上进行基于各种算法的计算，从而起到预测的效果，进而满足一些高级别数据分析的需求。

数据挖掘过程的特点和挑战主要是用于挖掘的算法很复杂，并且计算涉及的数据量和计算量均很大，常用的数据挖掘算法以单线程为主。

1.1.4　大数据的应用价值

大数据的应用价值与其所处的应用场景密切相关。概括起来，大数据的应用价值可以分为三大类：数据服务、数据分析和数据探索。

数据服务是面向大规模用户，提供高性能的数据查询、检索、预测等服务，通过直接满足用户需求将数据价值变现的形式。数据分析是分析人员利用经验，通过对大规模数据使用特定的计算模型进行较为复杂的运算，发现易于人们理解的数据模式或规律所进行的数据价值变现的一种运算形式。数据探索结合数据分析和人机交互，通过不断揭示数据的规律和数据间的关联，引导分析人员发现并认识未知的数据模式或规律，其价值更多体现在对未知的数据模式和规律的探索。

1. 数据服务

数据服务针对用户非常明确的数据查询和处理任务，以高性能和高吞吐量的方式实现大众化的服务，是数据价值最重要、最直接的发现方式。由于要处理大众化的服务请求，每个服务任务必须被快速地处理掉，因此，数据服务的单个任务负载不能过于复杂，单个任务直接处理的数据不能太大，任务对应的用户需求和采用的数据处理方法必须是明确的。

一些典型的数据服务包括事务处理、数据查询、信息检索、数据预测、数据分类等。事务处理是传统数据库范畴的价值发现形式，它针对的主要是任务关键型的数据服务，如银行记账、商业交易等。数据查询主要面向快速查找或修改数据的服务需求，它比事务处理更简单，对数据一致性要求没那么强，但对服务的吞吐量要求非常高。信息检索是指从大规模的数据集中快速查找满足用户需求的资料或数据片段的过程。数据预测和数据分类是一种数据分析任务，其实，很多针对个体的数据预测和数据分类任务实际上是一种数据服务，它使用数据分析建立的预测模型，对个体数据实例进行预测，从而高并发地为大规模用户提供分类和预测服务，进而更好地体现数据的价值。

2. 数据分析

数据分析是指用适当的统计分析方法对大量数据进行分析或建模，提取有用信息并形成结论，进而辅助人们决策的过程。在这个过程中，用户会有一个明确的目标，通过“数据清理、转换、建模、统计”等一系列复杂的操作，获得对数据的洞察，从而协助用户进行决策。常见的数据分析任务又可以进一步划分为描述型分析、诊断型分析、预测型分析、策略型分析。

描述型分析的主要特点是对数据代表的含义进行描述性的揭示，通过数据统计分析揭示数据隐含的现象，从而帮助人们更好地进行决策。

诊断型分析主要用来揭示一些现象背后的成因，因此，它比描述型分析更深入。很多数据挖掘方法与诊断型分析密切相关，比如，相关性分析和因果关系的分析等，都是通过对数据的深度分析揭示描述型分析所发现的某些现象背后的成因。

预测型分析主要利用机器学习技术，对现有的大数据进行深度分析，构建数据预测和分类的模型，从而更好地支持数据预测和分类服务。

策略型分析也称指导型分析，是在分析过程中减少甚至排除人的参与，在给定目标的驱动下，直接帮助人们找到好的策略，并作用于大数据应用，使未来数据指标能够按照设想的某些趋势发展。策略型分析是数据分析的高级阶段，更能发挥大数据的应用价值。

数据分析一般基于大量数据和较为复杂的运算模型，其结果信息量通常很大，适用于宏观决策。而对于细节层面信息的获取，数据分析缺乏如索引和访问控制等方面的技术支持。如何在一个平台上，既支持宏观的分析，也支持细节的分析，是当今一个具有挑战性的技术难题。

3. 数据探索

数据探索是指针对目标的可变性进行的持续、多角度的搜索或分析任务，其搜索过程是有选择、有策略和反复进行的。数据探索将以找到信息为目的，将传统信息检索模式转变为以发现、学习和决策为目的信息搜寻模式。这种搜索模式结合了大量的数据分析与人机交互过程，适用于人们从数据中发现和学习更多的内容和价值。

对于数据探索，用户可以在微观层面（数据探索）和宏观层面（数据分析）进行自由切换，用交互式的方式探索并发现大数据的价值。目前，随着大数据研究的兴起，探索式搜索这种交互式分析和探索数据价值的方式，逐渐引起人们的重视，还有很多问题等待研究者们进行深入的研究。数据服务强调从微观层面获取满足用户需求的精准信息；数据分析强调从宏观层面为用户提供数据洞察，进而提供决策支持；而数据探索则需要在宏观层面和微观层面进行自由切换。

1.1.5　大数据在各国的发展现状

1. 美国

美国是大数据思想的提出者和带头实践者。美国率先完成了大数据从商业概念上升至国家战略的决策，制定并稳步实施“三步走”战略，在大数据技术研发、商业应用及保障国家安全方面已全面构筑起全球领先优势，计划打造面向未来的大数据创新生态。

第一步快速部署大数据核心技术研究，并在部分领域积极开发大数据应用。2012 年，美国奥巴马政府在白宫网站发布《大数据研究和发展倡议》，提出通过收集、处理庞大而复杂的数据资料信息，获得知识和洞见，加快科学、工程领域的创新步伐。第二步调整政策框架与法律规章，积极应对大数据发展带来的隐私保护等问题。2014 年，美国发布《大数据：把握机遇，守护价值》白皮书，重申要把握大数据可为经济、社会发展带来创新动力的重大机遇，同时要高度警惕大数据应用所带来的隐私、公平等问题，以积极、务实的态度深刻剖析可能面临的治理挑战。第三步强化数据驱动的体系和能力建设，为提升国家整体竞争力提供长远保障。2016 年，美国发布《联邦大数据研发战略计划》，形成涵盖技术研发、数据可信度、基础设施、数据开放与共享、隐私安全与伦理、人才培养、多主体协同 7 个维度的系统顶层设计，打造面向未来的大数据创新生态。

特朗普政府持续关注大数据应用及其产业发展，并督促相关部门实施大数据重大项目，构建并开放高质量数据库，强化 5G、物联网和高速宽带互联网等大数据基础设施，促进数字贸易和跨境数据流动等。2017 年 9 月，美国医疗保健研究与质量局发布美国首个可公开使用的数据库，其中包括美国 600 多个卫生系统。另外，美国白宫科技政策办公室一直积极与他国展开合作，以预防数字经济监管障碍、促进信息流动和反对数字本地化等。

2. 英国

英国紧抓大数据产业机遇，以应对脱欧后的经济挑战。

大数据发展初期，英国在借鉴美国经验和做法的基础上，充分结合本国特点和需求，加大大数据研发投入、强化顶层设计，聚焦部分应用领域进行重点突破。近期，英国特别重视大数据对经济增长的拉动作用，密集发布《英国数字战略 2017》和《工业战略：建设适应未来的英国》等，希望到 2025 年数字经济对英国经济总量的贡献值可达 2000 亿英镑，积极应对脱欧可能带来的经济增速放缓的挑战。

2012 年，英国将大数据作为八大前瞻性技术领域之首，一次性投入 1.89 亿英镑用于大数据相关科研与创新。大数据领域投入在八大领域投入总额中占比高达 38.6%，远超其余 7 个领域。随后，英国将全方位构建数据能力上升为国家战略，于 2013 年发布《把握数据带来的机遇：英国数据能力战略规划》，提出人力资本（研发人才与善于应用数据的民众）、基础设施和软硬件开发能力，以及丰富、开放的数据资产是发展大数据的核心，事关能否在未来竞争中占据领先优势；同时提出了 11 项具体行动部署，短短两三年便释放出巨大的数字潜力。2010—2015 年，数字经济对英国经济增加值的贡献增长了 21.7%，超过了同期经济增加值增长率的 17.4%。2015 年，英国数字经济规模为 1180 亿英镑，在经济增加值中的占比超过了 7%，其中数字商品和服务出口总值超过 500 亿英镑。

为了从数据中挖掘出更大的价值，创造并维护一个能够保持更多收益和增长的经济体系，同时让全社会从中受益，2017 年 3 月英国政府提出了新时期发展数字经济的顶层设计《英国数字战略 2017》，提出七大目标及相应举措，特别是对各个目标都提出了更高标准的要求：一是打造世界一流的数字基础设施；二是使每个人都能获得所需的数字技能；三是成为最适合数字企业创业和成长的国家；四是推动每个企业顺利实现数字化、智能化转型；五是拥有最安全的网络安全环境；六是塑造平台型政府，为公众提供最优质的数字公共服务；七是在充分释放各类数据潜能的同时，解决好隐私和伦理等问题。

2017 年 11 月，英国面向全社会发布《工业战略：建设适应未来的英国》白皮书，强调英国应积极应对人工智能和大数据、绿色增长、老龄化社会、未来移动性四大挑战，呼吁各方紧密合作，促进新技术研发与应用，以确保英国始终走在未来科技发展前沿，实现本轮技术变革的经济和社会效益最大化。为此，2018 年 4 月底英国专门发布《工业战略：人工智能》，立足引领全球人工智能和大数据发展，从鼓励创新、培养和集聚人才、升级基础设施、优化营商环境、促进区域均衡发展五大维度提出一系列实实在在的举措。

3. 韩国

韩国提出以大数据等技术为核心应对第四次工业革命。

多年来，韩国的智能终端普及率及移动互联网接入速度一直居世界前列，这使得韩国的数据产出量达到了世界先进水平。为充分利用这一天然优势，韩国很早就制定了大数据发展战略，并力促大数据担当经济增长的引擎。2016 年年底，韩国发布以大数据等技术为基础的《智能信息社会中长期综合对策》，以积极应对第四次工业革命的挑战。

2013 年 12 月，韩国多部门联合发布《大数据产业发展战略》，将发展重点集中在大数据基础设施建设和大数据市场创造上。2015 年，韩国给出全球进入大数据 2.0 时代的重大判断，大数据技术日趋精细、专业服务日益多样，数据收益化和创新商业模式是未来大数据的主要发展趋势。基于此，在同年发布的《K-ICT 战略》中，韩国将大数据产业定义为九大战略性产业之一，目标是到 2019 年使韩国跻身世界大数据三大强国。韩国还非常注重对他国经验的借鉴，2015 年 5 月中国发布《中国大数据发展调查报告》后，韩国专门对中国与韩国大数据应用情况进行了比较分析，并聚焦韩国大数据应用水平与大数据市场不协调的问题，提出了一系列新举措。

近两年，全球第四次工业革命浪潮的到来，倒逼韩国重新审视本国智能制造和信息技术的发展。2016 年，韩国提出《智能信息社会中长期综合对策》，将大数据及其相关技术界定为智能信息社会的核心要素，并提出具体发展目标与举措。一是充分挖掘数据资源价值，强化未来竞争力源头。韩国计划构筑开放共享的大规模数据基础设施，到 2025 年实现 320 个公共机构的数据开放；促进数据流通和使用，激活数据交易市场，推动公共和民间数据实现以价值为导向的交易；激活数据分析企业，2020 年数据专业服务企业规模达到 100 家；培养大数据专业人才，将每年培养的数据科学家数量从 2017 年的 500 名增加到 2030 年的 1000 名；发展区块链技术，提高数据管理的可靠性等。二是筑牢大数据技术基础。加强数学方法论研究，长期、稳定支持新型学习推断、量子计算、神经形态芯片等下一代计算技术研究，推动科研大数据开放共享，推进产业数据中心建设，强化产学研合作共同研发产业共性技术等。三是面向数据服务需求，构筑超链接网络环境。确保频率资源供应，有序推进 5G 商用化进程，实现大规模机器间通信，以及不同业务网络之间的实时互通；推动通信运营商体系优化，摒除后发企业进入运营行业的壁垒；进一步强化物联网和云计算基础设施建设，并充分利用智能传感器数据；分阶段引进量子通信与安全网络等。

4. 中国

中国将发展大数据产业定位为国家战略。2015 年 8 月 31 日，《国务院关于印发促进大数据发展行动纲要的通知》（国发〔2015〕50 号）发布；2016 年 12 月 18 日，工业与信息化部编制印发了《大数据产业发展规划（2016—2020 年）》，对应地全国 30 多个省份制定了相关的细分政策文件。

大数据的新技术、新业态、新模式不断涌现，产业规模呈现持续高速增长态势。针对物流领域的大数据应用是我国重点发力的领域之一。自 2012 年起，我国陆续出台了相关的产业规划和政策，从不同侧面推动大数据产业的发展。目前，我国出台的与大数据相关的物流行业规划和政策主要包括：2013 年 1 月 14 日，《工业和信息化部关于推进物流信息化工作的指导意见》（工信部信〔2013〕7 号）发布；2013 年 6 月，《交通运输部关于交通运输推进物流业健康发展的指导意见》（交规划发〔2013〕349 号）发布；2014 年 4 月 28 日，商务部流通发展司《第三方信息服务平台案例指引》发布；2014 年 10 月 4 日，国务院印发《物流业发展中长期规划（2014—2020 年）》；2014 年 11 月 20 日，商务部办公厅、国家标准委办公室印发《商贸物流标准化专项行动计划》；2019 年 3 月 1 日，国家发展改革委、交通运输部等 24 个部门联合发布《关于推动物流高质量发展促进形成强大国内市场的意见》；2019 年 9 月 11 日，国家发展改革委、交通运输部联合印发《关于做好 2019 年国家物流枢纽建设工作的通知》（发改经贸〔2019〕1475 号）；2019 年 11 月 28 日，《中共中央 国务院关于推进贸易高质量发展的指导意见》发布。这一系列政策将大数据、信息化处理方法作为物流行业转型升级的重要指导思想，指出要发展智慧物流，深入推进移动互联网、大数据、云计算等新一代信息技术的应用，强化公共物流信息平台建设，完善平台服务功能。

物流大数据行业的生命周期（数据产生—数据采集—数据传输—数据存储—数据处理—数据分析—数据发布、展示和应用—产生新数据）比较长，一般要 5～8 年，前期的数据积累和沉淀耗时、耗力、耗财。目前，中国物流大数据产业正处于腾飞前期阶段，未来有望快速发展，率先实现大数据增值。

自 2014 年以来，我国大数据市场规模呈现逐年增长的趋势，2015 年中国大数据市场规模达到 116 亿美元，2018 年中国大数据市场规模为 327 亿美元，2019 年中国大数据市场规模为 436 亿美元，中国成为世界第一大数据资源大国。

近年来我国政府公开发布的大数据相关政策如表 1-2 所示。

表 1-2　近年来我国政府公开发布的大数据相关政策

部　门	政策名称
国家林业局	《国家林业局落实〈促进大数据发展行动纲要〉的三年工作方案》
生态环境部	《生态环境大数据建设总体方案》
国家发展改革委	《促进大数据发展的三年工作方案（2016—2018）》

续表

部　门	政策名称
国务院办公厅	《国务院办公厅关于促进和规范健康医疗大数据应用发展的指导意见》
国土资源部	《关于促进国土资源大数据应用发展的实施意见》
国家林业局	《关于加快中国林业大数据发展的指导意见》
交通运输部办公厅	《关于推进交通运输行业数据资源开放共享的实施意见》
第十二届全国人民代表大会常务委员会	《中华人民共和国网络安全法》
工业和信息化部	《信息通信行业发展规划（2016—2020 年）》
工业和信息化部	《大数据产业发展规划（2016—2020 年）》
国家发展改革委等	《关于促进分享经济发展的指导性意见》
国务院	《新一代人工智能发展规划》
工业和信息化部	《工业控制系统信息安全防护能力评估工作管理办法》
国务院办公厅	《关于积极推进供应链创新与应用的指导意见》
国务院	《国务院关于深化“互联网+先进制造业”发展工业互联网的指导意见》
工业和信息化部	《促进新一代人工智能产业发展三年行动计划（2018—2020 年）》

1.2　智能物流的涵盖领域

大数据等新技术在物流行业的应用不断创新，新模式不断涌现，为智能物流的发展打下了坚实的基础，不仅推动了电子商务领域的发展，还极大地推动了物流领域的发展。

大数据下智能物流新技术开辟了物流领域的多维视角和格局，将大数据信息技术导入物流领域应用，全方位推动物流领域的深层次革新。智能物流充当物流行业的先行者，站在物流行业创新前端，以超前敏锐的视觉，瞄准物流不断创新发展的方向，搭建大数据信息平台，实现物流大数据信息化，引领物流行业航行，迎接大数据时代。智能物流代表大数据时代资源整合和网络管控进入崭新的、动态的发展阶段，可实现高端管控治理。高质量发展是物流行业的需要，应根据实际需要来确定大数据信息化的统筹领域，以指明未来发展方向。

1.2.1　智能物流与传统物流的区别

智能物流与传统物流的主要区别在于战略资源的大数据信息化。大数据、条形码、射频识别技术、传感器、北斗导航定位系统、5G 通信等先进技术通过物联网赋能智能物流，能够对物流每个流程环节（包括运输、配送、仓储、包装、搬运、流通加工、装卸、信息收集与处理等）实现精细化管控，可以提高物流效率，实现降本增效。

1. 物联网是智能物流应用的基石

大数据技术平台的应用可以实现物流运营管理高效优化，提高物流服务水平和物流效率，实现降本增效，减少资源耗费。

传统物流只提供简单的位移，智能物流除此之外还提供增值服务。传统物流是简单地从“仓库+汽车”到“另一个仓库”，仅按照生产和销售部门的要求进行保管和运输。智能物流是现代化的仓库、交叉理货平台和信息网络的结合体，个性化服务特征明显，可以为客户量身定制提供物流服务，并可为企业提供物流金融服务。

传统物流是人工控制的，智能物流则是信息化管理的。传统物流业务流程僵硬，人为因素和时间占比较大。智能物流由网络系统连接业务流程，实现控制的科技化和信息化，带来全新管理的科学化和精细化。

两者对比，智能物流强调网络化、信息化、科技化、自动化的明显特质，将互联网与物联网融合起来，实现科学、动态、精细的供应链管理，以及物流的可视化、无人化、智能管理，不仅可以提高生产力，而且可以提高资源利用率，通过技术创造更丰富的价值内涵。智能物流服务围绕信息展开多层次的工作。物流信息高度智能化监控，实时监控物流每个环节的数据，以选择最优路径、进行分拣配送工作等，通过信息化技术使供应链管理具备核心竞争力。

2. 智能物流与传统物流的区别要点

大数据处理技术性分析，能够为物流行业的战略与布局提供决策，并满足市场的个性化需求。智能物流与传统物流有 7 个方面的区别：智能感知、智能管理、智能分析、智能优化、智能连接、智能修正、智能反馈。

（1）智能感知：能够运用多种先进技术渗透到物流每个环节，获取实时数据，准确掌握运行过程中的全部信息，体验智能感知。

（2）智能管理：采集的信息通过网络输送传递，分类存入数据库；构建大数据库并按要求规整，实现数据的动态、开放与联系；建立数据处理的标准化流程，系统进行网络整合，表现规整智慧。

（3）智能分析：运用模拟器模型分析，根据问题设计实践，并在过程中验证新问题；通过理论与实践，自行调整数据，发现薄弱环节或漏洞，探索发现智慧。

（4）智能优化：根据特定需要评估，包括服务、时间、成本、质量、碳排放等标准，预测、分析和评估风险概率，制定协同决策，编制合理、有效的规划，科学、准确超前决策，力图实现创新。

（5）智能连接：系统与每个环节互联互通、共享数据，优化配置资源，为每个环节提供系统保障，实现物流运作协同。

（6）智能修正：各功能按照规划方案，遵循有效、快捷的路径运行，能够在遇到问题时自动更正，并备案便于查询，实现智能修正。

（7）智能反馈：系统实时更新、实时反馈，完善每个环节；贯穿智能物流全流程，为物流作业运行提供保障，展现智能反馈技术手段。

3. 智能物流的三大领域

当前，智能物流的需求主要包括物流数据、物流云、物流设备三大领域。截至 2018 年，我国智能物流市场规模增长至 4070 亿元，我国 AGV 机器人销量增加至 18000 台，同比增长超过 39.53%；到 2025 年，我国智能物流市场规模将超过万亿元。

（1）智能物流数据服务市场：处于起步阶段，其中占比较大的是电商物流大数据。随着数据量积累及物流企业对数据的逐渐重视，未来物流行业对大数据的需求前景广阔。

（2）智能物流云服务市场：基于云计算应用模式的物流平台服务于云平台上，物流企业的资源相互展示和交流，整合成资源池，按需布局交流、达成协同，实现降低社会成本、提高生产效率的目标。

（3）智能物流设备市场：智能物流市场的重要细分领域，包括自动化分拣线、二维码、冷链专用车、物流无人机等各类智能物流产品和设备。

1.2.2　智能物流的综合应用

智能物流体现了现代经济运作的特点，强调高效运转、整合社会资源，实现降本增效的目的。

1. 智能物流在功能上要实现 6 个“正确”

智能物流在功能上要实现 6 个“正确”，即正确的货物、正确的数量、正确的地点、正确的质量、正确的时间、正确的价格；在技术上要实现物品识别、地点跟踪、物品溯源、物品监控、实时响应。这些都需要准确、及时的数据采集和分析决策能力作为支撑。

随着信息社会的高速发展，人们在服务质量、流通效率、降低成本等方面对传统物流业提出了更多、更高的要求。大数据技术为物流业实现这些新要求提供了条件。随着大数据技术的不断革新、发展与成熟，智能物流业将可以满足越来越多样化、个性化的服务需求。

2. 智能物流在服务上要实现六大“支持”

1）降低物流成本，支持企业利润提高

智能物流能大大降低制造业、物流业等各行业的成本，实打实地提高企业的利润。生产商、批发商、零售商三方通过智能物流相互协作、信息共享，物流企业便能更节省成本。其关键技术如物体标识及标识追踪、无线定位等新型信息技术应用，能够有效实现物流的智能调度管理、整合物流核心业务流程，加强物流管理的合理性，降低物流消耗，从而降低物流成本、减少流通费用、增加利润，进而改善备受诟病的高物流成本居高不下的现状，提升物流业的规模、内涵和功能，促进物流行业的转型升级。

2）加速物流产业的发展，为物流业提供信息技术支持

智能物流的建设，将加速当地物流产业的发展，集仓储、运输、配送、信息服务等多功能于一体，打破行业限制，协调部门利益，实现集约化高效经营，优化社会物流资源配置。同时，将物流企业整合在一起，将过去分散于多处的物流资源进行集中处理，发挥整体优势和规模优势，实现传统物流企业的现代化、专业化和互补性。此外，这些企业可以共享基础设施、配套服务和信息，降低运营成本和费用支出，获得规模效益。

智能物流概念的提出对现实中局部的、零散的物流智能网络技术应用有了系统的提升，契合了现代物流的智能化、自动化、网络化、可视化、实时化的发展趋势，对物流业的影响将是全方位的，因为现代物流业最需要现代信息技术的支撑。

3）为企业生产、采购和销售系统的智能融合提供基础支持

射频识别技术与传感器网络的普及，以及物与物的互联互通，将为企业物流系统、生产系统、采购系统与销售系统的智能融合打下基础，而网络的融合必将产生智慧生产与智慧供应链的融合，企业物流完全智慧地融入企业经营之中，

打破工序、流程界限，打造智慧企业。

4）支持消费者节约成本，使消费者轻松、放心购物

智能物流通过提供货物源头自助查询和跟踪等多种服务，尤其是对食品类货物的源头查询，让消费者买得放心、吃得放心，增加消费者的购买信心，同时促进消费，最终对整体市场产生良性影响。

5）提高政府部门工作效率，支持政治体制改革

智能物流可全方位、全程监管食品的生产、运输、销售，大大节省了相关政府部门的工作压力，并使监管更彻底、更透明。通过计算机和网络的应用，政府部门的工作效率大大提高，有助于我国政治体制改革、精简政府机构，从而削减政府开支。

6）促进当地经济进一步发展，支持综合竞争力提高

智能物流集多种服务功能于一体，体现了现代经济运作的特点，即强调信息流与物流快速、高效、通畅地运转，从而降低社会成本、提高生产效率、整合社会资源。

1.2.3　智能物流的主要特征

智能物流是将大数据、物联网、云计算等信息技术应用于物流业的各个环节，使物流系统模仿人的思维，全程采集信息、分析信息并做出决策，自动解决物流过程中存在的障碍，体验智能化应用的物流技术。

1）智能化

在大数据、人工智能背景下，自动化技术不断创新，智能化串联物流全过程，涵盖可视化监控、图像分类、自动分拣、对象检测、目标跟踪、线路优化、数据预判、物流配送等功能。大数据技术智能化不断拓展，延伸至物流服务领域，并使之增值。

2）个性化

消费者需求及其变化，使其对独特、另类、个性特质的需要增加，即需要独具一格的增值服务。在生产服务领域，基于智能物流理念，以用户大数据为核心，可明确个性化的需求。

3）一体化

智能物流的一体化特征是指随着技术应用、数据共享、信息互通的不断完善，企业之间分别又与用户之间融合，其基础是大数据的采集、处理、利用。智能物流服务一体化系统地将分散的各个环节集合优化，减少运作能耗，提高企

业效益和服务物流质量。

4）技术型

随着技术与物流的融合，智能物流占据行业领军地位，产业高质量发展依赖智能的关键技术，智能物流在很大程度上取决于技术的创新。

5）应用型

大数据、物联网技术为智能物流的应用插上翅膀，使智能物流进入新阶段，智能物流应用方式和水平将突破传统格局，从智慧层面改变社会发展。

1.2.4 智能物流发展的驱动因素

1. 大力推进“互联网+”物流业

大数据等现代技术将发挥无与伦比的力量，物流行业将以新的模式、新的面貌发展演变。自 2015 年以来，各级政府先后出台了鼓励物流行业向智能化发展的政策，给物流行业发展带来丰富的想象空间，为智能物流模式带来创新机遇。智能物流应此潮流而生，发挥互联网平台实时、高效、精准的优势，有效提高物流行业的管理效率、降低成本、提高经营效益，实现运输工具和货物的实时在线化、可视化管理，激发市场主体创新活力。

物联网在物流智能化过程中充分发挥其优势，使物流产业沿正确的方向快速发展，重点发展了高效的现代化物流模式。

深入推进共同配送试点，总结推广配送试点经验，培育一批具有整合资源功能的城市配送综合信息服务平台；运用北斗导航定位等技术，并与智能化物流网络深度融合，建设智能化物流体系。

2. 新商业模式涌现，对智能物流提出要求

近年来，电子商务、新零售、C2M 等各种新型商业模式快速发展，从需求单一化向差异化转变，提升物流服务的质量与水平。

电子商务快速发展，行业爆发式增长的业务量对物流行业的包裹处理效率、配送成本提出了更高要求。

中国互联网络信息中心（CNNIC）公开发布的第 45 次《中国互联网络发展状况统计报告》显示，截至 2020 年 3 月，我国网络购物用户规模达 7.10 亿户，占网民总数的 78.6%。2019 年，全国网上零售额达 10.63 万亿元，其中，实物商品网上零售额达 8.52 万亿元，占社会消费品零售总额的比重为 20.7%。跨境电子商务快速发展，艾媒咨询数据显示，2019 年中国跨境电子商务交易规模达

10.8 万亿元。

新零售兴起，基于大数据、人工智能等先进技术，通过互联网使线上服务、线下体验深度融合。这种零售新模式，利用消费数据优化库存，利用高效网络智能解决物流需求。

C2M 兴起，由用户需求驱动生产制造，去除流通中间环节，提供高品质、价格合理、个性且专属的商品。在这种模式下，消费者诉求将直达制造商，个性化定制成为潮流，对物流的及时响应、定制化匹配能力提出了更高的要求。

3. 物流运作模式革新，推动智能物流需求提升

在大数据时代，物流行业改变了原来的市场环境和流程再造，推动建立新模式和新业态，如车货匹配、众包运力等。信息化水平提升激发了多式联运的发展，新的运输运作模式正在形成，与之相适应的智能物流快速增长。

车货匹配可分为两类：同城货运匹配、城际货运匹配。货主发布运输需求，平台根据货物属性、距离等智能匹配平台注册运力，提供 SOP 等各类增值服务。对物流的数据处理、车辆状态与货物的精确匹配度能力要求极高。

运力众包，主要服务于同城货运匹配市场，兴起于 O2O 时代，由平台整合各类闲散个人资源，为客户提供即时的同城配送服务。平台的智能物流挑战包括如何管理运力资源，如何通过距离、配送价格、周边配送员数量等数据分析进行精确订单分配，以期望为消费者提供最优质的客户体验。

多式联运包括海运、公路、航空等多类型多式联运组织模式。在“一带一路”倡仪落实过程中，多式联运迎来了加速发展的重要机遇。由于运输过程涉及多种运输工具，为实现全程可追溯和系统之间的贯通，信息化运作十分重要。同时，新型技术如无线射频、物联网等的应用大大提高了多式联运换装转运的自动化作业水平。

4. 大数据、无人技术等智能物流相关技术日趋成熟

无人机、机器人与自动化、大数据等技术已相对成熟；可穿戴设备、3D 打印、无人卡车、人工智能等技术在未来 10 年左右逐步成熟，将广泛应用于仓储、运输、配送末端等各物流环节。

仓内技术，主要是机器人技术，包括 AGV（自动导引运输车）、无人叉车、货架穿梭车、分拣机器人等，主要用于仓内搬运、上架、分拣操作，可有效提升仓内的操作效率，降低物本。例如，亚马逊在 13 个分拣中心布局超过 3 万个

KIVA 机器人。

无人机技术包括干线无人机与配送无人机两类，其中，配送无人机研发已较为成熟，主要应用于配送末端“最后一千米”的配送。例如，京东在 2017 年“6·18”期间，已采用无人机在多省市农村进行小件商品配送，配送完成 1000 余单。全球无人机网介绍，在 2019 年 CES（国际消费电子展）之前，京东在长沙市和呼和浩特市推出了两个智能交付站，并通过无人机和机器人配送提高自主配送能力。京东在长沙市和呼和浩特市推出的智能快递站，最后一千米的快递解决方案采用的送货机器人最多可以装载 30 个包裹，并在半径 5 千米范围内自主运送。车辆可以规划路线、避开障碍物并识别交通灯。面部识别技术使用户能够轻松、安全地收取他们的包裹。在满负荷运行的情况下，分别有 50%的机器人和 50%的人工快递员每天递送多达 2000 个包裹。

智能数据底盘、大数据分析技术通过对商流、物流等数据的收集、分析，主要应用于需求预测、仓储网络、路由优化、设备维修预警等方面。例如，京东采用数据预测方式，提前洞察消费者需求，并进行预先分仓备货。

仓内技术中的可穿戴设备技术，干线技术中的无人卡车，智能数据底盘中的物联网、人工智能等技术多处于研发测试阶段，可应用于仓内智能分拣、末端产品配送、干线货物运输、产品溯源、决策支持等方面。例如，在 DHL 荷兰仓内，员工可根据智能眼镜识别包裹体积、目的地信息等图像提示进行高效分拣。

1.2.5 智能物流发展的重要方向

大数据分析技术现在已非常成熟，在电子商务运营中得到了广泛应用。人工智能技术相对成熟，除图像识别外，其他人工智能技术已开始应用，是未来发展的要点。物联网技术与大数据分析技术互为依托，前者为后者提供数据来源，后者将前者的数据进行事务化，人工智能技术则是大数据分析技术的升级。三者都是未来智能物流发展的重要方向。

1. 大数据助力智能物流晋级的 4 个应用场景

（1）需求猜测。

需求猜测是指经过收集用户消费特征、预期需求、商家出售等大数据，运用算法进行评估并提早猜测需求，优化前置仓储与运送环节。需求猜测现在已经有了一些应用，但在猜测精度上仍有很大提升空间，未来需要扩充数据量、优化算法。物流人才需求猜测是指以企业的战略目标、发展规划和工作任务为出发点，综合考虑各种因素的应用。

（2）设备保护猜测。

通过物联网的应用，提高设备创新能力，在设备上安装芯片，可实时监控设备的运转数据，经系统集成并进行大数据剖析实现预先保护，形成保护带动效应，延长设备使用寿命，提高核心竞争力。随着机器人与设备在物流环节的应用，设备保护猜测将成为未来应用十分广泛的一个方向。设备技术创新机制有机结合技术创新体系，例如，在物流车辆设备上安装芯片，可经过数据剖析对车辆提早进行保养。

（3）供应链危险猜测。

经过对反常数据的收集，对不正常状态进行判断，对在这个过程中形成的货品损坏等进行猜测，以提高产能。

（4）网络及路由规划。

运用数据、时效、规模等构建剖析模型，对网络及路由进行规划，对仓储、运输、配送网络进行优化布局。对于以快运业务为主的运输网络，区间配送时效及运力直接决定运输网络品质。例如，经过对消费者数据的剖析，提早在距离消费者最近的库房备货。合理配置分拨中心是构建运输网络的第一步，可完成实时路由优化，在核心竞争区域达成全网络覆盖，指导车辆采用最佳线路进行跨城运输与同城配送，基于网络平台实现服务器选择算法和路由规划算法。

2. 大数据助力智能物流技术的 5 个应用场景

（1）智能运营规矩处理。

未来，经过机器学习，运营规矩引擎将具备自学习、自适应能力，可深耕精细化运营优化服务，引领行业智能在感知事务条件后进行自主决议计划。智能运营规矩在智能监管方面的挑战主要来自公平性、透明性和责任认定。在不同场景下依据产品品类等条件自主设置订单生产方式、交付时效、运费、反常订单处理等运营规则，完成智能处理。

（2）最优库房计划。

人工智能可以依据实际环境的种种条件，秉承“安全、相信、创新、质诚”的经营管理理念，坚持从客户需求角度出发，如顾客、供应商和生产商的地理位置、运输经济性、劳动力可获得性、建筑成本、税收制度等，通过专业技术进行不懈的努力及充沛的优化与学习，制订最优库房计划，推动仓储业不断向前发展。

（3）改进辅佐决议计划。

运用机器学习等，基于归纳专家体系、决议计划支撑体系，识别人、物、设备、车的状况，学习优异的办理和操作人员的指挥调度经历和决议计划等，对规划计划进行归纳剖析，完成辅佐决议计划和主动决议计划，使辅佐决议计划的作用大大提升。

（4）图像识别。

利用计算机对图像进行处理，运用图像处理技术从视频中提取图像，基于图像识别和卷积神经网络提高手写运单识别机器的识别率和准确率。计算机视觉商业化应用的逐渐落地，将大幅度削减人工输入订单的工作量，降低产生输入差错的可能性。

（5）智能调度。

结合大数据与机器学习，经过对产品数量、体积等根底数据的剖析，对各环节如包装、运输车辆等进行智能调度。智能调度经过测算百万 SKU 产品的体积数据和包装箱尺寸，运用深度学习算法，高效匹配并智能核算，推荐耗材和打包排序，激活闲置资源，合理安排箱型和产品摆放计划。

1.2.6　智能物流发展的趋势与特点

1. 智能物流引领全球供应链的浪潮必将来临

伴随着各相关政策的陆续出台，现代物流与供应链的创新和应用被提升到智能化的层面。现代物流与供应链变革和创新已经来临。有理由相信，在不久的将来，会有越来越多的企业探索以集成化和智能化为特征的智能化系统，智能物流的浪潮必将来临。

趋势一：以科技技术加速融合为主要特征

新一轮科技革命与产业变革风起云涌，以信息技术与制造业加速融合为主要特征。现代物流与供应链变革和创新智能发展的主要趋势是，基于新一代信息技术，贯穿供应链流程设计、生产、管理、服务等各环节，建立具有信息深度自感知、智慧优化、精准控制等功能的先进系统与模式。

以高度集成化和智能化为特征的智能物流，通过人机智能活动融合，实现现代物流与供应链流程的最优化、自动化、智能化。

趋势二：智能化技术是现代物流与供应链的取胜之道

在现代供应链流程中，作为数据源的数字化系统的组成部分，智能化技术实现了现代供应链流程的最优化、精准操作，提高了服务品质和作业安全性，集成化涵盖从产品上游到下游终端完整的周期服务，是市场竞争的取胜之道。智能化服务于周期服务流程中的每个环节，智能化在现代供应链流程中的应用将日趋广泛。

趋势三：智能化技术和互联网、物联网的作用日益突出

在现代供应链流程中，从入场配送到生产、销售、出厂和终端配送服务，通过服务计算、云计算、物联网等信息技术与制造技术融合，可以实现人、机、物、信息的集成、共享、协同与优化，进而实现资源和能力的全系统、全方位、透彻的感知、互联、决策、控制、执行和服务化。

趋势四：现代物流与供应链全球化智能管理、整合与优化

现代物流与供应链是一个复杂、动态、多变的管理过程，现代物流与供应链全球化动态管理更多地应用互联网、物联网、人工智能、数据等新一代信息技术，能直接从计算机数据库中生成任何形状的产品信息，缩短周期、提高生产效率、降低生产成本。智能管理、整合与优化将是实现个性化、社会化的有效模式与手段。通过现代物流与供应链的整合与智能管理、信息集中化管理、系统动态化管理实现智能物流的持续发展。

趋势五：智能化服务型系统技术和管理

现代供应链要以科技竞争抢占制高点，应大力推广数字化，建立数字化、智能化的服务型现代供应链。信息和网络安全问题，服务、软件的适用性会制约和限制现代供应链智能化的发展与推广，使现代供应链全球化动态管理更加重视人机系统的协调性。但是，许多应用场景没有数字化接口，无法采集数据及进行传输，因而也无法建立人性化的技术和管理系统，难以用数字化、智能化的手段来管理。通过数字化，可以缩短订单时间、降本增效、提高价值链协同效率和生产效率，使全球现代供应链更具效率。

2. 智能物流的发展趋势

智能物流是构成社会、城市、生活最基础的环节，其利用先进的物联网技术，对物流行业进行新一轮变革，推动整个物流行业颠覆创新，实现整个物流供应链向集约化、协同化、自动化、智能化发展，使智能物流成为每个人和世界发生连接的重要方式，提高物流行业的服务水平。21 世纪是一个物流全球化的时代，智能物流正在由“新”到“兴”，制造业和服务业逐步一体化。在新的技术突破下，大量消费使物流规模日趋庞大和复杂，传统的、分散的物流活动正逐步

拓展，智能物流将有不一样的新发展趋势。

趋势一：信息数据的社会化

物流信息化是现代物流的核心，智能物流对物流信息系统提出了更多的需求。在遵守市场规则的条件下，智能物流系统要依托互联网、人工智能、大数据、区块链等技术，与更多的设备、更多的系统互联互通，其社会化、平台化、第三方化的趋势已经显现。物流信息平台相互融合将成为智能物流发展的突破点。公共物流信息平台是为物流企业、物流需求企业和相关方提供物流信息服务的公共商业性平台，同时保证数据的安全性和准确性，使整个智能物流系统正常运转，其本质是为物流业相关服务提供信息化手段支持和数据交换保障。

趋势二：智能物流绿色化

智能物流成立的前提就是更高效、更低耗：一方面，国民经济从粗放型向集约型转变，推动绿色物流快速发展；另一方面，物流业成为消费生活高度化发展的支柱，绿色型、循环型、低碳型物流转变是大势所趋，这也将倒逼仓储、运输及物流平台发生根本性变化。大数据应用的一个重要目的是减少社会损耗，以满足环保和绿色的要求。随着社会环保意识的提升，更大力度的环保政策将延续，物流服务将发生从重量到重质的转变，绿色物流将是物流业发展的重要趋势，新能源物流车、无人配送车和无人驾驶货车将开始应用并得到推广。

趋势三：智能服务优质化

智能物流从想象变为现实，通过大数据完成用户画像，基于用户需求的多元化使物流产业不断升级，促进智能物流服务优质化、发展现代化，以不断优化营商环境满足用户全方位的服务需求；以新一代信息技术为手段，创新实现“5 Right”（Price、Quality、Quantity、Time、Place）的服务方式，以提供优质的产品和服务为标准，切实提高体验感受和获得感。

趋势四：物流智能化、产业协同化

在物流智能化时代，为构成社会、城市、生活最基础的环节，制造业和服务业逐步一体化，整个供应链向集约化、协同化、智能化方向发展。物流智能化可分为智能操作和智能连接，这是从应用场景来区分的。相互独立的系统执行应用时相互配合，可以为进入智能操作和智能连接寻找机会。智能连接是指用智能系统完成大量设备的连接，包括边缘设备和数据中心的连接、边缘设备和边缘设备的连接、数据中心和数据中心的连接；智能操作是指用智能系统完成部分或全部操作。智能物流服务、智能供应链值得期待，是物流领域的重要发展趋势之一。

趋势五：智能物流方案供应商

随着智能物流技术的不断发展，具备完整核心开发和定制服务能力的智能物流解决方案供应商，以及高端的、服务于第三方物流的专业智能物流方案供应商成为一种趋势，这是物流企业向物流服务商转变的体现。向客户提供自动化与信息化的解决方案作为一种提高物资流通速度、节省仓储费用和资金在途费用的有效手段，通过芯片技术与柔性机器人系统、仓储系统、MES 系统结合，并将信息与流程分析延伸至物流的各环节，使之成为采购服务的一部分。采用智能物流方案服务供应商提供的智能化方案，将成为智能物流领域的发展方向之一。

3. 智能物流与供应链建设三大趋势

智能制造的变革需求是多层次的，智能制造基于智能物流运作，要求实现各层次的智能化及制造基础智能化、产品/装备智能化，实现物流与供应链模式转变及智能化建设。

趋势一：物流与供应链生态整合

供应链结构要素智能化，效率革新徐徐开展，各要素协同驱动发展成为供应链生态的重要引擎。物流企业如何在整合发展的东风中成长和扩张，在此过程中数字化技术悄无声息地潜入行业的各角落，智能物流发展态势呈现层次分明的迭代特征。进行信息分享和互动协同，通过需求感知形成需求计划，聚焦流程端到端的整合，形成智能物流与供应链。

趋势二：以需求驱动为价值导向

链思维方式加速创新和行业经验沉淀，以点带面，强调全局性。未来，协同共赢关系的物流与供应链运营模式将成为主要趋势。协同共赢强调智能化，绩效管理强调协同性，为用户提供更加多元的优质服务。未来的智慧供应链将使企业更加看重增值要求，更加重视基于全价值链的精益制造，更加强调以制造企业为切入点的平台功能。智能物流将带动运输、仓储、调度、配送各个环节智能化，以应对市场挑战。

趋势三：智能物流协同互动

制造技术与管理技术在制造业转型升级过程中共生共长，核心是整个供应链体系的智能系统，信息流和实物流共同构成了智能物流的价值。供应链的智能化发展离不开信息流的协同互动。智能物流的发展方向是智能的、有效的，智能物流活动需要实现全流程的数字化和网络化，在这个过程中信息化将起到决定性作用。

链主企业通过信息计算与制造技术融合，以及智能化信息系统与制造装备技术的紧密结合，构成智能物流平台，实现硬件制造资源和能力的全系统、全方位感知、互联、控制、决策和服务化，进而实现人、机、物、信息的集成、共享、协同与优化，最终形成智能供应链生态圈。

1.3 智能物流迈入大数据时代

随着互联网、物联网技术的快速发展，物流行业逐步向智能化、自动化发展，借助大数据技术能力，物流效率的提升将以指数级别提高。为满足企业成本、利润与服务质量方面的要求，以及社会对自然资源和社会资源低消耗量的诉求，企业在寻找解决这些问题的途径时，逐步形成了发展智能物流的强烈愿望。在自上而下和自下而上两种力量的共同作用下，智能物流成为现代物流发展的必然趋势。

1.3.1 大数据技术的意义和价值挖掘

1. 智能物流与大数据结合的必要性

挖掘物流大数据中的信息价值，从宏观上可以降低社会物流的总成本，从微观上可以为企业带来利润。大数据技术的意义在于对已掌握信息的专业化处理和价值挖掘，并分析市场中长期发展趋势等。随着大数据技术在物流行业的应用逐渐深入，未来物流行业获取的数据不仅包括行业内部信息，还包括大量外部信息。通过对这些数据的分析，物流企业可以预测性地为客户量身定制个性化、差异化的服务。

大数据分析可以帮助物流企业了解行业发展动态。目前，物流企业面对的是高度竞争、瞬息万变的市场环境，许多运输空载的问题就是由于物流企业缺少通过数据分析对未来市场做出预判，只看到眼前的业务增长就盲目增加运力和仓储面积导致的。当市场出现萎缩、业务量下滑的时候就会产生大批的剩余运力和空置仓库，从而导致物流企业的亏损。通过大数据分析，物流企业可以对未来市场和竞争对手的行为做出一定的预测，及时调整发展战略，避免盲目的资产投入，减少损失。

大数据分析可以帮助物流企业提高客户的忠诚度。对于物流企业来说，分析客户的行为习惯可以将市场推广投入、供应链投入和促销投入回报最大化。

利用先进的统计方法，物流企业可以分析用户的历史记录来建立模型，预测用户未来的行为，进而设计有前瞻性的物流服务方案，从而整合最佳资源，提高与用户合作的默契程度以避免用户的流失。物流企业不仅可以通过大数据挖掘现有存量用户的价值，还可以通过数据分析更高效地获得新用户。通过推动信息交互，给用户推送服务调整、价格变化及市场变化等信息，不断满足用户的需求变化。在互联网背景下，营销将不受时间、地点的限制，也不再是信息单向流通。更大的不同是，从接触用户、吸引用户、黏住用户，到管理用户、发起促销，再到最终达成销售，整个营销过程都可以只在信息交互中实现，通过了解用户行为进行精准营销。

大数据分析可以提高物流行业管理的透明度和服务质量。大数据分析通过物流信息交流开放与信息共享，使物流从业者、物流机构的绩效更透明，间接促进物流服务质量的提高。根据物流服务提供商设置的操作和绩效数据集，可以进行数据分析并创建可视化的流程图和仪表盘，促进信息透明。公开发布物流质量和绩效数据，还可以帮助客户做出更明智的合作决定，也将帮助物流服务提供方提高总体绩效，从而提升竞争力。

大数据分析可以优化物流企业盈利方式。建立物流行业网络平台和社区，在平台和社区中会产生大量有价值的数据，基于这些宝贵的数据并汇总物流行业客户的消费记录，进行高级数据分析，最终提高物流需求方和物流服务提供方的决策能力。平台的用户数据分析都是实时进行更新的，以确保用户行为预测总是符合实际的用户需要；同时，动态地根据这些行为预测来设计一些市场策略，市场扩张的速度将取决于物流行业大数据采集分析发展的速度。建立全国的客户数据库，提供准确、及时的物流信息咨询，以大幅提高企业的知名度和盈利能力。

2. 智能物流与大数据结合的可行性

智能物流与大数据结合模式不断发展。智能物流依托现代先进技术的发展，运用人工智能技术、自动化技术、网络信息技术、远程监控技术，提高了在物流过程中选择货物运输的最优路线、自动对货物进行跟踪记录、自动存储货物、自动分拣货物的水平，提高了物流效率，增加了物流利润，提高了管理人员的管理水平，促进了物流企业的快速发展。

智能物流过程不仅包括企业内部生产过程中的全部物流过程，还包括企业与企业、企业与个人、个人与个人之间的全部物流过程，这些环节既是数据的产生者，也是数据的使用者。大数据技术的应用使数据经济的意义被挖掘出来，相较于传统物流模式，智能物流模式摒弃了传统物流模式的散乱管理，更加高效、快速。

大数据技术的数据共享消除了物流企业的信息孤岛，通过大数据技术的数据探索实现趋势预测，通过大数据技术的算法优化实现库存预判和网络规划，通过大数据技术的分析技术实现行业方案设计。利用大数据、销量预测，构建包括成本、时效、覆盖范围等多维度的运筹模型，对仓储、运输配送网络进行优化布局。利用大数据、挖掘分析 3C、家电、鞋服等不同行业，以及仓配、快递、城配等不同环节的物流运作特点及规律，为物流企业提供完整的解决方案。

大数据技术的应用为物流行业创新发展带来机遇，将对物流行业的高质量发展起到极大的推动作用。

3. 大数据应用于智能物流面临的挑战

（1）智能物流技术来源的多样性和复杂性。

物流数据主要来源于物联网设备、地理信息系统、社会化媒体、互联网设备、计算机及手机等不同种类的移动设备，其中包括大量企业内部经过第三方处理的数据。

（2）智能物流智能化程度参差不齐，数据沟通障碍多。

现实情况是大部分中小物流企业仍然采用传统的物流模式，大型物流企业虽然初步形成了智能物流模式，但在发展中仍然各自为战，不管是大型物流企业还是中小型物流企业，都只从自己企业的利润来考虑。这就导致各家企业对自己拥有的信息资源保密，没有实现信息资源共享，这不符合大数据时代的经营策略。在种情况下，政府应出台相关政策法规支持智能物流模式基础设施的建设，并投入一定的资金配合物流企业进行基础设施建设，以整合所有的资源实现信息资源共享。

（3）智能物流技术的核心是人才。

能够胜任物流大数据应用业务能力的人才较少，智能物流模式最核心的技术是智能化，而技术的核心是人才。智能物流相关人才既要具有较强的技术能力，又要对物流行业管理有深刻的理解。人才保障是大数据技术应用于物流行业的重要一环，未来需要配套建立完善的人才培养供给机制。

4. 智能物流迎来爆发机遇

在“互联网+”风口下，智能物流迎来爆发机遇。智能物流集多种服务功能于一体，体现了现代经济运作的特点，即强调信息流与物流快速、高效、通畅地运转，从而降低社会成本、提高生产效率。

随着物流业不断发展，智能物流也从理念走向了实际应用。基于智能物流理念建立的新一代大数据物流信息平台将云计算技术融入之中，将大量用网络连接的计算资源统一管理和调度，构成一个计算资源池向用户按需提供服务，有效提升区域经济效率。大数据在物流行业的应用，打破低层次、低效率、高成本的运输局面，使物流行业逐渐演变成数字化水平极高的行业。大数据已经渗透到物流过程的各环节，未来大数据在物流行业的应用前景广阔。

1.3.2　大数据解决智能物流目前存在的各种瓶颈问题

大数据可解决智能物流目前存在的各种瓶颈问题，具体如下。

（1）大数据技术是促进智能物流发展的最有效途径。

在物流作业活动中会产生大量数据，对这些海量数据的挖掘和应用，可为运输和配送等物流活动的有序衔接提供保证，可精准预测投资机会、提前做好仓库储备，进而提高服务质量。在“双十一”前期，各大电子商务企业通过大数据分析进行销售预测，并提前做好货物的集散工作，使货物集聚在离消费者最近的仓库，使“双十一”期间消费者收货的时间越来越短。这种快而准的到达效果与大数据技术的作用密不可分，可以说“得数据者得天下”。在物流活动中，通过应用车辆追踪技术、卫星导航技术、自动识别与条形码技术等可以实现精准定位和准确识别。开发和利用大数据技术已经成为智能物流发展的最有效途径。

（2）大数据技术可突破物流产业发展瓶颈。

随着互联网和移动技术的普及，物流行业迅速发展，但也存在物流成本居高不下、物流服务满意度低、顾客投诉较多等一系列问题。大数据技术是一个全新的突破口，利用大数据技术提前预测投放、实行精准配送，提高了物流运作效率、仓库周转率，降低了物流成本。此外，通过大数据技术可以整合企业内部资源和社会剩余资源，企业间不再是永久的竞争者，而是亲密无间的合作伙伴。

（3）大数据技术是智能物流发展的核心竞争力。

大数据技术的魅力在于数据分析，数据分析是数据处理流程的核心。大数据分析的目的是从目标相关的数据中提取尽可能多的信息。物流行业通过大数据技术对企业的运营管理、市场营销、品牌管理、客户关系管理、服务创新等方面起着指挥作用，指导物流行业各项活动有计划地进行。对物流大数据进行处理与分析，挖掘其中对企业运营管理有价值的信息，科学合理地进行管理决策，为企业销售预测、网络规划、库存部署及行业洞察等提供依据，成为现代物流企业的核心竞争力。

1.3.3 大数据促进智能物流迈入新阶段

快递业连续多年以超过 50%的速度增长，成为国民经济的一匹黑马。我国快递业务量从 2012 年的 56.9 亿件飙升 7 倍，至 2017 年的 400.8 亿件，这意味着平均每秒有超过 1270 件快递被发出。

大数据、信息化处理方法是物流行业转型升级的重要驱动力。电子商务物流业迅猛发展，不断刷新物流行业的历史纪录，解决了一个又一个世界级的物流难题，催生物流新模式、新业态，智能物流进入发展新阶段。

目前，我国物流大数据产业正处于起步阶段，未来 5 年有望快速发展，率先实现大数据增值。物流大数据，即运输、仓储、搬运、装卸、包装及流通加工等物流环节涉及的数据、信息等。物流大数据将所有货物流通数据、物流快递公司、供求双方有效结合，形成一个巨大的即时信息平台，从而实现快速、高效、经济的物流。信息平台不是简单地为企业客户的物流活动提供管理服务，而是通过对企业客户所处供应链或行业物流的整个系统进行详细分析，提出具有指导意义的物流解决方案。许多专业从事物流数据信息平台的企业构成了物流大数据行业。

物流大数据交易采用利益交换的模式——用服务换取管理，即各利益主体通过交换的方式，一方将信息管理权交给另一方，另一方将信息整合之后提供服务给一方。物流大数据交易以消费者、商家、物流企业的数据为依托，为商家、物流企业提供预警预测分析，帮助物流企业提前获取相关信息，从而可以提前将物流资源进行一定的配置和整合。

在企业应用方面，大数据在物流企业中的应用贯穿了整个物流企业的各个环节，主要表现在物流决策、物流企业行政管理、物流客户管理、物流智能预警等过程中。

案例 1-1 菜鸟物流挖掘物流大数据，提高物流智能化水平

菜鸟网络公司注重物流大数据、仓储用地，不断拓展与物流企业合作的广度和深度，充分挖掘物流大数据，提高行业智能化水平。经历了 2013 年和 2014 年两次“双十一”的检验后，菜鸟网络公司的预警雷达预测准确率高达

95%以上，为缓解“双十一”的物流压力做出的贡献有目共睹。从发展成熟度来讲，菜鸟网络公司凭借数亿家淘宝卖家及合作物流企业，整合消费者、商家和物流企业数据，并且计划加入交通运输综合体系，发展成熟度较高，可为物流企业提供预警、运输线路规划、企业优化指导、供应链资源选择和整合等服务。

产生物流大数据的前提条件是物流要素、物流设施、物流作业工具、物流作业过程等得到充分的数据化。这需要广泛应用物联网、移动互联网等先进技术，深入物流场景、物流作业过程去采集相关的物流数据。物流要素的数据化是货物、包装、物流单据、人员等方面的数据化；物流设施的数据化是园区、码头、货站、仓库、货架、分拣输送系统等的数据化；物流作业工具的数据化是运输车辆、叉车、托盘、堆垛机、扫码枪等作业工具的数据化；物流作业过程的数据化是对从装车开始到装车结束的整个过程的现场信息，以及交接的凭证、装车的货物、装车的时间等进行采集。

第 2 章

智能物流大数据的内容

智能物流融合了大数据新兴技术，使物流系统能模仿人的智能，实现物流资源化调度和有效配置，促进物流系统效率的提升。大数据智能化技术，基于数据背后大量的信息、知识、规律等，推理判断相关规则、趋势以自行解决物流过程中的某些问题。智能物流经历了自动化、信息化、网络化 3 个发展阶段。自动化阶段是指物流环节的自动化，即物流管理按照既定的流程自动化操作的过程；信息化阶段是指现场信息自动获取与判断选择的过程；网络化阶段采集、传输数据，并进行实时动态调整以做出准确判断。

2.1 物流大数据的特质

大数据时代，数据量正在迅速增长，人们逐渐意识到大数据的重要性。大数据的规模是一个不断变化的指标，各种意想不到的来源都能产生数据。数据多样性的增加主要由于新型多层结构数据和网络数据。

2.1.1 大数据呈现多变的形式和类型

在高速的网络时代，通过性能优化的高速计算机处理器和服务器创建实时数据流已成为流行趋势。企业不仅需要了解如何快速创建数据，还必须知道如何快速处理、分析数据并将结果返回用户，以满足用户的实时需求。大数据具有多层结构，这意味着大数据会呈现多变的形式和类型。相较传统的业务数据，大数据存在不规则和模糊不清的特性，因此很难甚至无法使用传统的应用软件进行分析。传统业务数据随时间演变已拥有标准的格式，能够被标准的商务智能软件识别。目前，企业面临的挑战是处理并从各种形式的复杂数据中挖掘价值。

人们处理的数据从样本数据变成全部数据；由于是全部数据，人们不得不接受数据的混杂性，而放弃对精确性的追求；人们通过对大数据的处理，放弃对因果关系的渴求，转而关注相关关系。

1. 物流大数据呈现的特征

1）数据量大

当数据量大到传统技术难以处理时，就可以称为“大数据”了。例如，传统数据库系统已不能高效地处理 1PB 的数据，因为仅向磁盘写入 1PB 的数据就要耗费 200 多天。此外，数据能否成为“大数据”，还要看数据的复杂性及产生数据的速度等特征。

物流是一个大范围内的活动，智能物流信息源也分布在一个大范围内，信息源点多、信息量大。物流系统有海量的数据库，包括用户数据库、企业数据库、员工数据库、车货匹配数据库、物流设施数据库、物流资讯数据库等，涉及的数据量极大，数据量成指数级迅猛增长，可以是 PB 级、ZB 级甚至更大的计量单位。根据统计结果，全球大数据仍处于活跃阶段，2019 年全球数据量达到 41ZB。

2）信息动态性强

动态性强是物流信息最显著的特征，是指信息随着物流过程发展动态变化，是一个连续的、完整的变化过程。忽略信息的动态变化特性，将导致贻误甚至造成损失。由于智能物流信息动态性特别强，信息价值的衰减速度也就很快，这对信息工作的及时性要求较高，信息收集、加工、处理速度快，成为智能物流信息工作者必备的常识。

3）数据范围广

物流信息涉及领域广泛、形式多种多样，只有将纷繁复杂的各种动态信息及时地反映出来，从海量数据中挖掘出有用的信息，才能优化整个物流作业过程。不同类型的智能物流信息有不同的特点，收集数据既要力求全面、完整，又要对智能物流数据预处理进行重点选择。

4）数据形式多样

智能物流系统在物流作业过程中产生的数据类型繁多，如视频、图片、文本信息、网络日志、地理位置图等，既包括结构化的数据表格，也包括半结构化的文本、图像、视频数据及非结构化的空间数据等。如何将手工的、延时的、无序的、碎片化的数据转化成智能的、实时的、有序的、集成的大数据是构建智能决策平台的前提。

5）数据安全性要求高

物流信息化快速普及，而物流信息中包含大量个人的隐私，如收货人的姓名、地址、电话号码、快递物品等，也关系到资金、货运等敏感信息，如发货方的仓储位置、运输方式、派件流程等，加之智能物流具有的线上线下金融服务功能，使物流网络常常成为黑客攻击的对象。大数据给物流行业带来了不菲的经济价值和快捷的服务体验，应及时做好物流大数据的智能安全防护体系，将全系统或部分数据集合从应用主机的硬件或阵列复制到其他存储介质。在信息系统运行过程中，保证数据安全及按计划为数据库执行数据备份是十分重要的工作，这样在故障发生时才能对数据库进行恢复，使数据丢失率降至最低。

2. 物流大数据的内容

在大数据时代，物流大数据整合了时间、空间、管理和服务，物流行业也因此发生巨大变革，正在成为下一个支柱产业。

1）物流大数据的来源

物流大数据是指物流服务的供给、需求及物流活动过程的各种相关数据以大数据的形式出现，反映整个物流行业的业态。物流与社会经济息息相关，物流大数据也会反映社会和经济发展的状态。

物流系统各环节引进大数据技术，由于物流系统与生产、销售、消费等系统相关，因此有效形成了“大物流”体系，向社会提供全面、完整的物流信息和物流服务。

2）物流大数据的来源层次划分

（1）微观层面：包括企业运输、存储、配送、装卸、流通、加工、登记等数据分类。

（2）中观层面：包括采购、供应链上下游、生产制造等物流数据分类。

（3）宏观层面：基于商品管理、流通过程中不同业态的数据分类。

微观层面与中观层面物流大数据一般掌握在物流企业手中，宏观层面物流大数据指导物流行业的方方面面。未来，宏观层面物流大数据可进行供求交易。

3）物流大数据的来源对象划分

（1）直接来自物流活动本身。

直接来自物流活动本身的物流大数据可以定义为狭义的物流大数据，指的是直接产生于物流活动的数据，如在运输、保管、包装、装卸、流通、加工等活动中产生的数据。物流活动管理与决策，如运输工具的选择、运输路线的确定、运送批量的确定、在途货物的跟踪、仓库存储的有效利用、最佳库存的确定、订单管理、顾客服务水平提高等，都需要详细和准确的物流大数据。因此，物流大数据对运输管理、库存管理、订单管理、仓库作业管理等物流活动具有支持、保障功能。

（2）来自商品交易活动和市场产生的数据。

来自商品交易活动和市场产生的数据可以理解为整个物流供应链的大数据。商品交易活动数据是指与买/卖双方的交易过程有关的数据，如销售和购买数据、订货和接受订货数据、发出货款和收到货款数据等。市场产生的数据是指与市场活动有关的数据，如消费者的需求数据、竞争者或竞争性商品的数据、与销售促进活动有关的数据、交通通信等基础设施数据。在智能物流中，物流数据与商品交易数据、市场数据相互交叉、融合，成为物流产业智能化的数据基础。

3. 物流大数据的类目

物流大数据主要包括运单信息数据和车辆信息数据，然而运单信息往往涉及商业机密，并且信息分布在不同行业企业内部，不宜公开。物流大数据的类目众多，因此从现实的数据条件来看，实业界和学术界的物流大数据主要是关于信息的数据，目前，可以明确量化的数据主要有货源、运输能力、市场、企业运营、物流行业数据类目。

1）货源数据

货物自身属性数据是最基本的数据之一，货物的多少决定物流活动规模及后续一系列货物流通形式。

货源数据具体操作一般包括以下内容：批量商品合同和供销计划数据；批量运输储存计划和合同数据；货物本身的包装要求、货物价值和交付条件等个性化数据。

2）运输能力数据

运输能力的大小与物流活动能否顺利开展有着十分密切的关系。运输条件的变化，如铁路、公路、航空运输能力适量的变化，会使智能物流系统对运输工具和运输路线的选择发生变化，这是大数据擅长的领域之一。运输能力数据对商品存储也有直接的影响，有些代储商品是从外地运来的，要及时掌握货物的数量和日期，以便于安排仓储；有些库存是待运商品，更要密切注意运输能力动态变化。

3）市场数据

为了满足从宏观上进行决策的需求，必须对市场动态数据进行分析，注意掌握有关的市场信息，并提取分析出正确的决策依据。这是大数据擅长的领域之一。因为市场是经常变化的，这些变化不仅会直接影响智能物流系统的正确性，更为重要的是，市场的变化趋势具有信号的超前性和表现的滞后性，人的经验判断在决策效率和准确性上远远不如大数据决策合理。

通常市场数据主要包括：流通渠道的变化和竞争数据；市场价格变动和趋势数据；生产计划及成品的运输数据；仓储货物状态数据；道路安全天气状况等管理信息等。

4）企业运营数据

企业物流系统是一个动态系统，由于商品在系统内各环节流转，每个环节都会产生在本环节有哪些商品、每种商品的性能/状态如何、每种商品有多少、在某个时期可以向下一个环节输出多少商品，以及在本环节内某个时期需要上一个环节供应多少商品等信息，因此企业物流系统的各子系统都会产生商品的动态数据。

5）物流行业数据

物流行业数据的采集分析包括全国社会物流总额、区域经济发展数据、竞争对手公开运营数据、网络商务舆情等。例如，某快递集团抓取全网相关快递行业信息上亿条，信息主体为 2017 年使用过快递服务的用户对延误、丢失损毁、违规收费、代收货款、性价比、送货上门、上门揽件、客服、配送员、传播力 10 项基本指标的评价。大数据系统通过大数据处理方法，对不同维度进行加权分析，为企业自身经营战略的判断提供依据。

2.1.2 物流大数据的类型

随着大数据的广泛应用，物流大数据的分类与整理成为物流行业智能化的重要依据。同样，在智能物流中，对于智能物流大数据的分类与整理也是智能物流发展与应用的重要部分。随着大数据的作用越来越明显，对智能物流过程中海量的数据进行采集、存储和分析，是大数据技术应用到智能物流中的关键。在进行智能物流大数据处理之前，需要将智能物流中的海量数据进行分类梳理，进而为大数据在智能物流中的应用提供基础。将智能物流大数据按照业务数据进行分类，可以实现对智能物流大数据分析、整理的目的。

1）轨迹型数据

感知设备记录的数据反映了整个物流过程，其数据的时间序列轨迹映射了物流的配送轨迹、仓储中转轨迹、流通加工轨迹等。从线路的拥堵情况、红绿灯分布情况等维度分析数据的轨迹，寻求物流路径优化、仓储中心选址、物流调度优化的方法，以满足资源合理配置的需求。

2）动态型数据

物流大数据的空间时效性特征主要来自大感知数据，在物流全过程中，所有的传感数据和监控数据都具有较强的空间时效性：数据的采集过程是在特定时间、地点和设备上发生的。运输车辆的车载 GPS 测量、记录的数据，表示车辆在当下时间的位置信息，每个订单包裹的 RFID 传输的数据也表示其目前的节点信息。

3）即时型数据

大数据的处理能力要求快速、及时地计算出结果，并且及时用于指导物流过程，否则可能失去计算意义。车辆动态配送过程要求系统的调度优化及时响应。配送车辆在提供服务时，度量空间中的任意节点在任何时间提出的服务请求均有服务期限，若在规定的时间内某一服务请求不能被满足则将被取消。

4）高增长型数据

高增长型数据不同于海量数据，前者强调未来的数据空间，后者表示过去的数据积累。物流领域未来数据量的大小不仅决定物流大数据实现的难易程度，还影响物流大数据发展的空间。基于物联网技术的感知数据急速增长，截至 2020 年物联网设备激增到 260 亿台，再加上智能手机和平板设备，联网设备数量高达 330 亿台。物联网设备的增长带来的是感知数据的激增。国内国际物流市场持续增长的需求带来的是物流的商机和由此产生的大量潜在数据。

2.2　大数据应用于物流领域的准备

物流行业是一个产生海量数据的行业。伴随着大数据、互联网的应用，当下的模式和理论已经不能完全满足物流行业的发展增速。物流行业进入一个创新和变革的时代，大数据已经渗透到物流行业各方面，发展速度很快，价值也很大。随着经济和社会的发展，人们将有海量包裹物流需求，机器与智能在物流领域的应用与实践将越来越广泛。

2.2.1 支撑环境分析

1. 内部支撑环境分析

内部支撑包括设施、装备、技术、管理和标准。在基于大数据背景的物流业务体系中，内部支撑因素有如下改善。

物流基础设施通过应用大数据相关技术，使仓库、公路、铁路、港口等可以实时与物品进行信息交互，为物流感知提供基础性服务；物流装备中传感设备，尤其是现有物流信息采集与传输设备及接收设备的衔接，具体包括物品标签、读写器、传感器、服务器、网络设备和终端设备等；大数据及其相关技术的应用将促进物流系统规划技术、现代物流管理技术、物流系统评价技术和物流信息化技术等物流技术的进一步发展；依靠大数据背景下智能物流的网络特性和个性化的配套软件系统，实现供应链资源优化配置的信息服务，优化供应链管理；物流标准制定包括基于大数据背景的智能物流标准体系构建及其与物流标准的融合，以便在企业级、行业级、区域级和国际级数据支撑下实现不同物流系统的对接服务。

2. 外部支撑环境分析

外部支撑包括法规、金融、电子商务、信用和安全。在大数据背景下的物流业务体系中，外部支撑因素有如下改善。

除完善物流法规之外，还应建立相应的智能物流法规，为大数据及其相关技术在物流领域的应用提供良好的法律制度环境，拓展增值服务范围。大数据环境对信用和安全提出了更高的要求，因此，在深化安全技术研究的同时，必须加强人的安全意识和信用教育，创造安全、可信的大数据环境，保证物流业务体系再造的顺利进行。

3. 政策支撑环境分析

2015 年 9 月 5 日，国务院印发《促进大数据发展行动纲要》；2017 年 1 月 17 日，工业和信息化部印发《大数据产业发展规划（2016—2020 年）》。我国政府从规范、标准和指导意见等多角度助力大数据产业发展。中国大数据产业政策紧密出台，行业应用成为重点，数据安全是大数据产业健康、有序发展的重要保障。

2014 年 12 月 2 日，我国正式成立大数据标准工作组，其由基础标准、技术标准、产品和平台标准、安全标准、应用和服务标准五大类别组成。大数据标准工作组发布、报批、立项、申报、在研及拟研制的大数据相关国家标准已有近百项。

2.2.2　物流大数据的应用模式

对于物流企业来说，拥抱大数据只是时间迟早而已。面对竞争激烈的市场，如何快速适应变化多端的市场环境，利用智能筛选分析技术挖掘隐藏在海量数据中的信息价值，来支撑和创新业务模式，将成为物流行业转型升级的关键所在。

1.“大数据+物流配送方案优化”模式

大数据涵盖了许多高新技术，主要包括大数据存储、管理技术和大数据检索使用技术等。这些技术对物流行业发展的各个环节都有重要的影响。例如，采集信息端中的识别、定位和感知技术，传输信息中的移动互联网技术，在数据的应用和开发方面出现的越来越多的数据中心。通过在这些环节对大数据进行充分利用，物流企业可有效管理员工，快速制定高效、合理的物流配送方案，确定物流配送的交通工具、最佳线路，并实时进行监控，以降低物流配送成本、提高物流配送效率，给客户提供高效、便捷的服务，实现双赢。

物流配送方面的配送流程主要包括客户下单、系统确认订单、订单打印、取货、分拣与配货、配送出库，呈现供应链管理的特征。但是，物流企业获取上游数据的能力还有待加强，管理和配送链条还存在衔接问题。比较突出的问题是在配送过程中依赖人工，出错率较高，成本控制不足，车辆运行空载率高。物流企业配送制度仍然需要优化，如果多单集中配送，在降低成本的过程中，忽视了提高配送效率，会导致用户体验愉悦程度下降。单靠削减配送员的成本不足以解决当前配送成本过高的问题，因此，必须要在配送流程上总体优化，增加区域配送密度、摊销成本。

利用大数据整合物流体系更有效率、成本更低。例如，当下单之后，根据供应商库存数据自动向供应商发起采购，并利用物流系统分拣配送，减少不必要运输次数增加的成本。在每个节点上，都要将信息流、物流和人力资源流结合，并整合当地资源，建立大数据平台和信息共享机制，使物流成本降低。

2.“大数据+互联网供应链”模式

在互联网时代背景下，物流业是一个新型的跨行业、跨部门、跨区域、渗透性强的复合型产业。大数据的应用将整个供应链系统的业务和管理流程再改造，提升了用户体验。

伴随着大数据的应用，互联网供应链模式加速物流行业发展，“大数据+互联网供应链”模式将进入一个创新和变革的时代，未来企业将更好地迎接供应链的创新与应用。大数据时代的智能物流有许多新的发展，但始终会围绕网络和流程这两个物流的基本问题展开。数据挖掘和建模对企业流程的优化可以渗透到大部分环节，可以有效地提高物流企业作业的效率、降低人力成本、提高资金流动速度。顺丰的信息管理与仓储管理系统实现了实时对接，出仓订单一旦生产出来，数据会直接进入仓储管理系统，同时使用电子运单的方式，简化了交接手续，减少了中转次数，做到了实时提货。大数据结合互联网供应链是物流发展的必然趋势，也是实业经济发展的必然，是改变经济模式的利器。

3.“大数据+物流个性化服务”模式

大数据的核心价值是服务，充分利用物流行业大数据，针对不同个体能够为其提供最及时、最需要的服务。大数据让物流企业为每个客户量身定制符合个体需求的产品和服务，从而颠覆制造业和商业的既有模式。

大数据技术的介入让物流行业不但有机会收集到全面的过程与成果信息，也可以收集到环境与资源信息，为全面分析客户的需求、深入剖析影响物流过程和效果的因素提供依据。物流行业通过大数据了解客户特征与需求，分析消费者的特点与个性化特征，分析存在的共性问题与个性问题，并决策下一步行为，从而为客户的个性化服务提供支持。

在大数据时代背景下，掌握了数据就相当于掌握了机遇。通过打造物流数据应用平台，利用物联网、云计算等技术，建立数据仓库，使用数据挖掘等技术来筛选有效客户信息。在此基础上，对信息进行分类、整理、分析等操作，并将信息共享给商务企业、仓储企业、第三方物流服务商等，使整个供应链根据信息对客户需求做出快速反应，以此有针对性地开展个性化服务，让消费者真正得到更多便利，从而提高客户满意度，给物流企业带来新的业绩增长点。

4.“大数据+物流信息化”模式

企业实现物流信息化，能最大限度地减少人工的误操作、提高拣选配送效率、降低物流成本。通过以计算机网络管理为基础的物流平台，可以突破原有的发展平台局限，整合企业资源，细化物流环节，规范业务流程，实现物流环节的高度自动化、智能化，节省企业运营成本，提高服务能力和水平。目前，我国物流行业发展不是很乐观，发展速度缓慢，难以实现规模化，但随着“工业4.0”和电子商务行业的发展，我国应大力推动物流行业的互联网化发展，帮助物流企业不断进行改革和创新，提高物流企业的服务质量，促进我国现代化物流的全面发展。另外，从行业协会和相关政府职能部门的角度来看，我国还需要成立数据管理相关机构，制定相关流程、制度、规范。数据管理体系在投入运作前，必须进行需求分析、规划、设计，确保所设计的管理体系是切实可行的、能落地执行的，从而为行业的发展带来质的改变。

5.“大数据+管理中的应用”模式

在企业行政管理中同样可以应用大数据相关技术。例如，在人力资源方面，在招聘人才时，需要选择合适的人才，对人才进行个性分析、行为分析、岗位匹配度分析；对在职人员需要进行忠诚度、工作满意度等分析。

大数据在物流客户管理中的应用主要表现在客户对物流服务的满意度分析、老客户的忠诚度分析、客户的需求分析、潜在客户分析、客户的评价与反馈分析等方面。

6.“大数据+物流决策中的应用”模式

在物流决策中，大数据技术应用涉及竞争环境的分析与决策、物流供给与需求匹配、物流资源优化与配置等。在竞争环境分析中，为了达到利益的最大化，需要与合适的物流或电子商务企业合作，对竞争对手进行全面的分析，预测其行为和动向，从而了解在某个区域或在某个特殊时期，应该选择的合作伙伴。大数据技术为物流企业做出正确的决策提供了依据。

在物流供给与需求匹配方面，需要分析特定时期、特定区域的物流供给与需求情况，从而进行合理的配送管理。供需情况也需要采用大数据技术进行分析，包括大量的半结构化网络数据，以及企业已有的结构化数据。

在物流资源配置与优化方面，主要涉及运输资源、存储资源等。物流市场有很强的动态性和随机性，需要实时分析市场变化情况，从海量的数据中提取当前的物流需求信息，同时对已配置和将要配置的资源进行优化，从而实现对物流资源的合理利用。

7.“大数据+应急和预警中的应用”模式

1）大数据在应急物流中的应用

突发事件给整个社会和经济带来巨大的负面影响，在分析突发事件应急物流系统特点的基础上，综合利用大数据技术等学科知识，系统研究其在应急物流中的应用；同时提出风险评估与规划阶段、准备阶段、响应阶段和恢复阶段不同的执行方案。

2）大数据在救援物流中的应用

预警分析是指预测未来发生事件的可能性，预测可量化值或时间点，在不确定性环境下，基于预测结果做出更好的决策，是物流领域预警中的重要环节。

大数据在救援物流中的应用，可以减少人员伤亡和经济损失，其中必然需要调动大量的物资和人力进行救助，有效发挥灾害救援物流职能，使灾害救援空间效益和时间效益最大化。

8.“大数据+物流应用实验室”模式

物流应用实验室模式将重点围绕高安全性、高可靠性、高适应性在物流行业的应用，以及在行业物联网、云计算等领域的应用，以应用实验室模式为契机，不断拓展合作广度与深度，建立物流新技术研发与应用创新平台。物流应用实验室作为物流实验示范中心，主要承担基于软件系统的实验内容、物流大数据和物流工程专业的实验工作，通常包括物流综合实验、供应链管理实验、物流信息系统测试、冷链实验、物流系统仿真。物流应用实验室通常先有依托，再运用大数据技术和设备对采集数据进行分析、处理，并拓展到区域或国家物流公共信息平台等更多领域进行大数据处理，充分挖掘物流大数据中的价值，提高物流行业智能化程度。“大数据+物流应用实验室”模式对物流大数据技术研发与应用具有重要的促进意义。

在冷链环境监测与控制方面，依托大数据采集、管理、价值挖掘分析，实现对海量环境信息的汇聚，并对环境温度监测与调控中反映表面现象的信息进行关联分析，从中发现问题，做到在问题发生后快速找到正确的应对措施，为医疗卫生用品、生物制药产品、农业农产品、生鲜食品等冷链物流领域分享互联网科技带来的相关服务。

案例 2-1　广州大学物流与运输研究中心实验室

被评为校级“实验示范中心”、被授予“中国物流技术仿真实验示范单位”的广州大学物流与运输研究中心实验室，主要从事生鲜冷藏食品保鲜技术、食品安全机理、食品物流技术与管理、大数据物流应用实验相关研究，相关研究成果在国内处于领先水平。该实验室主要组成为冷藏运输条件模拟实验台、模拟教学系统、大数据物流应用、物流技术条件、仿真实验室。其中，自主设计、制造的冷藏运输条件模拟实验台为国内独有，能全程仿真冷藏运输装备室内外状况及检验食品品质变化情况，在我国冷藏物流设备的数据分析、整理、优化、食品运输的安全、数据冷藏物流应用等方面发挥了积极作用。该实验室承担和完成了 50 多项相关研究课题，主要针对生鲜冷藏食品保鲜技术、食品安全机理、食品物流技术、数据冷藏物流应用与管理进行相关的研究。该实验室在国内率先系统开展冷藏物流技术条件的实验研究，相关研究工作得到国家自然科学基金的资助。此外，该实验室对冷藏运输技术条件特别是新品名的运输条件进行了实验研究，提出了具体的技术标准，如“荔枝”和“龙眼”的冷藏运输技术条件及鲜活易腐货物的装载方法已经被纳入铁路运输规章。该实验室承担了数十项国家自然科学基金项目、国际合作项目、省部级科研项目及数百项校企合作项目，成为我国物流应用实验室示范单位。

9.“大数据+评价平台征信”模式

综合评价征信是利用企业各种指标和数据，进行数据采集、加工、清洗等，并通过聚类、多层次分析等方法建模，最终将企业的综合评价呈现为一个综合分值及五大维度项值（包括企业经营能力、管理水平、社会评价、信贷能力、法人信用），并系统生成评估报告供用户自查，以及授权查询及有偿下载报告。征信的企业信息功能主要根据征信系统采集的企业基本信息，对其进行整合处理，以快速、便捷地为用户提供企业工商信息及对外投资信息。风控评价是采用云计算及大数据采集、清洗、分析等技术手段，为企业提供涉诉查询、风险报告、涉诉偿债风险报告等，并在企业授权情况下提供有偿查询与报告下载等功能。

面对大数据这一机遇，物流行业仍然需要政策给予支持，正视大数据在应用过程中存在的问题。大数据在物流行业中的应用多种多样，只有给予足够重视，并通过不断挖掘提高效率，才能让大数据发挥作用。

案例 2-2　评价平台征信

为落实“开展诚信建设万里行”主题系列宣传活动，烟台市发展改革委作为烟台市政府采购项目发起方，通过招标文件约定供应商可提供由第三方信用服务机构（具有相关资质）出具的信用报告，并作为评标的重要依据之一；对供应商具有 AAA 级信用等级认证证书的得 3 分，具有 AA 级信用等级认证证书的得 2 分，具有 A 级信用等级认证证书的得 1 分。

烟台市借鉴先进地区经验，充分发挥第三方信用服务机构的作用，在行政管理事项中积极使用信用记录和信用报告，借助大数据为企业全面画像，从企业基础信息、奖惩信息、银行资信、债务情况、纳税记录等方面予以严谨的大数据评价，用大数据提升政府行政管理规范化、科学化水平。

2.2.3　“数据质押”构建供应链金融生态核

供应链金融是指构建以“数据质押”为核心的生态。供应链金融作为一种金融创新业务在我国得到了迅猛发展，成为商业银行拓展业务空间、增强竞争力的一个重要领域，其服务理念从最初的线下发展到现在线上化的“三流合一”，即信息流、物流、资金流合一。

1. 构建以“数据质押”为核心的金融服务生态圈将是大势所趋

当前，供应链金融的环境出现了新的变化。一是供应链的全链条信息化正在进行，二是金融服务越来越重视交易数据和行为数据的收集和挖掘，三是平台建设更加重要。在这样的背景下，商业银行依托供应链构建金融服务生态圈，并以“数据质押”为核心开展综合服务将是大势所趋。

1）客户行为转变：供应链全链条信息化

商业银行供应链金融环境出现了新的变化，应整合供应链管理，达到信息共享、流程细化、过程透明的效果。通过在线订单、配送、资金清算等系统信息化，实现对物流、信息流和资金流的全程掌控，提升销售、准入、评级和精细化管理水平。

2）新型质押行为：“数据质押”

在供应链全链条信息化过程中，出现了依靠交易数据进行金融服务的新型融资方式。“数据质押”指以供应链中数年积累的真实交易数据为评级和授信主要依据，服务供应链上下游，希望借此弥补贷款风险短板。这对解决金融服务风险大、成本高的问题进行了有益探索。

总体来看，融资的各个环节均以真实的交易数据为基础和核心。第一，核心企业根据供应链下游积累了数年的真实交易数据（客户的合作年限、历年销售额、销售潜力和客户评级等）推荐优势企业；第二，商业银行同样根据上述数据，通过网络融资平台系统筛选，进行评级和授信。这种做法可归纳为以“数据质押”为核心的融资方式。在掌握了足够长度的、可持续的、完整的真实交易数据和行为数据后，可以采用经过挖掘的真实交易数据和行为数据替代传统的质押形式，称为“数据质押”；运用大数据分析技术，对交易过程中形成的能够交叉验证的真实交易数据和行为数据进行评级和授信。

2. 以数据为基础的互联网融资活动

当前，所有以数据为基础的互联网融资活动都有“数据质押”的特征，其均以真实交易数据或行为数据为基础对客户开展金融服务。将客户积累的交易数据、行为数据和信用数据引入网络数据模型，通过交叉验证技术和第三方验证判断客户信息的真实性，将客户的行为数据映射为客户的信用评价。其中，客户的行为数据，被作为信用评级的重要依据。

1）“数据质押”银行服务回归交易本质

“数据质押”银行服务优势如下：一是摆脱了传统模式，实现了风险可控；二是无须核心企业对其上下游中小企业进行信用捆绑，大大降低了因核心企业产生的系统性风险；三是能够根据真实交易数据和行为数据，对服务对象设计有针对性的综合金融服务；四是服务对象可大可小，使普惠金融能够扎实落地。

2）形成以“数据质押”为核心的金融服务生态圈

银行可利用平台将链链融合，并整合数据生态链形成数据生态圈。从纵向看，供应链上下游的信息流、资金流和物流“三流合一”正在推进。从横向看，各企业之间的信息流、资金流和物流“三流合一”也在进行。假以时日，这将形成全链条的数据生态链。称其为数据生态链，是因为数据的产生是交易双方自动、自发的，具有动态调整、实时更新和可持续积累等特点。银行可通过一个平台将所有的数据生态链进行整合，并扩展为数据生态圈。在数据生态圈内，借助信息技术，无论规模大小，每家企业都可以形成以自身为中心的供应链，都有上下游企业。每家企业都是核心和节点，在其周围形成一个可以交叉验证、持续积累、360 度全覆盖的真实交易数据和行为数据集合。

在数据生态圈的基础上，商业银行可构建金融服务生态圈，以“数据质押”为核心开展综合服务。在基于商业生态圈形成的数据生态圈中，每个客户都是核心，其交易数据和行为数据的可持续、可循环、全覆盖和交叉验证的可行性保证了交易背景的真实性和交易行为的稳定性。商业银行可以依托此构建金融服务生态圈。金融服务生态圈面对客户的一端，是一个完整覆盖企业客户和个人客户的、集合了 B2B、B2C、C2C 和 O2O 等功能的综合电商服务平台；金融服务生态圈面对银行的一端，是集合了海量的、可持续积累的真实交易数据和行为数据的数据挖掘平台，银行利用此平台可为客户提供综合金融服务和非金融服务。

3）金融服务生态圈对银行的作用

基于金融服务生态圈，商业银行能够获取客户足够时间长度、真实、可持续、可交叉验证的交易数据和行为数据，从而使用线上以“数据质押”为核心与线下实际抵押、质押为补充相结合的方式，开展以客户为中心的各种金融服务和非金融服务。

（1）开展综合金融服务。

在数据完备的金融服务生态圈内，通过数据质押可以实现如下功能：第一，可有效解决小微、涉农等金融活动成本高、风险大的问题，将成本和风险降低至正常水平之下，是一条高效、批量拓展三农、小微客户的新途径；第二，使银行能够从多方面、多角度了解客户的资金动向和金融需求，实现基于真实交易和“数据质押”的结算、融资、理财、保险、租赁等一站式综合金融服务，促进产品交叉销售；第三，能够在平台上搭载 P2P、众筹等新型互联网金融服务，在平台积累了足够多的客户和数据之后，完全可以开展 P2P、众筹之类的新型互联网金融产品和服务，探索低经济资本占用的新兴利润增长点。

（2）开展非金融服务。

金融服务生态圈不仅能够获取客户的金融需求数据，而且能够获取非金融的物流、品牌偏好等数据，可以基于这些数据开展自身的，以及与第三方合作的非金融服务。

（3）提供综合资讯。

通过金融服务生态圈，银行能够真实、充分地掌握客户的生产、经营和消费等数据。基于这些数据，银行可以多方面、多角度地发布行业的、区域的乃至整个经济和社会的经济运行先行指数、预警指数和实时指数等数据和资讯。对内有助于洞察市场变化，提前防范和化解系统性风险；对外既能提升自身品牌价值和市场影响力，又能为政府监管部门的决策提供重要参考。

3. 未来供应链金融服务的重要趋势

构建以“数据质押”为核心的金融服务生态圈，将成为未来供应链金融服务的重要趋势。对于商业银行而言，应以供应链为切入点，以互联网金融服务平台为基础，分两个层次构建以“数据质押”为核心的金融服务生态圈。

1）纵向以核心企业为基础

将整个供应链上的企业纳入互联网金融服务平台，探索构建金融服务生态链平台。通过“银行搭台+信息共享+交易撮合”的方式，推动核心企业进入电子商务服务平台，进而将其上下游企业都纳入进来，使整个供应链上的企业都在此平台上进行交易活动，从而构建金融生态链服务平台。借助此平台，充分利用大数据技术带来的多维数据比对和信息对称优势，以整个供应链上形成的交易数据为基础，尝试采用线上“数据质押”与线下实际抵押、质押相结合的方式开展金融综合服务。

（1）借助真实交易数据，降低风险和成本。

从数据分析入手，主动掌握业务背景的真实性，只要贷款客户与核心企业具有长期、稳定的供销关系，具备合格的交易数据，经核心企业推荐和银行审核，就可以获得贷款资格，有助于解决小微企业贷款风险大、成本高的问题。

（2）借助网络在线操作，流程处理高效。

通过在线平台，实现客户贷款全流程网上作业，改善客户体验，满足客户“融资急”的需求。

（3）探索以“数据质押”为核心的融资服务。

改变传统注重贷款客户抵质押物的模式，利用合格的交易数据对客户进行信用评级，对产品进行定价。

2）纵横结合，以金融服务生态链平台为基础，构建金融服务生态圈

第一步从纵向供应链角度构建数据流转的金融服务生态链平台；第二步以金融服务生态链平台为支撑，从横向供应链角度，使链条与链条之间的数据交互、融合；第三步以链上所有企业为出发点聚拢链外客户，以开放、共享的理念与其他平台合作，构建金融服务生态圈。

（1）链环上相互融合的聚集效应。

聚拢外围客户群体。一方面，将供应链上下游中小微企业的外围客户群体吸引至平台，通过辐射效应扩大客户群体规模；另一方面，借助交易信息发布和撮合机制，吸引更多的有交易意愿的中小微客户加入平台。以此探索基于真实交易数据的、以“数据质押”为核心的结算、融资、保险、理财、租赁等一站式

金融综合服务。

（2）开放的理念聚合客户群体。

广泛与第三方平台合作，获取更广泛的客户群体。与物流企业、电子商务企业、第三方支付平台等对接，与会计、法律、商务代理等生产性服务平台对接，与经济金融相关的政府公共服务平台对接，获取更广泛的客户群体。

2.3 高端物流和智慧物流探索与研究

2.3.1 高端物流探索与研究

高端物流刚开始受到社会各界的关注和重视，其整合与提升成为中国现代物流的主旋律。高端物流成为物流业和流通业探索与研究的新重点，高端物流的优势在于综合技能、集成技能、战略策划、区域及全球拓展能力等方面。发展高端物流，应构建高端物流研究组织或高端物流联盟协作机构，形成并推进高端物流发展优势，从多个方面加强供应链及物流系统策划整合、实施能力的培养和投入；从专业化、系统化、开放性、连续性出发，使高端物流能够承上启下投入实践应用中去，从而推动物流业不断向高端迈进。目前，我国高端物流提供商很少，规模和影响都不大。普通物流提供商提升并转化为高端物流提供商的关键在于，供应链及物流系统策划整合和实施能力。

1. 高端物流的概念、特征及特点

（1）高端物流的概念。

高端物流的狭义概念为："物品价值相对比较贵重，物品运输要求比较严格，物流的特殊性需要特殊器材或有特殊限制或特殊服务要求，以及特种技术服务或采用高科技手段等因素的物流活动。"

高端物流的广义概念为："物流过程中资源整合、优势互补、物流一体化、分工协作的产业链，是一个以供应链为核心的物流集成系统。其包含：物流策划与供应链的管理咨询服务；物流与供应链解决方案的设计；物流与供应链的实施与控制；物流与供应链的运作与管理；全球化的网络服务；物流信息化及信息网络服务；供应链上多个环节的资源整合服务；物流的特殊服务。"

（2）高端物流的特征。

第一，现代物流业的发展，具有高附加值、高效益、高时效、高科技含量、高人力资本、高开放度产业带动力、低资源消耗和低环境污染"六高两低"的特

征，体现了物流系统的核心，使物流业在各方面实现了质的飞跃。

第二，高端物流以供应链一体化为竞争手段，突出“高端品质”的服务流程，规模化运营，技术性、操作性强。在高端物流的系统运营和流程优化过程中，不断提高满足高端客户需求的能力和高端物流运作的能力。信息系统是高端物流业务模式最集中的体现，先进的信息技术成为服务高端物流的重要支持手段。

（3）高端物流的特点。

第一，高端物流服务不是目的而是手段，对于企业来说希望达到的目标是节约物流费用，从物流中挖掘最后的利润。

第二，高端物流服务的目标是高端产业领域，高端产业附加值高，对物流服务质量有更高的要求，因此服务功能和服务能力显得特别重要，具体如下。

快：引进了一体化概念，保证了敏捷的应变反应，以及最快的速度，可提供所有最新技术和科技手段的服务。

专：为现代高端产业着想，为现代高端产业服务。

高时效：保证了时效性和服务效率。在高质量的服务中获得竞争优势，以最快速度、最佳时间、最优组合完成商品从生产领域向消费领域、流通领域的转移过程，同时为高端物流服务商带来丰厚的利润。

高效益：保证了经济效益和社会效益的双丰收。

第三，高端物流基于“物流信息化”来支撑整个活动，要做到这一点，需要现代信息技术的支持。

（4）高端物流九链环原则。

一是需求链原则。需求链是高端物流的前提和基础。

二是资源链原则。资源链是支撑高端物流发展的条件。

三是资金链原则。资金链是高端物流运作与发展的根本。

四是人流链原则。针对高级人才流向的特点，更应该抓好高级人才资源工作，营造具有强大吸引力的人才环境。

五是商流链原则。商流链是指高端物流环境的活跃程度。

六是信息链原则。特别注重互联网信息技术的建设。高端物流必须做好信息资源这个“链”，利用信息化增强高端物流的竞争力。

七是经营链原则。经营的重要目的是经济效益，因此高端物流在服务增值方面谋求经济效益。

八是持续链原则。高端物流持续发展依靠不断创新来支撑，注重技术含量向高层次、高附加值方向发展。

九是价值链原则。价值是衡量价值链的标准，最终以经济价值和社会价值来评价高端物流。

高端物流实质上就是通过实现九链环原则，实现了需求链与价值链的最完美结合。

2. 高端产品的概念、特点及特征

发展高端制造业与发展高端物流业不是割裂的，而是相辅相成的关系。高端物流自然涉及高端产品，因此有必要对其基本概念、特点及特征进行探讨。

（1）高端产品的概念。

高端产品通常是指技术性很强的、高科技的、性能优异的、功能较好的、安全性和附加值相对较高的商品，通常还有质量保障和售后服务保障体系。

（2）高端产品的特点。

高端产品通常是附加价值高的商品，附加价值高的商品都具有独特的优势，具备一种或多种特点。

一是产品的科技含量高，在新产品设计和旧产品改造中，采用高新技术成果，或者采用了新技术、新材料、新工艺、新设备等。

二是产品性能优异，款式新颖，功能完美，信誉度、商誉度、品牌知名度高。

三是具有较高的文化品位和人文艺术元素，在设计、造型、色彩和表面处理上令人赏心悦目，或者具有特殊意义或功能价值，或者具有鲜明的历史、文化特点。

四是绿色环保安全产品，对环境无害或危害甚微，材料、资源利用程度较优，对人类、环境、社会贡献较大。

（3）高端产品的特征。

一是高端产品是一种与市场需求状况有强烈反应和互动作用的、投入少的、产出多的、功能比较好的、价值偏高的产品。

二是高端产品随着需求变化变成某种珍贵性或稀缺性的产品。

三是高端产品的利润从制造环节转向销售环节，进而转向消费环节。

四是高端产品也不一定完全等同于高科技、高消费、高档次产品。

五是高端产品通过某个加工环节后，产品大幅增值，产品的绝对价值高，产品的利润较高。

六是高端产品可承受的物流服务费用通常空间较大。

3. 高端物流成为物流探索新的重点

高端物流的运作模式分为自营提升模式、协作经营模式、行业创新模式、产业革新模式。

高端物流的机制构成包括物流策划、基础设施、服务内容、行业经验、营销能力、技术能力、网络服务、人力资源管理、资源应用、管理与整合、行业定位、创新能力、物流咨询和培训、企业机制等。

高端物流服务体系主要包括高端物流服务和高端物流的服务提供组织。

（1）高端物流服务。

物流服务的提供从运作层面来看可以分为初级、中级和高级；物流服务的提供从演变层次来看可以分为粗放型、精细型和智能型；从物流服务的能力来看，物流服务有弱、强之分；从物流服务的发展空间来看，物流服务有大、小之分；物流服务的提供从技术层面来看，可以分为低端物流服务、中端物流服务和高端物流服务。

（2）高端物流的服务提供组织。

高端物流的服务提供组织是指有一定经济实力，建立了强大的物流服务网络，具备信息技术、物流策划和增值服务能力，提供物流咨询和培训，物流整合、实施运作实战，多方关系协调管理的组织。

第一，高端物流服务具备物流研究策划能力。

第二，高端物流实施运作包括业务流程管理、业务流程具体运作、物流运作行业经验、全球化网络及其管理支持。

第三，高端物流技术包括信息系统的设计、开发、集成与实施，供应链系统集成及 IT 培训。通过物流信息化系统可以有效实施物流业务，信息化、集成化、规模化、技术化、实时化、网络化、数据化和智能化是高端物流信息系统的主要特点。

供应链集成方案的目标是增强供应链各环节速度的持续性，以及从采购到分销环节运输的透明度，同时为客户和合作伙伴提供高效率、低成本、有竞争优势的客户服务和物流过程管理，以及数据采集等信息服务，实现运作的规模化及具备迅速进入市场的能力。因此，信息化能力对高端物流十分重要。

4. 高端物流存在的不足和建议

（1）高端物流存在的不足。

① 供应链和物流系统策划整合能力不足，不能为客户提供一整套综合的、高效的供应链解决方案，难以获得高端客户的信赖。

② 供应链管理和运作能力不足，难以为高端客户提供供应链和物流解决方案，无法形成竞争能力。

③ 服务网络的地域覆盖能力和信息技术支持能力不足，国际服务网络的地域覆盖能力和信息技术支持能力不足。

④ 我国高端物流提供商明显缺乏在市场竞争中保持持续竞争优势的能力，直接导致高端物流提供商在规模、市场和业务拓展等方面发展缓慢，严重阻碍了我国高端物流的发展。

（2）高端物流发展的建议与措施。

① 企业组织结构的改善甚至重组是改革企业核心和运作流程的根本所在。

② 改善企业的运作及业务流程，使供应链与物流系统整合，使系统顺畅、高效运行。

③ 供应链及物流系统策划整合、实施能力的获得最终体现在人。

④ 高端物流大致有 4 种运作模式，各运作模式所要求的高端物流服务提供商的规模、能力特点各不同，必须审慎选择合适的高端物流运作模式。

⑤ 我国已经初步形成的高端物流提供商必须根据自身的实力与特点，以及所处市场特点和客户特征来适应市场竞争，从而形成在供应链及物流系统策划整合能力上的优势。

⑥ 我国目前高端物流提供商很少，而且规模影响都不大，因此，我国物流提供商尚需要努力以提升转化为高端物流提供商，并积极参与国际竞争。

⑦ 高端物流是个新兴概念，高端物流建设是科学、系统的过程，高端物流自然成为物流这个朝阳产业的骄子。发展高端物流，应从专业化、系统化、开放性、连续性出发，使高端物流能够承上启下，并且投入实践应用中去，从而推动现代物流不断向高端物流迈进。

5. 探索前行与展望

高层次的服务功能是高端物流的重要基础和重要支持力量，应从有利于市场因素出发，创建有利条件，发展高端物流，争取赢得各级政府更大力度的支持。

发展高端物流，培育高端物流，创新促进建立流通服务体系，创新服务模式，营造一流的高端物流发展和运营环境，促进内外贸进出口增长。

高端物流通过产业聚集，提高服务质量，使高端企业能方便地寻找到不同特色的高端物流提供商，这些高端物流提供商之间因为有较多的合作关系而形成了默契的一体化物流服务体系，这在产业链中体现出来的正是高端物流的作用和优势。

高端物流对于我国物流产业的发展和成熟可起到巨大的推动作用，有利于我国本土物流企业获得与国际物流巨头竞争的公平环境和良好的发展氛围，对于本土物流企业快速发展起到催化剂的作用。

增强物流企业的竞争能力，实现优势互补，形成集合优势和竞争优势，从而将社会上的优良物流资源有效地吸引到一起，使高端物流进一步有序地运作和竞争，有效地配置社会物流资源。

我们正处在变革的时代，以科技为主体的进步、全球经济结构调整、国际分工中的作用与物流迅速发展日益突出是时代的大潮流，中国高端物流将发展成为全球供应链体系的重要组成部分。

2.3.2　开启智慧物流新时代

2013 年 11 月 10 日，中国物流学术年会在福建省福州市西湖宾馆召开，中国首届智慧物流和智慧物流产业园区发展论坛由中物策（北京）工程技术研究院和 IBM 承办，论坛上提出了智慧物流和智慧物流产业园区的概念与特征。

1. 智慧物流开启物流行业一个崭新的时代

智慧与物流合称为“智慧物流”，随着信息、金融、电子商务、物联网、人工智能等要素的注入，物流发展向高级形态演进。“智慧物流”不是晦涩的概念，而是思维与趋势。从智慧物流到智慧物流产业园区，就像市场细分一样不断细化，宏观理论被不断理解和细化，最终指导实践，这是历史不断发展的结果，也是人们思维不断探索和创新演进的结果。

物流从来没有离开智慧。近年来，智慧物流的概念随着智慧城市、大数据、云计算和电子商务等热点词汇，以一个全新的面貌呈现在人们的视野中。智慧物流是技术成熟和配套完善积累的结果，也是资本逐利的结果。由于物流行业对成本具有天然的敏感性，因此以物流技术驱动智慧物流发展的道路并不完全通畅，市场才是真正的推手，力量来自思想外的资本追捧。那么，资本又看中了什么呢？资本看中的是智慧物流带来的行业革命性爆发。

（1）智慧物流的概念。

智慧物流是指将互联网与新一代信息技术应用于物流业中，实现物流的自动化、可视化、可控化、智能化、信息化、网络化，从而提高资源利用率的服务模式，以及提高生产力水平的创新形态。

（2）智慧物流的含义。

智慧物流的含义是：优化的高效运作模式促进资源配置，实现管理订单化，合理优化库存，降低经营风险和物流成本。借助智慧物流连接数据模式和体验，可以推动供应链升级，促进社会生产与流通。

（3）智慧物流的特征。

智慧物流的特征是：从企业层面看，智慧物流是一种创新模式；从技术层面看，智慧物流是新技术改变行业的驱动力；从行业层面看，未来的智慧物流是一种社会化的、颠覆性的高效物流系统；从时间层面看，未来的智慧物流是一种可持续发展的物流状态。智慧物流开辟物流行业的新时代，推动协同物流模式创新管理，引入先进管理经验和体系，将智慧融入科学管理之中。

（4）物流作业效率的提高。

智慧物流通过对数据采集、跟踪分析并建模，运用新技术对业务流程进行优化升级。结合北斗导航定位系统实现智能管理和可视化管控。在库存管理中充分发挥数据的力量，完善各类预案，实现智慧物流管理。智慧物流的发展趋势是信息化、智能化、集约化和小批量定制，互联网及时反馈需求信息，需求信息将快速到达系统，从而提升物流作业效率、降低运营成本。通过创新引领，充分发挥技术优势，建立智慧物流生态体系，促进中国物流业的飞跃发展。

2. 智慧物流与智能物流

1）智慧物流

实现互联网向外延伸，并与物流实体融合创新，使物流系统具有感知与精准执行能力，构建可自主提升的智慧物流体系。

2）智能物流

利用先进的物联网技术，对收集的大数据进行处理，对物流各个流程实现精准监控，提高物流作业效率，降低物流成本。

3）智慧物流与智能物流的区别

（1）智慧物流能够实现从感知到决策的流程。

（2）智能物流不等于智慧物流，关键在于不能代替人做决策。

（3）智能物流的能力聚焦于“知晓”，聚焦于系统执行形成的闭环。系统只知其然，不知其所以然，还不具备智慧能力。

（4）智慧物流的优势在于执行与感知能力。

3. 物流园区是衔接智慧物流的重要载体

物流园区强调资源整合，以及智慧物流要素的构建，其发展具有极强的实质作用。物流园区未来发展的必然趋势是，提高资源开发利用水平，加快信息化体系建设。

智慧物流产业园是智慧物流由理论落到实地的最佳着手点。物联网技术、智慧科技融合于物流园区，使物流园区成为物品、信息、物质、资金交流的“大舞台”。近年来，智慧物流相关领域研究不断深入，为相关项目运营提供了智力支撑。

（1）智慧物流产业园区的概念。

智慧物流产业园区是指以“智慧化”的创意状态和“智能化”的科学技术策划、规划、开发、建设、提升、管理和运营的物流企业集结聚合服务基地。

（2）建设智慧物流产业园区的目的。

智慧物流产业园区的建设，是为了让物流园区更加充分地发挥价值，以智慧化的方法来解决投资者、行业和政府关心的核心问题、疑难问题，最终让人和物、企业和市场、园区更加和谐，以促进社会的和谐发展。总而言之，“智慧”是为了更好地开发、建设物流园区，以更好地为社会服务，这是大家的共同追求。

在新时期要有新思路，更要有新作为，应发挥智能化优势，实现订单的便捷管理，以及全流程的可视化和智能化；应关注客户需求的新变化，开发体验式服务。

（3）物流园区的发展。

物流园区的升级改造是当前的重要探索领域，面临技术、物流仓储、产销等方面制约电子商务行业快速发展的挑战。智慧物流园区为电子商务行业物流难题解决提供了重要思路，物流园区的升级转型成为国家物流与供应链枢纽城市的载体。

智慧物流产业园区开启电子商务和产业园区发展新时代。智慧物流产业园区将是未来发展的必然趋势。“电子商务”和“资本”两大推动力，在一定程度上正在倒逼传统物流产业园区加速转型升级。基于传统物流产业园区转型升级的需求，运用智慧化的思维，不断探索智慧物流产业园区建设的技术方案。智慧物流产业园区强调的是以智慧化思维贯彻服务产业，推动新一轮产业发展。

智慧物流产业园区能够利用产业及其土地的物业、服务功能、增值服务等资源，通过策划建设价值最大化的资源整合体。无论对于具体项目还是智慧物流大环境，我们坚信科学设计、合理布局、升级创新物流园区远远比“空谈形式”和“空置园区”有意义。物流园区智慧化趋势需要探路者，应该用智慧大脑去创造智慧物流的明天。

4. 积极推动智慧物流项目

智慧物流园区建设应发挥示范引领作用；应鼓励智慧物流设施设备与信息系统建设，推动企业与社会智慧物流系统融合，积极推进智慧物流产业发展；制定科学的人才培养方案，推动智慧物流专业建设，运用联合模式加强智慧物流人才培育。

智慧物流仓储系统以立体仓库和配送满足物流需求。随着机器人等新技术的应用，智慧物流仓储系统成为解决智慧物流存在问题的最佳方案。

在新零售时代，“线上线下一盘货，服务产品一体化”。在智慧物流体系中，物流资源参与物流环节，大数据促进供应链优化，以提高物流配送效率；智能仓储实施就近出库，根据订单装车，自动将货物运输到指定位置。未来，大数据分析形成数据后，品牌商发货的模式将更改为直发，货物不动数据动，使路径最优。依托“互联网”云仓，电子商务发展了智能化仓储模式，基于智能自动化装备和信息化软件集成应用，智能云仓成为智慧物流的中坚力量。

5. 智慧供应链的特点及发展

全球经济已进入供应链时代，在数字化智能背景下，打造智慧供应链是竞争中获得优势的关键。

（1）智慧供应链的概念。

智慧供应链是指整合人工智能技术，集服务各类产品、智能化于一体的供应链服务体系。

（2）智慧供应链的模式。

智慧供应链的模式为通过数字化与智能化的整合，利用动态的管理方式，发挥智慧供应链的智能化优势，推动供应链创新协同和程控化模式发展。

（3）智慧供应链的特征。

智慧供应链的特征包括：在整条供应链中，深入洞察新势能和新格局，主动谋求创新发展、优化产业结构，为供应链发展创造新机遇。

（4）智慧供应链的特点。

市场要素、技术要素和服务要素是智慧供应链具有的特点。具体包括：①侧重全局系统优化，注重供应链的绩效；②强调信息分享和协同，通过感知形成计划，聚焦流程端到端整合形成智慧供应链；③提升服务精准性和有效性，促进服务迭代升级；④强调切入平台功能，涉及供应链全流程要素；⑤基于全价值链流程再造，拉动物流、采购、配送精益化。

（5）智慧供应链对制造企业的影响。

随着智能制造技术的发展，智慧供应链与生产系统连接，物联网融合智慧供应链，通过智慧供应链提供智能服务，这将从根本上改变制造业的运作流程。人工智能、云计算等技术的发展，将提高智慧供应链管理效率，进而促使智慧供应链发展迈入新阶段。

（6）智慧供应链未来发展：①努力在极其有限的空间里传达最大量的信息；②用最小的空间有效存放更多的货物；③用最短的时间以最快的方式传递更多的货物；④用最快、最有效的方式推动市场兴旺和繁荣；⑤供应链将以“智慧化”状态和“智能化”技术为主；⑥电子商务企业→快递→物流→仓储→信息→金融融合联动发展；⑦满足和有利于全球供应链带动生产和消费的发展。

6. 智慧供应链建设当前挑战及未来路径

目前，智慧供应链缺少整体战略策划，智慧供应链的构建可推动智能制造发展。

1）强化供应链战略

我国供应链系统基础薄弱，对供应链的本质认识不深。没有智慧供应链战略，就没有价值引导。应制定智慧供应链发展战略，明确物流产业发展方向，引领物流产业迭代升级，以实现智能化发展目标。

2）协同合作打造智慧供应链平台

供应链上下游企业协同互动，通过物联网技术融合，构建智慧供应链平台，实现与上下游资源的联动，集成形成共享智慧供应链生态圈。

3）培养和引进供应链人才

人才是智慧供应链系统构建的关键。应注重供应链人才的培养，着重从人才建设角度出发，一是培训，为供应链系统的构建提供保障；二是与高校院所合作，形成产学研用人才培养模式，为智慧供应链注入新鲜血液。

4）上下游深度协同合作加快智慧供应链建设步伐

在大趋势下，上下游深度协同合作，加快智慧供应链建设，加快转型升级，推动物联网技术落地应用。

第3章

大数据在智能物流中的应用场景

万物互联，在于实现了人类的生产和消费行为数据化，将人类带入大数据时代。大数据在智能物流中的应用，可以提升全人类生产、交易、融资、流通、物流与供应链等各环节的效率，而大数据在智能物流中的应用场景是实现这一步的重要一环。基于大数据技术，利用各类图表、趋势图、图文效果将巨大的、复杂的、枯燥的、欠逻辑的各种数据源展现出来，进行深度挖掘，发现数据内在规律，帮助和引导人类经济和社会的发展。

3.1 智能物流大数据的用途

随着智能物流大数据的应用越来越广泛，其应用的行业也越来越多，每天都可以看到大数据的一些新奇应用，并帮助人们从中获取真正有用的价值。很多组织或个人都会受到大数据分析的影响。随着国民经济的快速稳定发展，物流产业规模将继续快速扩张，智能物流大数据应用在物流行业挖掘出的有价值信息将越来越多。

3.1.1 智能物流大数据的应用细分场景

智能物流大数据在物流行业的主要用途日趋规范，市场秩序与环境条件也将进一步优化，其应用细分市场面临重大发展机遇。

物流产业进入高质量发展阶段，呈现新趋势与新特征。产业集中度提升，产业布局更加合理，进一步优化环境条件，市场规模不断扩大，分工将越来越精细化。

1. 商品市场预测与供应链预测

1）商品市场预测

在大数据环境下，针对庞大且瞬息万变的物流市场，利用数据挖掘技术对物流市场数据进行聚类分析，能够有效帮助物流企业规避风险、做出合理决策。

进入市场的商品随着时间和需求的变化而变化。商品销量变化模式经历导入、增长、成熟和衰退 4 个阶段，因而产品和实物分拨措施不尽相同。过去习惯从问卷和经验寻找市场要求，当动态结果出来时已时过境迁，往往会对市场需求做出误判；而大数据能够勾勒出用户需求信息，通过数据反映市场的需求与变化，从而对产品后市场做出预测，合理地制订物流运营方案。

2）供应链预测

人类认识自然的能力大大增强。发现、认识和利用“规律”（包括市场的、用户的、技术的、企业发展的）对物流业的发展与空间认识非常重要。对未来市场商品的供求趋势、影响因素及其变化规律进行分析和推断，通过大数据提前预测需求，并前置仓储与运输环节。另外，通过对异常数据的收集，对不可抗因素等造成的货物损坏等进行预测。目前，供应链预测已经有了一些应用，但其预测精度仍有很大提升空间，需要扩充数据量、优化算法。此外，物流设备维护预测主要通过物联网的应用，在设备上安装芯片，实时监控设备运行数据，并通过大数据分析做到预先维护，延长设备使用寿命。

2. 选址与优化

1）物流中心选址

物流中心选址相当重要，市场货量、交通网络、辐射区域、竞争对手市场占有率等情况，都必须纳入考量范围，大数据分析方法可以帮助确定物流中心地址。物流中心地址确定后紧接着就是网络及路由规划，主要利用历史数据、时效、覆盖范围等构建分析模型，对仓储、运输、配送网络进行优化布局，例如，通过对消费者数据的分析，提前在距离消费者最近的仓库备货；实现实时路由优化，指导车辆采用最佳路线进行跨城运输与同城配送。小型物流设施的选址工作可以简化，阶段可以合并。

从过去生产者在全国布局配送中心，逐步演化为提供个性化订单服务，从顾客的需求向上推移，促使整个配送模式改变。过去是供给决定需求，今后越来越多地从需求开始倒推，按照需求的模式重新安排相应的供给点。这些都是大数据时代到来所发生的变革。

2）配送路线优化

物流配送路线优化问题具有很高的计算复杂性。基于合理的路线运输，可以有效地节约运输时间，提高车辆利用率，降低物流成本，提高经济效益与客户服务水平，达到科学化的物流管理，这也是物流业提高自身竞争力的有效途径之一。

配送路线优化影响物流效率和成本。运用大数据技术分析配送路线问题，用速度对配送计划做出反应，得到最合理的配送路线。通过配送过程中采集的实时数据，分析交通状况并做出提前预告和预警。分析物流全过程的信息，使物流配送智能化、信息化及具有可预见性。

3）仓库储位优化

在大数据环境下，利用数据挖掘技术对海量货品信息间的联系进行关联分析，进而合理安排货架，能够有效提高分拣效率，同时有助于企业制定物流规划。物流市场的动态性和随机性很强，从大数据中可以获取市场变化、物流需求等信息，及时规划和调整仓储配置，同时可通过预判结果实施分仓、转仓、调仓等操作，降低物流成本，提高物流时效。

订单增多催生智能物流需求，国内电子商务巨头纷纷布局大型仓储配送中心，这种基于大数据的智能物流组合将成为抢占智能物流市场份额的重要抓手。近几年智能物流产业发展迅速，年均复合增长率超过 40%。2019 年，我国人工智能 + 物流市场规模为 15.9 亿元，人工智能 + 物流市场主要以仓储和运输为主，合计占比达 81.2%；我国人工智能 + 运输市场规模达 6.1 亿元，其中，无人卡车业务市场规模为 0.6 亿元，车队管理系统市场规模为 5.5 亿元。

3. 物流定价

物流产品价格的衡量存在很大的差异。在零散货运市场，受信息化程度及其他因素影响，物流价格往往波动较大。对于品牌物流企业来说，价格战同样愈演愈烈。定价基于成本计算，往往要通过十分庞大的数据模型获得，不同类型的货物、不同地域、运力成本、网点网络等都会对成本产生较大影响。

在权衡特定的价格时，通常采用随行就市定价法，即直接与竞争者采用相同或相近的价格，并在规定的期限内投标，需求方选择报价最低的投标者签订成交合同。物流定价可以整合物流服务来制定个性化的价格。

4. 运输车辆运营管理

数据驱动车辆管理系统，实现车辆出车管理、车辆加油管理、车辆维修管理、车辆规费管理、车辆保养管理、车辆违章管理、车辆事故管理、车辆年检管理、车辆保险管理、车辆收入管理，以及车辆年检到期提醒、车辆保险到期提醒、车辆保养到期提醒、车辆规费到期提醒、驾照到期提醒等高效的车辆运营管理。随着物流车辆的运营时间增长，车辆开始出现“疲劳”，油耗会随之上升，维修次数也会增多。

通过数据收集和分析，可以获取某个品牌、固定动力配置车辆的全生命周期油耗，如 100 万千米的总油耗，或者某一里程区间的油耗，如 20 万～30 万千米的车辆平均油耗。同理，数据分析还可用于车辆的维修保养管理，因此如果可以获得车辆全生命周期成本的计算模型，那么车队的运营成本分析就十分明朗了。通过这样的数据分析，还可以预测车辆的价值“拐点”——达到某一里程后，车辆盈利能力开始下降，这时可通过二手车市场价格来判断车辆是否该转手，再进行新一轮的车辆采购。

运输车辆状态图系统可以提供直观的车辆状态图，车辆管理人员可以一目了然地掌握车辆的状态，并且可以直接基于车辆状态图进行日常操作，并提供出车单打印等功能，大大提高车辆管理效率。在车辆状态管理中可以查看各种状态的车辆信息，包括全部、可用、出车、维修和其他状态，使企业获得持续性的最大化盈利。

3.1.2 优化机器和设备性能与加工能力

1. 设备技术性能优化主要表现

大数据技术可以让设备在应用上更加智能化、自主化，机器和设备技术性能是其工艺规范、生产能力等的总称。

（1）设备精度的高低及其保持性：对产品质量要求的满足程度，以及设备的稳定性。

（2）设备生产效率的高低：在单位时间内生产合格产品的数量。

（3）设备的可靠性和可维修性：设备平均故障间隔期和平均修理时间。

（4）设备的机械化、自动化程度：设备劳动强度和劳动效率的高低。

从技术角度看，大数据是一种技术。从管理视角看，大数据既不是一种技术，也不是一种应用系统，更应该是一种立足于企业内外部数据融合以提升管理效率、开拓思维、开创价值模式的能力。

2. 大数据工具智能化表现能力

大数据工具被用于研发自动驾驶汽车，即通过配置相机、GPS 及传感器，实现车辆的安全驾驶，并且不需要人的干预。

大数据工具可以用于优化智能电话，还可以用于优化智能电网，甚至可以用来优化计算机和数据仓库的性能。当然，随着大数据工具越来越普及，其还有很多新的应用。

数据是这个时代流行的词之一，仅采集海量数据是不够的，还需要对在一定时间内采集的海量数据进行处理，即对杂乱无序的数据根据需要进行排序、筛选、有条件透视等操作。经历数据的收集、加工、整理和描述的统计过程，数据的加工处理能力大幅提高。

随着市场的发展，未来企业会不断加大在大数据方面的投入。大数据的核心是发现和预测，利用这个特点，可以提升行业整体服务水平。此外，基于大数据进行未来发展趋势预测，其中获取的数据不只是企业的内部信息，还包括大量的外部信息，通过数据加工实现数据的增值，可以颠覆整个商业模式。

大数据的体量大，然而体量并非大数据的唯一特征，也不是大数据最重要的特征。巨大的体量凸显的是技术需求，刻意追求巨大体量的数据并不具有多少现实意义，大数据更重要的特征在于其多样化的来源和形态、持续快速的产生和演变，以及对深度分析能力的高度依赖。

企业对大数据的驾驭和掌控，其核心并不在于拥有多大规模的数据，而在于是否能够对来自企业内外部的、多样化信息源的数据进行持续加工的捕捉和整合能力，并通过深度分析开发其价值。

3.1.3　物流过程中的可视化智能网络系统

在物流行业中更多的是对数据的描述，将数据图形化的过程又称为数据可视化。物流的核心数据是位置和时间，大数据为基于位置数据的可视化和智能化提供了手段。

数据可视化的目的有两个：一个是更好地分享和传达数据信息，另一个是通过设计之美有效地缩短信息的传达路径，这是可视化的最根本目的。

目前，全网络化和智能化的可视化网络还没有，比较普遍的是一些初级应用，如深度神经网络的可视化技术，将使我们深度学习可视化，高效地将最先进的学术研究应用于场景实践，利用 AI 行业中间件并将其迅速引入物流行业。智能应用的首选模型，在图像识别、语音识别、自然语言处理、计算生物、金融大数据等领域应用并取得成效。深度神经网络又被称为“黑盒”模型，具有多层隐藏结构、数据/特征矢量化、海量决策等关键因素，可以基于模型的解释性助力智能项目落地。可视化是一个由来已久的、宽泛的话题，模型可视化与数据可视化属于不同的范畴，数据可视化通过降维、主成分分析等技术来分析数据的结构，模型可视化针对的是对模型本身的理解。深度神经网络的可视化具有 4 个方面的挑战，分别是平台化、数据、计算、可解释性。人工智能、深度学习已经在图像、语音、大数据、自动驾驶等诸多领域占绝对优势，可视化技术应用的推广与落地，推动可视化智能网络系统的发展进程。

3.2 智能高科技在生鲜食品供应链中的应用

以大数据应用为基础的智能物流的兴起，极大地促进了产业优化，实现了物流产业各环节的资源共享和协调合作，优化了配置，并在大数据技术的基础上对物流产业产生的数据进行分析、整合。智能物流大数据应用的主要形式依靠智能型高科技实现。

随着科学技术的进步与制冷技术的发展，其在生鲜食品、药品供应链场景广泛应用，引起国际市场高度关注。生鲜食品供应链迎来新时代发展的全球机遇。

3.2.1 “食品安全”和“现代供应链”

“食品安全”和“现代供应链”近年来受到高度重视，“生鲜食品供应链”既是发展前沿，又符合未来发展趋势。理论知识与实战作业的碰撞，必将焕发光彩。

生鲜食品供应链的发展热潮，催生了生鲜食品供应链大额投资项目：首先，对生鲜食品供应链的认识与模式创新；其次，具有国际化的背景、国际化的思维；再次，国内和国外两大资本、两大资源支持；最后，资本与智力叠加的集团化运作。

1. “食品安全”和“现代供应链”受到高度重视

党的十九大报告中将“食品安全”和“现代供应链”列为发展重点，为加快推进我国民生工程创新发展提供了充分的政策依据，生鲜食品供应链迎来了发展的最好时期。具体来说，冷链物流、生鲜食品、跨境电商、自贸区建设和国际贸易，带来的大量海产品、农产品、食品和果蔬，为生鲜食品供应链发展带来前所未有的机遇。

生鲜食品是人们生活的必需品，为达到保鲜的目的，其要求快速进入消费环节，流通环节越少越好，因为生鲜食品的新鲜度和食用安全性就是其价值所在。生鲜食品是最重要的，同时也是经营难度最大的一类商品，它是指人们日常生活中所消费的农副产品，主要包括蔬菜、水果、水产、肉类等，再加上较常见的生鲜制品衍生而来的加工制品，如面包、熟食共同组合为“生鲜品类”。

1）生鲜食品主要的特性

（1）易腐性：这一特性要求生鲜食品的采购与配送周期要短。

（2）季节性：这一特性源于蔬菜、水果、水产等产品的生产周期控制了其上市节奏，因此很难全年均衡经营。

（3）地域性：农产品的地域性使某些产品只有在特定产地才有供货。

这 3 个方面的产品特性，使生鲜食品的产品开发、供应优选受到很大限制。

另外，价格的波动性，使得供应链上、中、下游的效益与效率、管理与技术创新和应用的难度比一般产品与业态供应链的难度更大、门槛更高，并面临方方面面的考量。食品安全涉及人类的生存和健康，生鲜食品供应链的重要性就是保障食品安全问题。

2）实施食品安全战略，让人民吃得放心

人民健康是民族昌盛和国家富强的重要标志，要完善国民健康政策，为人民群众提供全方位、全周期健康服务。坚持以预防为主，深入开展爱国卫生运动，倡导健康文明的生活方式，预防控制重大疾病。实施食品安全战略，让人民吃得放心。要提高保障和改善民生水平，加强和创新社会治理。要加快生态文明体制改革，建设美丽中国。

食品安全不仅关乎百姓的身体健康，更是百姓安全感、幸福感的基本要求。如果百姓吃得不放心、吃得不安全、吃得不健康，小康之乐就很难实现。“实施食品安全”提升到国家战略的高度，“让人民吃得放心”是党中央治理思路的最强音。

2. 构建智能科技新格局，开拓发展新空间

为城市建设注入新的动力和活力，为城市发展提供更多的服务，必将开拓生鲜食品供应链发展的新空间。在新的历史条件下，应采取措施促进国际海产品、农产品、食品、果蔬的集聚和分散。中华饮食文化博大精深，舌尖上的中国

名扬四海。中国鲁、川、粤、苏、闽、浙、湘、徽八大菜系誉满全球，经过长期的发展，山珍野味、生猛海鲜形成了富有特色的中国饮食文化。饮食的改革与创新离不开跨境电商和生鲜食品供应的范畴，借助现代的商品交易和流通渠道体系，实现了生鲜食品的转口和集散，构建了“国外选货—航空运输—机场服务—园区养殖—派送全国”的一条龙模式。

（1）面向全球的生鲜食品供应链渠道体系的拓展。

中国为面向全球的生鲜食品供应链发展提供了更高层次的发展格局与广阔的空间。例如，2019 年粤港澳大湾区的生产总值合计为 11.59 万亿元。也就是说，粤港澳大湾区将是世界上最大的港湾、贸易和供应链枢纽。这样的大格局，将有越来越多的国际生鲜食品及有冷冻储藏运输配送需求的商品，借助自贸区进入中国市场，因此将更有利于生鲜食品供应链的大发展。生鲜食品供应链需求及所有冷冻储藏运输配送需求的增长，又将推动产业和经济的发展。

（2）消费全球化为生鲜食品供应链体系建设带来重大机遇。

我国生鲜食品消费与人均 GDP 增长成正比，居民对生鲜食品的需求，尤其是对进口水果、海鲜、牛肉等的需求，持续高速增长。生鲜食品的全球化、国际化，是一个必然的发展趋势。国内进口国际生鲜食品，引导和培养了国内市场，掌握了若干重点产品的渠道控制权和主导权，尤其是进口水果和海鲜。因此，在相当长的时期内，进口生鲜食品供应链的势头和规模还会进一步扩大。显然，围绕国际生鲜食品市场扩张，构建现代生鲜食品供应链体系，既是挑战，更是机遇。

我国居民生活正在从小康消费阶段向富裕型消费阶段跨越，消费者越来越注重消费品质和食品安全。因此，全国各城市正在进入生鲜食品时代。然而，从现状来看，各种渠道的生鲜食品流通，尤其是生产加工及销售集约化经营程度比较低，仓储、配送、批发、零售等各环节的社会化分工管理粗放、效率低下，尤其是生鲜食品供应链与配送难度大等，缺乏生鲜食品供应链一体化的整合。针对这些问题，政府和企业需要积极探索生鲜食品供应链体系的完善，加快生鲜食品供应链发展格局重构。

3. 生鲜食品供应链体系向高端发展

被称作“史上最严”的《中华人民共和国食品安全法》的颁布，体现出我国依法整治食品安全的决心。随着电子商务的发展及新零售的变革，生鲜食品供应链的重心正在从上游供应商向下游消费者延伸，生鲜食品供应链全渠道体系越来越成熟、完善。

生鲜食品供应链全渠道体系智慧工程建设加快。智能化生鲜食品冷链配送终端自提冷柜，就是运用现代通信技术、计算机网络技术、食品安全管理技术、生鲜食品技术将基地的生鲜食品用全程冷链一站式配送方式送到城市社区终端自提冷柜里，社区市民根据自己的时间安排，自由提取食品的服务方式。这项创新型技术的开发和运用，彻底解决了我国生鲜冷链食品"最后一千米"的流通瓶颈，目前这项技术已研发成功，并投入试运营，其核心技术已获得国家知识产权局专利，填补了我国生鲜食品供应链"最后一千米"配送服务的空白。

随着布局范围的拓展，我国从更大的区域进行了冷链物流要素资源的整合，这也为规模化和现代化深化生鲜食品供应链体系提供了新机遇。在生鲜食品互联网服务业基础设施建设方面，我国也有很大的发展空间。具有现代服务特征的新兴服务产业将成为企业发展的助力，生鲜食品是为百姓生活谋福利的基础工程之一。

3.2.2　大数据应用在智能型生鲜食品供应链体系

1. 推动生鲜食品供应链高质量发展

由于大数据的应用成本限制，目前智能物流大数据主要应用在高附加值和高要求标准的物流业务中，其中食品药品行业的食物行业可追溯系统、药品可追溯系统在应用大数据方面较为领先，这些为智能化物流提供了坚实的保证。

总体而言，基本思路可以确定为：推动生鲜食品供应链高质量发展，充分利用区位优势，充分利用自贸区建设、深化内贸体制改革及跨境电子商务示范市设立等优势和机遇，以枢纽型、国际化、集群化为特点，以优化冷链物流布局和城市配送体系为主线，以国际生鲜食品为主要对象，以打造国际生鲜食品供应链为核心，逐步建成现代化的新型生鲜食品供应链体系。

2. 我国建设智能型生鲜食品供应链体系的建议

（1）创新型惠民智能工程。

立足于打造面向全球的国际新型生鲜食品供应链枢纽与节点，不断提升生鲜食品供应链发展水平，不断增强服务"一带一路"沿线国家发展的功能。对生鲜食品供应链惠及广大市民的重大创新型智能工程的建设，予以立法方面的有力支持，并列入优先发展项目。

（2）延伸智能冷链物流。

在智能冷链平台的基础上，拓展智能配送网络，实现智能仓配一体化服务，为城市及周边提供更专业、更标准、更快捷的优质生鲜食品供应链服务，实现真正的最后一千米门到门服务。对生鲜食品供应链智能工程的建设给予政策上的大力扶持，制定相关的优惠政策，实行统一的规范，制定可行的操作标准。

（3）突出智能科技打造国际农产品冷链物流枢纽。

逐步占领国际生鲜食品供应链发展的制高点，构建农产品物流需求方和服务提供商的集聚地，促进产品品质加工和管理标准化，带动区域整体生活品质提升，使冷链物流成为经济新的增长点。政府要对生鲜冷链配送车辆的限制进行调整，以满足生鲜冷链配送车辆全天候进行冷链配送的需求。

（4）强调集约智能化经营。

优化整合需要，协调物流资源配置，在重点区域合理布局，规模化、集约化、智能化经营管理，避免重复建设和资源浪费；设立智能生鲜食品供应链运营联盟。

（5）加快生鲜食品加工智能配送系统的建设。

生鲜食品加工配送中心可以有效调控大宗农产品物流和各连锁超市生鲜区之间的物流联系，并以生鲜智能加工、智能配送中心为核心，向生鲜供应链上游延伸，最终重新整合生鲜食品供求双方的各种资源。

（6）设立智能化屠宰场、智能分拣中心、中央储备冷库智能设施。

要求实现智能设施集中，统一品牌、统一屠宰、统一监管、统一调度、统一配送，为生鲜食品供应链体系建设创造有利条件。

（7）重点规划布局国家级智能化生鲜食品供应链体系。

通过资源共享、设施共用，促进生鲜食品供应链智能化、网络化、规模化、集约化，以构建高效智能生鲜食品供应链体系，促进行业降本增效。

3.2.3 黑科技在食品安全检测中的应用与展望

太赫兹波（THz 波）被称为“生命光线”，其波长为 3～1000μm。太赫兹是电磁波谱中唯一待开发的尖端科技，是信息技术产业的重大资源。随着新材料、超快技术的发展，太赫兹技术掀起研究爆点。

太赫兹研究领域已有几十个研究中心或实验室，如中国科学院太赫兹固态技术室、深圳太赫兹科技创新研究院等。这些研究机构在太赫兹源、成像机及波谱分析等领域取得了较好结果，促进了太赫兹领域的研究发展。近年来，超快激光技术的发展，使太赫兹脉冲源更加可靠、稳定，为太赫兹波谱技术在食品安全检测中的应用创造了更加坚实的基础。

太赫兹波是一种新的、安全的、有很多独特优点的辐射源。太赫兹波辐射所具有的独特性质，使它在天体、物理、材料、生物、环境、医学、光谱、成像、信息等科学技术领域有很好的发展空间。太赫兹波段呈现吸收和色散特性，对医疗用品、保健品、食品、药品、美容、农业、环保等领域将会带来深远的影响，进而改变人们的生活。

太赫兹波段光子能量较低，不会对被测物体造成损坏，并且对某些非极性材料有良好的穿透能力，因此利用太赫兹波段的穿透性和安全性等优点进行成像技术开发，可对被测物体进行成像，实现无损检测和安全检查。

太赫兹波的成像机理有两种：通过太赫兹波探测器对被测物体自身的辐射能量进行探测，称为被动式成像，是一种相对安全的成像方式；通过太赫兹波辐射源信号并照射到被测物体，称为主动式成像，太赫兹波探测器反射波或透射波，对探测到的振幅和信息进行分析处理，从而得到物体的三维图像。

案例 3-1　太赫兹光谱成像技术在食品药品安全检测的场景应用

太赫兹光谱成像技术是指基于太赫兹光谱在电磁波谱中的特殊位置，对物体进行成像，其具有重要的价值和应用前景。

（1）对不开封包安全透视场景。

能够对包装的食品、药品、物品进行不开封包检测；对食品、药品生产和销售进行检测，确保食品、药品安全、有效。

（2）对产品杂物透视场景。

对食品通过太赫兹波形的分析处理，检测混入的玻璃、金属丝等杂物碎片。

（3）对食用品类鉴别场景。

利用太赫兹光谱透射或反射板获得食用品类的脉冲时域波形，能够有效地鉴别食用品类的假冒伪劣品。

（4）对残留物鉴别场景。

利用多彩成像装置对污染物进行检测，对食品、土壤及公共环境中存在的污染物质进行识别，实现对隐藏产品中残留物超标的鉴别。

（5）对食品过敏源透视场景。

食品过敏源能引起人的身体机能免疫系统或皮肤异常反应，太赫兹光谱可对食品及其制品等过敏源进行检测。

（6）追溯信息载体场景。

利用太赫兹光谱成像技术，建立“从农田到餐桌”全过程的追溯体系，汇集所有供应链信息，实现来源、去向追溯。

（7）智能科技价值和应用前景。

随着太赫兹光谱成像技术应用成果和产品的不断成熟，未来其在生鲜食品供应链的智慧探索，将引领产业变革，不仅具有很高的经济价值，还对食品安全战略具有重要意义。

3.3 大数据在智能物流中的应用场景

随着时间越来越碎片化，大数据在短时间内融入智能物流的应用场景，基于极速连接的最佳机会，创造极致的、鲜活的、及时的、可以互动的、能够分享的场景应用。

3.3.1 物流和大数据结合，功能价值相融合的交互应用

1. 大数据+车货匹配

“高效率、低成本”是现代物流的根本，其中，运输成本是物流成本的重要组成部分。目前，缺少车货配置优化、物流路线规划不合理、数据分析支撑运营管理能力不足、专业货车导航缺乏及物流配送车辆在途管理缺失等，是物流行业十分普遍的痛点。

设计专业的物流解决方案，合理进行配送线路优化，提高车辆的配送效率，这在现代化物流企业中至关重要。通过精准的地理位置实时跟踪手段，更加专业地为物流企业提出精准、高效的物流解决方案。无论是拥有自主开发能力的客户，已有数据但需要数据管理和分析的客户，需要对数据进行运营的客户，还是需要整体模块定制的客户，都可以通过用户下单管理、精准的派件系统、高效的运输配送管理、准确的智能运力调配、直观的数据可视化分析及可定制的行业服务等模块来满足自身的需求。车货匹配平台采用驾驶员报价的功能，使货运价格更低。

2. 大数据+物流配送方案优化

人工规划行车路线错误率较高，全国 2000 多万辆货车行驶在各级公路上，

大部分采用人工规划路线，准确率不高，车辆实际行驶路线和规划路线存在出入，容易产生行车燃料的浪费，也不利于整个运输流程的管控。若行车路线依赖驾驶员的行驶经验，老驾驶员对走过的路线比较了解，可以绕开难走的路段，按时到达目的地，但新驾驶员在同样的路段可能要花费更多的时间，影响整体运输效率。另外，当遇到强降雨、大雾、台风等恶劣天气时，既定路线无法行驶，运送时间得不到保证；部分道路会有封路等意外情况发生，普通的运输管理软件无法处理突发和意外事件。

3. 大数据+运输能力资源优化

通过大数据实时监控和动态综合分析运输能力，并进行预测预警，优化物流流程，制定高效的作业方案，实现精准调度；优选运输工具和最佳线路，实施实时定位监控。通过大数据分析等手段来实现降本增效的大运输能力。通过数据分析，可以预测车辆价值的“拐点”，使大运输能力持续性最大化盈利。

4. 大数据+仓储管理

“仓”是指存放物品的建筑物和场地，可以为房屋建筑、大型容器、洞穴或特定的场地等，具有存放和保护物品的功能；“储”表示收存以备用，有收存、保管、交付使用的意思。当用于有形物品时也可以称为储存。“仓储”是指利用仓库存放、储存未及时使用物品的行为。简言之，仓储就是在特定的场所储存物品的行为。

现代仓储的作用不仅是保管，更多是物资流转中心；对仓储管理的重点也不再仅着眼于物资保管的安全性，更多关注的是如何运用现代技术，如信息技术、自动化技术来提高仓储运作的速度和效益，这也是自动化立体仓库大行其道的原因。自动化立体仓库大量采用大型的储货设备（如高位货架）、搬运械具（如托盘、叉车、升降机）及自动传输轨道和信息管理系统，从而实现仓储企业的自动化。

仓储业务核心内容如下。

（1）库存管理。

通过对上下游客户历史行为、订单及库存情况的实时监控数据进行分析，合理安排库存容量，在满足客户需求的同时实现最低库存。

（2）智能云仓管理。

通过实时采集、分析货物出仓、入仓、堆垛及财务进账等数据，动态分析得出客户货物进仓和出仓的规律、销售规律、资金规律、现金流规律，实现货物最近仓储、最佳中转、最优配送，最大限度地降低库存成本。

5. 大数据+多式联运

由两种及以上的交通工具相互衔接、转运而共同完成的运输称为多式联运，包括公路-铁路、铁路-海运等。货物主要由集装箱运输，承运人对货运全程负责，这是国际上流行的一种高效、集约的运输方式。

多式联运将公路、铁路、水路、空运等不同运输体系间的大数据综合分析，制定联运组合方式，提供最优运输方案及定制化服务。

多式联运的顶层设计不断强化、产业实践不断升温、经营水平不断提升，已经从一种高效的运输方式转变为综合交通运输体系，成为物流发展的头号工程。

实现公路和铁路全面分工的最大挑战是，如何由政策推动向市场驱动转变，由运量结构调整向联运系统提升，从而带动运输链、供应链、价值链一体化。多式联运要在区域协调和市场发展中有策略地推进，分区域、分行业、分板块逐步发展。多式联运带动的不只是运输效率的提升和产业竞争力的提高，最终要实现的是通过多式联运有效降本增效。

6. 大数据+供应链

供应链领域培育经济新增长点，形成新动能。当前，我国经济已由高速增长阶段转向高质量发展阶段，要实现经济高质量发展，以发展现代供应链为抓手，发挥供应链助推供给侧结构性改革、促进资源优化配置及经济质量和效率提升的重要作用，培育新增长点、新动能，推动经济发展质量变革、效率变革、动力变革。通过对物流供应链相关企业进行信息整合，推进物流业与制造、商贸、金融等产业互动融合、协同发展。利用大数据对供应链各环节进行分析，统筹各节点资源，实现资源的优化配置和高效利用。通过对供应链大数据分析，寻找可优化的项目，弥补供应链中存在的漏洞，提高整个物流供应链的协调运作效率。有效提高产业协同效应，促进产业转型升级：一方面，要围绕产业集群内企业在产品设计、物料采购、生产制造、检验检测、物流和市场销售等环节的共性需求，打造各类供应链协同平台，通过协同设计、协同采购、协同制造、协同物流和金融服务等方式，完善产业供应链体系，促进线上平台与线下产业集群相互补充、共同发展；另一方面，要发挥不同产业集群中龙头企业供应链资源整合和服务能力，利用大数据对供应链中的物流、商流、信息流和资金流进行设计、规划、控制和优化，带动上下游企业协同发展，快速提升供应链创新与应用水平。

7. 大数据+成本控制

运用大数据技术对物流成本进行控制，贯穿物流与供应链上、中、下游整个过程，包括目标成本及运输、仓储、配送、流通加工等各环节的成本。通过成本控制使物流过程按照事先预算确定的成本水平进行，防止与克服损失和浪费的发生，合理地利用人、物、财，实现降本增效的目的。运用大数据技术分析物流各环节的成本，对比寻找降本优化项，为成本控制提供了依据。

3.3.2 大数据+物流指数+金融服务

1. 物流指数

物流指数与 GDP、第二产业、第三产业具有高度相关性，是经济发展的晴雨表。物流指数的研究发布有利于进一步加强与世界发达国家物流的交流、比较和研究，有利于推进物流行业的科学指导和规范管理，对政府部门宏观决策和物流相关企业微观经营具有极大的帮助作用。

2. 技术进步使大数据金融服务发生了根本性的改变

当人们考虑大数据技术在银行的应用时，首先考虑的是在线交易、银行应用程序及网络银行。大数据技术改变银行业的方式实际上超出了这些范围，其开始大规模地用于替代银行机构和服务的所有内部流程。这种变化来自电子设备产生的数据。这些数据可以被金融科技部门用于为所有客户提供更好的、更可靠的服务和产品，同时可以降低银行机构和其他金融机构面临的风险。

3.3.3 大数据+设备质量管理+安全管理

1. 大数据对设备状态进行监控分析

对设备状态的监控包括：对设备运行状态和能源消耗进行实时了解，对设备检修质量进行检查、验收管理，以及相关管理内容与方法、监督检查与奖惩考核。为了减少和控制设备质量事故的发生，对一级辅助设备、工艺简单的工序、设备中的异常处理，对二级重要辅助设备、工艺较为复杂的工序、设备的异常处理，对三级主要设备大小修、重要设备技术改造、设备中的较大异常处理进行监控分析，尽量避免设备管理过程中的质量故障，并制订合理的节能方案。

2. 大数据在有效安全管理中的应用

贯彻“安全第一、预防为主”的方针，通过大数据监控分析作业区，对安全问题提前预警。利用大数据综合分析各个方面，挖掘事故的深层次原因。安全防范任重道远，只有将大数据技术与相关的管理措施相结合，才能从根本上解决安全和预警的问题；只有不断进行技术创新、管理创新，才能最终实现有效的安全管理与保障。

第4章

大数据对智能物流的技术支持

智能物流模式是物流行业发展到一定程度的必然。智能物流依托现代先进技术的发展，运用人工智能技术、自动化技术、网络信息技术、远程监控技术，对物流过程中货物运输的最优路线进行选择，自动对货物进行跟踪记录，对货物管理进行了优化。智能物流降低了货物运输的成本，提高了物流效率，增加了物流企业的利润，提高了物流管理人员的管理水平，促进了物流企业的快速发展。

4.1 智能物流依托现代先进技术的发展与应用

4.1.1 智能物流对大数据的功能要求

物流产业的智能化在一定程度上提高了物流企业的效率和竞争力，但仍然存在不少困难和问题。当前，我国智能物流业还处在初级阶段，应着力解决其发展过程中遇到的困难，最终促进我国智能物流产业的发展和进步。

1. 感知功能

“感知”是对事物、人物、环境或想法的感知，即获取信息、收集信息的方式。“判断”是对所感知信息的判断，即思考问题、做决定的方式。

感知功能是指运用各种现代先进技术获取运输、仓储、包装、装卸搬运、流通加工、配送、信息服务等各环节的大量信息，实现实时数据收集，使各方能准确掌握货物、车辆和仓库等的相关信息，初步实现感知智慧。

2. 规整功能

规整指规范、调整，使合乎规范、合乎标准。规整智慧指运用现有的规则调整、梳理、矫正、改变已经存在的东西。具有规整功能的装置包括输送机构、输送连接装置、连接控制装置。

规整功能是指在感知之后将采集的信息通过网络传输到数据中心，用于数据归档，建立强大的数据库，并分门别类地整理，使各类数据按要求规整，实现数据的联系性、开放性、动态性。通过对数据和流程的标准化，推进跨网络的系统整合，实现规整智慧。

3. 智能分析功能

智能分析功能是指运用智能的模拟器模型等分析物流问题，根据物流问题提出假设，并在实践过程中不断验证问题、发现新问题，做到理论与实践相结合。在物流作业过程中，系统会自行调用原有经验数据，随时发现物流作业活动中的漏洞或薄弱环节，从而实现发现智慧。

4. 优化决策功能

优化能力是指在对比分析中优劣排序、好坏分等、抑制落后、提携先进的技能和本领。当决策对象众多时，决策主体需要权衡比较，将不满意的对象剔除，将满意的对象保留。优化能力以认识能力为基础，对决策对象进行全面观察、深刻了解，以实现有的放矢。

确定标准和运用标准是优化能力的关键。优化标准可以是事前已制定的规范，也可以是事中决策主体临时树立的标杆，后者能体现决策主体的素质高低。运用已确定的标准对决策对象进行优化，有 3 种方法：一是主观判断，谁好谁坏由决策主体的意志选定；二是逻辑分析，用科学思维排出好坏次序；三是定量衡量，采取科学方法对决策对象进行定量分析，并分出优劣。决策者优化能力的高低，反映在如何灵活应用以上 3 种方法上，也反映在应用时间和成本上。3 种方法结合得好，优化速度快，耗费成本低，优化能力就强；否则，优化能力就弱。

优化决策功能是指结合特定需要，根据不同标准评估成本、时间、质量、服务、碳排放等情况，并进行预测分析，以协同制定决策，提出最合理、最有效的解决方案，使决策更加准确、更加科学，从而实现创新智慧。

5. 协同功能

在大数据作用下，物流生态系统呈现新的发展态势，运用协同理论，在大数据生产要素的推动下，可实现物流生态系统环境协同、种群协同和个体协同，为物流企业构建良好的生态系统。协同系统是以自有产品和技术为核心，整合国内外知名技术服务商的优势技术实现的，旨在提供成熟、高效、完美的解决途径。

协同效应就是“1+1>2”的效应。协同效应分为外部协同和内部协同两种：外部协同是指一个集群中的企业由于相互协作共享业务行为和特定资源，将比一家单独运作的企业获得更高的盈利能力；内部协同是指企业生产、营销、管理的不同环节、不同阶段、不同方面共同利用同一项资源而产生的整体效应。

系统智慧集中表现在，智慧物流系统并不是各环节各自独立、毫不相关的物流系统，而是各环节相互联系、互通有无、共享数据、优化资源配置的系统。智慧物流系统可为物流各环节提供最强大的支持，使各环节协作、协调、协同。

6. 自动修正功能

自动修正功能是指在前面各项功能的基础上，按照最有效的解决方案，使系统自动遵循最快捷、最有效的路线运行，在发现问题后自动修正，并将问题及修正方案备用在案，方便日后查询。

7. 及时反馈功能

物流系统是一个实时更新的系统，反馈是实现系统修正、完善必不可少的环节。反馈贯穿智慧物流系统的各环节，为物流相关作业者了解物流运行情况、及时解决系统问题提供了强大的保障。

8. 数据挖掘的六大功能

1）数据分类

数据分类是数据挖掘最常见的功能之一，即将分析对象以不同的属性分类加以定义，建立不同的类组。数据挖掘中的分类是指针对未发生的结果进行预测分类，主要包括归纳和推论两个步骤，其主要目的在于提高分类的准确度，建立分类规则，再评估准则的优劣。数据分类常用“判定树”算法。

2）数据估计

数据估计是指根据不同相关属性数据的连续性数值，找出各属性之间的关联性，以了解并获得某一特定属性未知的连续性数值。数据估计常用“回归分析”“类神经网络算法”。

3）数据预测

数据预测的目的在于以其他属性的值为基础来预测特定属性的值。这个被预测属性的值通常被称为目标变量或因变量；而其他属性则被称为解释变量或自变量。数据预测的主要方法在于建立数据中因变量与自变量之间的关系。

4）数据关联分组

数据关联分组主要是用来发现数据中特征属性间具有高度关联性的一种模式，其所发现的模式通常使用规则来表现。

5）数据聚类

数据聚类主要利用数据中类似或相同的项目，将同构型较高的数据区隔为不同的聚类，聚类内数据相似度越高越好，聚类间差异度越大越好。在一大群的研究对象中，根据不同的研究目的必定会有异质化的现象，但异质化的现象可能是几个同质化的群组所造成的，数据聚类的主要目的就是将不同的同质化的组别差异找出来。数据聚类常用“判别分析”“聚类分析算法”。

6）数据循序

物流数据库的若干已知字段预测或验证其他未知字段值，就称为数据循序。数据循序是循序渐进的一个过程，应坚持分期分类，根据资源优势、社会生活、经济发展水平等，使物流数据库的智慧程度有序推进，更好地满足大数据的技能要求，准确找到描述数据的可理解模式。数据循序的方法包括数据分类、回归、簇聚、概括、构造、依赖、变化和偏差、模式、路径发现等。

4.1.2 智能物流对大数据的技术要求

大数据技术应用越来越广泛，对各行各业的发展带来了巨大的影响，物流行业也不例外，智能物流模式应运而生。智能物流在海量数据和分布式处理需求的推动下，发展越来越迅速，其中，海量数据需要大数据技术作为支撑，分布式处理能够很好地处理现代物流遇到的复杂问题。人工智能与设备的结合将取代大部分物流作业，机器的智能会超越人的智能，做出比人更“聪明”的决策，追求效率与成本的最优化。大数据涉及的信息量规模巨大，大数据技术使人类认识世界的思想和方法发生改变。智慧物流利用集成化、智能化、移动化技术，使物流系统具有思维、感知能力，智能物流已成为现代物流经济发展的必然趋势。

1. 先进的、可靠的数据传输技术

数据源与数据宿之间通过一个或多个数据信道或链路、共同遵循一个通信

协议而进行数据传输。在情报技术中，传输技术主要用于计算机与计算机之间、计算机与数据库之间、计算机与终端之间、终端与终端之间的信息通信或情报检索。典型的数据传输系统由主计算机或数据终端设备、数据电路终端设备及数据传输信道（专线或交换网）组成。数据传输过程是指将人们要传送的文字、图像或语言信息经机电转换、光电转换或声电转换的人机接口变成设备内的电信号，再变成适合信道传输的信号，送到数据传输信道。随着移动互联网的发展，其在与其他网络融合的基础上，依靠可靠的数据传输技术为智能物流提供信息交流和共享的可靠通道。

2. 有效的物流过程控制技术

随着市场经济的发展和物流管理水平的提升，物流过程控制更加受到企业的重视。物联网先进的信息流通能力与有效的控制能力，使产品运输过程涉及的各项运输活动和环节都处于受控制状态下，可确保产品安全、快速地送达客户指定的地点。

3. 物流信息资源的安全保障及数据管理技术

物流业不同于制造业，其经济效益完全依赖信息的流畅，如何有效利用信息资源是物流业的重要问题。物流信息系统点多面广、结构复杂，应基于数据安全保障和数据管理机制，结合物流管理技术，实现面向行业的智能数据交换。对于采购、生产、物流及仓储管理等环节存在的问题，运用安全、高效、及时的数据采集方式，提高资源利用效率和有效性，支持和改善采购和经营流程，同时保证系统之间信息资源的安全性。物流信息监管系统分析物流行业的管理数据，同时利用大数据技术对海量信息资源进行集中化管理，提升物流企业数据资源的利用率。

4. 流畅的物流大数据交换技术

大数据技术挖掘隐藏在数据资源中的价值。物流大数据将所有数据有效结合，形成即时信息平台，通过供应链系统详细分析后，提出有指导意义的解决方案。智能物流系统需要具备一套与其他信息系统实现互联和信息共享的标准化通信和传输协议，以实现多个异构系统的交互。目前，不同智能系统的数据交互主要应用 Web Service 技术，使用开放的标准来描述、发布、发现、协调和配置相关应用程序，实现数据相互交换或集成。

4.1.3 大数据在智能物流领域应用的技术趋势

在大数据时代下，传统的物流信息系统中的配送模式已不能满足物流行业的发展需求，因此需要不断进行技术创新，以大数据技术为支撑，掌握配送流程的详细情况，以对此类信息进行采集、分析、比较，进而优选最佳的方案，促进物流产业高质量发展。物流产业发展已经走进智能化阶段，国内各大物流企业都在深化探索物联网在物流领域的智能化解决方案。物联网发散式、规模化扩展，为物流产业智能化发展奠定了坚实的理论和现实基础。

1. 移动化

移动化是指在由现代移动通信技术、移动互联网技术构成的综合通信平台的基础上，实现管理和服务的移动化电子互动的过程。移动化是指行业特定的软件，可以移植到终端使用，移植模式灵活、方便，满足应急突发性事件与信息体系的全方位顺畅沟通需求。

伴随着移动互联网、智能手机的广泛应用，智能物流数据应用的便捷性需求不断提高。利用智能终端设备，随时随地在平台上进行信息和服务的发布、获取，以及车辆、人员的跟踪定位等操作，需要以平台为使用主体提供网站、客户端、App 等多渠道、多方式的交互方式，借助移动设备提高服务的便捷性。移动互联网是互联网的技术、平台、商业模式和应用与移动通信技术结合并实践的活动总称，是智能移动终端高效、便捷的服务模式。

2. 实时化

世界正在走向交流实时化。大数据通常分为两类：一类是批式大数据，另一类是流式大数据。如果将数据当成库，库里面存在的就是批式大数据，进来的就是流式大数据。当前，越来越多的企业选择流处理。流处理打破了传统的数据分析和处理模式，即数据在最终积累和落地后，再针对海量数据进行拆分处理，然后进行分析统计。传统的数据处理模式很难真正达到实时化要求，这让流计算成为大数据实时化的代名词。

3. 智能化

智能化是指在大数据技术的支持下，能动地满足人的各种需求的属性。例如，自动驾驶汽车就是一种智能化的事物，它将传感器、物联网、移动互联网、大数据分析等融为一体，能动地满足人们的出行需求。自动驾驶汽车之所以是能动的，是因为它不像传统的汽车需要人为操作驾驶。

4. 云计算化

云计算是指通过大量在云端的计算资源进行计算。例如，用户通过自己的计算机发送指令给提供云计算的服务商，通过服务商提供的大量服务器进行“核爆炸”计算，再将结果返回用户。

互联网相关服务通常涉及动态、易扩展、虚拟化的资源。云是网络、互联网的一种比喻说法，后来也用来表示互联网和底层基础设施的抽象。云计算甚至具备每秒 10 万亿次的计算能力，这么强大的计算能力可以模拟核爆炸，以及预测气候变化和市场发展趋势。用户可以通过计算机、笔记本电脑、手机等方式接入数据中心，按自己的需求进行计算。

云计算、标准化等技术的推动，促进了资源在不同平台间的共享。使用主体之间、不同信息平台之间需要借助智能物流公共服务平台这一载体，实现资源共享，使信息的利用价值最大化。针对企业信息化建设需求，平台应用云服务技术开展应用托管服务，供中小企业租用或购买。平台提供标准化接口，实现与其他信息平台的互联互通。

5. 信用保障

信用保障就是保障信用正常运动的制度，信用保障是信用运动的客观要求。各企业为了使信用能够正常运动，通过建立信用保障制度来保障数据的安全，但数据被错误利用扰乱物流市场的恶性竞争行为仍然时有发生。这对物流数据的真实性、主体的信用等级有了更高的需求。基于物流大数据建立信用保障体系，对数据提供者和数据使用者进行信用审核和评价跟踪，同时加强平台安全技术保障，提供可靠的交易环境。信用保障服务是指中立的第三方交易担保服务平台，根据用户真实贸易数据评估使用者的信用等级，帮助买卖双方解决交易过程中的信任问题，为买卖双方提供贸易安全保障及服务。

6. 可视化

物流大数据应用服务的需求已从掌握信息，上升为“一目了然”，这就是数据的可视化需求。近年来，物流行业大数据分析结果的可视化服务需求不断提升：一是需要大数据可视化平台集成不同运输方式的信息和服务；二是需要大数据可视化平台提供动态实时查询、订单服务跟踪环节链式化。科学技术的发展极大地推动了智能物流可视化的发展。

7. 共享化

共享化是未来经济发展的一种趋势。共享经济的发展，让人们可以利用更少的资源消耗，满足更多人群的使用需求，创造可持续发展条件。共享经济风潮袭来，为我国经济增长注入一股强大的新动能。标准化、云计算等技术在物流行业的应用，实现了智能物流云数据的共享最大化。

4.1.4 物流大数据的数据源与技术

数据源是指提供物流大数据的原始媒体。物流大数据是物流行业智能化水平提升的关键路径，而数据源的分析和管理是物流大数据的基础，理顺数据源也是实施物流大数据分析的第一步。

1. 常用的数据源

（1）观测数据，即现场获取的实测数据，包括实地勘测、量算数据，以及台站的观测数据、遥测数据等。

（2）分析测定数据，即利用物理方法分析测定的数据。

（3）图形数据，包括各种地形图、专题地图等。

（4）统计调查数据，如各类统计报表、社会调查数据等。

（5）遥感数据，即由地面、航空或航天遥感获得的数据。

2. 条形码技术

条形码技术最早出现在 20 世纪 40 年代。最早的条形码由几个黑色和白色的同心圆组成，被形象地叫作牛眼式条形码。这种条形码与我们现在广泛应用的一维条形码原理一致，它们都用深色的条和浅色的空来表示二进制数的“1”和“0”。条形码阅读机即条形码扫描器，又叫作条形码扫描枪或条形码阅读器，是读取条形码所包含信息的阅读设备。其利用光学原理，将条形码的内容解码后通过数据线或无线的方式传输到计算机。

条形码技术是在计算机应用和实践中产生并发展起来的，其广泛应用于商业、邮政、图书管理、仓储、工业生产过程控制、交通等领域的自动识别，具有输入速度快、准确度高、成本低、可靠性高等优点，在当今的自动识别技术中占有重要的地位。

随着条形码技术应用领域的扩大，人们对条形码技术的需求层次也在不断提高。人们不仅要求条形码技术能够解决数据输入速度、正确性等问题，而且希望能将更多信息印刷在更小面积的条形码上。20 世纪 80 年代后期，一种能够在更小面积上表示更多信息的条形码产生了，这就是二维条形码。二维条形码在平面的横向和纵向上都能表示信息，与一维条形码相比，其携带的信息量和信息密度都提高了几倍，可以表示图像、文字、声音等。二维条形码的出现，使条形码技术从简单地标识物品转化为描述物品，它的功能发生了质的变化，应用领域也随之扩大。

条形码技术对于物流行业有十分重要的作用。电子商务的兴起，使网上购物成为一种趋向，这就促进了物流行业的发展。每天成千上万件商品需要经过物流转运到各地，为了使商品管理有序化，物流行业开始应用条形码来管理商品流通，这让混乱的物流管理瞬间变得井然有序。

条形码管理系统有利于物流企业对产品进行溯源管理，有利于产品的有序流通，也有利于产品的数据采集管理。物流人员只要用专用条形码打印机打印好标签，并将标签对应粘贴在仓库包装箱上，因为条形码标签的唯一性，就使每件产品都具有了自己的标识，这就很好地解决了产品太多带来的管理混乱的问题。

条形码数据采集是目前应用最广泛的数据采集通道，是物流信息化的重要基础之一。一家大型物流企业每天经手的商品交易超过百万件，传统的物流管理方式是物流人员对商品进行记录，容易出现记录错误的问题，物流人员要花费大量的精力和时间来记录和总结这些数据，在记录的某个环节出现小小的错误就有可能危及其他环节，条形码管理方案的引进能够解决这个问题。数据采集器可以采集庞大的数据，然后将数据传输到计算机终端，形成一个数据体系。大数据技术的应用意义在于使这个数据体系由静态记录变成动态分析。

3. 射频识别技术

采用射频识别技术，将射频电子标签贴在存放物品的托盘或叉车上，其中存放了托盘或叉车上所有物品的信息，阅读器则安置在仓库的进出口。每当物品进库时，阅读器自动识别电子标签上的物品信息，并将信息存储到与之相连的管理系统中；当物品出库时，同样由阅读器自动识别物品信息。

射频识别技术相对于条形码技术最大的改进在于效率，特别是免除了人工干预，使生成的业务数据准确率达到 100%。业务数据更加及时、精确，可以准确掌握目前有多少货箱处于转运途中、转运始发地、转运目的地，进而准确预测货箱到达时间等。

4. 物联网技术

物流行业是物联网技术的重要应用领域之一，物联网技术是实现智能物流的重要基础之一。物联网技术将以往生产中独立的物品通过互联网联系起来，智能物流服务需求方通过物联网技术随时随地获取商品的各类有关信息，进而实现对物品的定位、跟踪与监控。

在感知端，通过物流生产、运输、储存等各环节的信息感知设备自动采集相关物流信息，并自动进行信息归类、汇总，及时掌控物流产销存的状况及流通数据信息。

在传输端，通过各种通信网络及时、安全地传输感知设备收集的信息数据，及时掌控物流信息，提高效率，节约成本。

在云端，物流信息、物流公司信息、供应方信息实现实时共享，为相关决策提供依据，提高管理、服务的质量和效率。

当前，以物联网技术为基础，以信息化、智能化设备为载体，推动物流行业与互联网、移动互联网、物联网、车联网的融合，以提高效率、降低成本，提升物流业综合服务能力和整体发展水平。

5. 地理信息技术

基于地理信息系统（Geographic Information System，GIS），可以实现货物的跟踪和车辆的运输管理，并进行线路规划、分析，以及物流基地的规划和建模分析等。

GIS 是现代化智能物流系统的重要支撑，它以强大的地理数据处理功能，实现了物流运转过程中的自动定位、跟踪显示等。GIS 技术可以根据道路交通状况向移动目标发出指令，这在物流运输的调度方面具有重大意义。将 GIS 技术、全球卫星定位系统及无线射频技术结合起来，再辅以车辆线路模型、最短路径模型、分配集合模型、网络物流模型和设施定位模型等，就可以使物流变得高效且成本最低。GIS 技术具有采集、分析、管理地理空间信息的能力，具有动态预测和区域空间分析能力，能够为科学决策提供依据。

GIS 技术能完善物流分析技术。在物流管理中，GIS 技术可以将地理信息数据和企业业务数据结合起来，通过各业务之间的数据整合提取，为企业提供市场分析、选址分析和路径优化等空间解析，有效提高决策能力和精准度。

强大的智能车辆监控系统，可实时掌握车辆的位置、轨迹信息，进行车辆在途监控，并使用运输轨迹回放，对一些特殊货物的运输加强监控。通过地理围栏服务，可实现目的地到达提醒，有效增加物流运输及配送状态下的车辆信息。车辆轨迹数据记录了车主用户的行驶轨迹，通过对车主行驶轨迹数据的分析，在物流行业实现车辆可控、可查、可追溯。配合实时、有效的车载 OBD，监测车辆温度、油耗、速度等，实现安全行车监控。从多维度对车辆各种行驶数据进行统计分析，可得出驾驶行为情况，以监控急刹、超速等不良驾驶行为。驾驶行为分析可以辅助安全驾驶、保险等级推荐、贷款信用评估等。

6. 数据挖掘技术

数据挖掘又称为资料探勘、数据采矿，它是在数据库中构建有特殊关系信息的过程，它将人们运用数据的方式从原本简单的查询提升至在数据中挖掘。例如，在运输环节的数据挖掘，挖掘物流车辆的海量大数据，包括交通路况、车辆运行状况，甚至社会经济发展的动态信息。通过统计分析车辆行驶距离、停车时间、地理位置、车辆特征等多个维度的信息，可以发现货运车辆的行为特征、区域物流的流量分布等，为物流企业基于时间、成本、路线等车辆调度的应用服务提供了可靠的理论依据和技术支持，同时可以为政府提供物流运价指数、货运效率指数等经济指标。

7. 其他相关技术

人工智能平台采用目前比较成熟的机器学习算法，利用机器学习提供的技术来分析海量数据，从海量数据中可自动提取隐含的、过去未知的、有价值的潜在信息。通过“机器学习”来设计和分析让计算机自动“学习”的算法，利用分析功能对未知数据进行预测。

大数据分析是指人工套用一些数学建模算法来对大数据进行分析，并得出相关结论，用于指导实践。物流大数据分析通常有很强的即时性，例如，需要结合交通拥堵数据、及时补货需求数据、即时物流资源数据等，快速做出决策并及时响应。因此，在实际应用中需要引入 AI、机器学习、深度学习等技术，获得对“物流大数据”即时分析及处理的能力，从而为企业提供决策信息，并快速、直接对经济活动进行指导。

4.2　物流大数据的应用技术

在这个信息爆炸的时代，物流行业每天都会涌现海量的数据，运输、仓储、搬运、配送、包装、再加工等环节产生的信息流量都非常巨大，物流企业很难对这些数据进行及时、准确的处理。通过数据挖掘、数据分析、数据转化等技术，物流大数据可用于物流规划、物流跟踪、仓储预测、市场预测等。

4.2.1 物流仿真与物流跟踪技术

1. 物流仿真技术

物流仿真技术是指借助计算机技术、网络技术和数学手段，采用虚拟现实方法对物流系统进行实际模拟的一项应用技术。借助计算机仿真技术对现实物流系统进行系统建模与求解算法分析，通过仿真实验得到各种物流动态活动及其过程的瞬间仿效记录，可以研究物流系统的性能和输出效果。物流仿真是评估物流系统配送中心、仓库存储系统、拣货系统、运输系统等整体能力的一种方法。

1）物流仿真技术验证目标

物流仿真技术最大的优点是不需要实际设备的安装，不需要实际实施相应的方案即可验证目标，包括增加新设备后给企业带来的效应、设计新生产线的好坏、比较各种设计方案的优劣等。

2）物流仿真技术分类

（1）物流系统中“流”的仿真。对于物流系统中的多种流，如货流、车流、信息流、资金流等，可以采用动态仿真描述“流”的产生、流动、消失、积累和转换等。

（2）物流系统中排队的仿真。由一个或多个服务台和等待服务的顾客组成的离散系统称为排队系统。物流系统是复杂的离散事件系统，各种设施、设备可以看作服务台，各种实体货物可以看作顾客等待接收服务。

（3）物流系统中资源的因素仿真。

物流系统是通过各种人员和设备的参与实现的，这些都是物流系统中的资源。通过对各种资源不同的规划，物流服务质量和运作效率也各有差异。利用计算机仿真技术描述人和设备的行为过程，可以得出较优的物流系统组织方案。

构建物流系统投资巨大，存在一定的投资风险，若物流系统建成后有不合理的地方需要改造，成本将非常高。利用物流仿真技术可以模拟物流系统各模块的运行状况，并得出适应发展、经济有效的设计方案。

3）物流系统仿真技术的主要优点

复杂的物流系统可以利用仿真技术构建模型；新的物流系统，无须实际建设投资，可先利用计算机仿真模拟对新的物流系统进行可行性和效率评估，可以通过调整目标函数和约束条件来优化方案，降低投资风险，也可以对多个方案进行分析对比，从中选择最优方案。

在满足客户服务质量的前提下，要在庞大的人员、车辆配置和成本之间取得最佳平衡，可以借助物流仿真技术。例如，要设计一个覆盖广泛地区的、高效的供应链网络，其不仅要满足客户的日常订单处理和配送要求，还要具有极强的抗波动性，采用的解决办法也是物流仿真技术。物流仿真技术在复杂物流系统的分析和决策中的价值已是不争的事实，每年都创造着巨大的经济效益。

2. 物流动态实时跟踪技术

物流动态实时跟踪技术是在货物运输过程中利用现代信息技术及时获取有关货物运输状态的信息（如货物的品种、数量、在途情况、到达时间、到达地点、运输责任车辆和人员等），以提高运输服务水平的一种方法。

物流或运输企业的工作人员在向货主取货时、在物流中心重新集装运输时、在向顾客配送交货时，利用扫描仪自动读取货物包装或货物发票上的物流条形码等货物信息，通过公共通信网络、专用通信线路或卫星通信线路将货物信息传送到总部中心计算机进行汇总整理。物流动态实时跟踪系统提高了物流或运输企业的服务水平，可以随时查询货物的位置和状态。

物流动态实时跟踪系统具体作用表现在以下几个方面。

1）货物信息查询

当客户需要对货物状态进行查询时，只需要输入货物订单号或提货单号，就可以知道货物的状态信息。货物信息查询流程简便、迅速，查询信息及时、准确。

通过货物信息可以确认货物是否能在规定的时间内送到客户手中，可以及时发现没有在规定时间内将货物交付给客户的情况，便于查明原因并及时改正，从而提高运送货物的准确性和及时性，提高客户服务水平。通过物流动态实时跟踪系统得到的货物运送状态信息丰富了供应链的信息分享源，有利于客户做好装货及后续准备工作。

2）运输车辆和货物实时定位、监控和跟踪

当货物需要通过最佳路径、最优安排及时准确到达目的地时；当货物需要长距离、大范围、跨省区及边贸运输时；贵重物品、特大物品、危险品、军用品等特种货物在运输时，都需要对货物配送路线进行实时跟踪、优化规划。由 GPS 组成的全程跟踪网在出车后可以立即掌握其行踪，当发现车辆存在偏离路线、停滞、超速、危险等异常现象时，监控中心立即报警，避免人、车、货发生危险。

另外，个性化物流配送服务要求越来越高，“小批量、多品种、多批次”已成为现代物流配送系统的特点。为了提高物流服务水平和配送效率，降低配送成本，各大物流服务部门积极利用现代高科技手段展开激烈竞争。公路货物运输动态跟踪系统就是为了解决货物在公路运输过程中位置信息不畅而建立的系统。它利用 GPS 技术对运输车辆和货物进行实时定位、监控和跟踪，同时可对车辆进行调度（文本调度和语音调度），并提供车辆报警功能，保证整个运输过程的正常运转，同时使货物的安全得到保障。通过该系统，运输企业可实时掌握货物在途信息，并根据变化调整运输计划，有效地利用公司车辆资源降低经营成本。

4.2.2 库存调拨与物流运输调度技术

智能硬件设备研发使物流行业从人工分拣向自动化、智能化分拣方向快速发展，智能感知技术、信息传输技术、机械臂、机器人、自动化分拣带、无人机等智能硬件设备将在物流运作各环节广泛应用。

智能物流云平台的建设，将实现对供应链、实体物流的数字化、智能化、标准化和一体化综合管理。以综合物流为出发点，应用现代人工智能技术及物流技术，使供应链各环节的信息流与实体物流同步，优化流程、协同作业，实现货物就近入仓、就近配送，提升产业链效能。

通过人工智能、云计算、大数据、物联网等技术，可实现铁路、公路、航空“三位一体”的智能多式联运。依托铁路网络、公路网络、航空网络、水运网络及实体物流园区，充分利用云计算、大数据、物联网、人工智能等技术，为线上线下物流运输、仓储配送、商品交易、金融服务、物流诚信等业务提供一站式、全方位服务，形成覆盖线上线下的物流生态系统，积极服务经济和社会发展。

1. 网络化分布式仓储与预测技术

分布式库存调拨系统是一个由多个仓库和一个仓储信息中心构成的系统。其中，各仓库在地理位置上可以位于同一个区域，也可以位于不同的区域；各仓库可以属于同一家企业，也可以属于不同的企业。仓储信息中心根据市场需求和各仓库的库存情况指派相应的仓库进行出货和进货操作。在分布式库存调拨系统中，仓库不再直接向供应商申请货物，而改为直接向仓储信息中心提交申请，仓储信息中心收到申请后会按照合适的仓储管理策略在各仓库与供应商之间进行货物调拨。相对于传统的独立式库存调拨系统，分布式库存调拨系统很好地应用了网络信息技术，降低了库存管理成本，缩短了市场响应时间。

2. 物流运输调度系统的调度与优化技术

物流运输调度是所有涉及线下运输能力调配应用的最核心环节，物流运输调度系统是关联诸多因素的综合系统。物流运输调度系统的目标是，依托海量历史订单数据、配送/驾驶员定位数据、精准商户特征数据，针对配送/驾驶员实时情景（任务量、配送距离、并单情况、评级），对订单进行智能化匹配，实现自动化调度及资源的全局最优配置，在保证系统效率的前提下，最大限度地提升用户体验。

具体来说，物流运输调度系统包括以下几部分的内容。

1）综合交通数据采集平台

综合交通数据采集平台主要提供多元异构数据的采集与清洗功能，解决数据的不一致性问题，有效提高数据采集质量。

综合交通数据采集平台的主要功能为：根据业务范围及应用类型提供数据采集中间件与信息采集工具；实现连续、实时、高效、准确的交通运输领域中结构化与非结构化大数据的获取与采集；通过互联网和卫星定位技术智能终端，实现在动态环境下的交通数据实时采集；实现数据清洗和预处理功能，解决数据冗余和不相容性问题，并消除噪声。

2）物流运输调度决策平台

物流运输调度决策平台主要提供实时数据环境下物流调度规划、下发、反馈、评估和追踪定位。

物流运输调度决策平台的主要功能包括：采集并计算所在地区道路、桥梁、河流、障碍物等地理经纬度和距离信息；实时采集点对点物流运输需求数据和物流配送人员的动态信息；进行物流运输路径规划和配送任务指派的决策判断；结合应用场景，模拟真实物流运输的多维指标及演进状态；设计并实现分布式、高并发、大容量的流式计算框架，采集并存储所有调度参数信息，提供历史调度场景的追踪定位服务。

3）物流运输能力预警及分配平台

物流运输能力预警及分配平台主要提供跨平台数据环境下物流运输能力警

报的评估、发布和关闭功能，并在相应级别下分配物流运输能力。

物流运输能力预警及分配平台的主要功能包括：多维度采集公共平台和行业领域业务数据，如天气、节假日、重大社会活动、运输能力资源等；实时采集目标区域内的运输能力指标数据，评判行业运输能力紧张状况，预估时间、空间、持续范围及程度；结合智能终端设备，下发并适时调整运输能力警报分级，通报实时状态；针对不同警报分级状态，差异化地采取降级应对措施，提供运输能力灾备和最低限度服务能力。

第 5 章

大数据对物流管理的智能化变革

信息技术的飞速发展，尤其是云计算、物联网技术的成熟，推动了以大数据应用为标志的智能物流产业的兴起。智能物流是物流业的发展目标，而大数据能够支撑智能物流的发展。大数据对物流行业的变革，体现在对物流体系、物流环节、物流业务的智能化推动，但其中最重要的是思维转变。

5.1　大数据对物流体系的智能化推动

5.1.1　大数据改变了物流系统结构

借助大数据技术和物联网技术，物流系统转向智能化。智能物流系统主要由感知层、网络层、大数据平台层和应用层组成。通过感知层设备采集数据，经由网络层传输数据至大数据平台层，大数据平台层的整合数据为应用层的智能物流应用提供数据支持。

1. 由上至下的组成结构的功能

智能物流系统由上至下的主要组成结构及其功能如下。

应用层：信息处理、追踪监控、车辆调度、仓储与配送管理、路径规划、市场预测等。

大数据平台层：海量数据存储、人工智能判断、高性能计算、信息处理交换、智能分析挖掘。

网络层：无线通信网、无线传感网、自组织网络、宽带互联网、Wi-Fi。

感知层：扫码终端、仓库、输送机、货架、托盘、集装箱、车辆、轮船、货机等。

大数据技术的应用对物流管理的改变是革命级的。在引入大数据之前，物流管理整体思维是线性的，大数据将物流上下游关系变革为上下层关系，变革了物流管理的科学体系。

2. 大数据引领了物流运作新模式

大数据时代的到来，有效推动“大物流”体系的形成，实现物流行业的巨大变革。“大物流”是指企业的自有物流和第三方物流企业的配送信息与资源共享，以最大限度地利用各方面的资源，降低物流成本。菜鸟网络平台就是利用先进的物联网、云计算等各种技术，建立的开放、透明、信息共享的数据应用平台，从而为物流企业、电子商务企业、仓储企业、第三方物流服务商、供应链服务商等各类企业提供优质服务，支持物流行业在提供高附加值服务的同时，降低物流成本。菜鸟网络平台也是大数据环境下“商流合一”的智能营销模式，实现了销售与物流云端一体化，有效解决了物流数据资源对电子商务发展的制约。

在物流企业运营的各环节中，只有一小部分结构化数据是可以直接分析、利用的，绝大部分非结构化数据必须转化为结构化数据才能储存、分析。这就造成了并不是所有的数据都是准确、有效的，有很大一部分数据都是延迟、无效甚至是错误的。大数据技术实现了数据的“物尽其用”，实现了第三方筛选出信息的增值。

3. 大数据促进物流技术发展

随着大数据时代的到来，我国物流行业得到了迅猛发展。在现代物流管理信息系统中，与大数据相关的各种信息技术也得到了广泛的应用。目前，一维条形码作为一种识别技术在物流领域已经得到了长足发展和广泛应用。作为大数据时代的产物，二维条形码也在物流领域得到了广泛应用。由于二维条形码具有携带信息量大、可脱离后台数据库使用等优点，二维条形码可解决一维条形码信息密度小、占用面积大、没有数据库、使用受限等问题。随着智能手机的普及和消费习惯的改变，人们只需要通过智能手机扫描二维条形码即可实现对货物的跟踪管理，甚至及时获取货物原产地、包装材料等信息。

20 世纪末，大数据的概念被提出，但由于传感技术、网络技术、射频识别技术等并未得到广泛发展，因此大数据技术也未得到重视。当前，物联网的普及使大数据技术有机会得以发展，而大数据技术的发展也对物联网的发展起到了支持作用。

4. 大数据提高了物流企业的运作水平

在信息化时代，电子商务物流呈现不断增长的趋势，规模已经达到了空前巨大的地步，对每个节点的信息需求也越来越多。每个节点产生的数据都是海量的，过去传统的数据采集、分析处理方式已经不能满足物流企业对每个节点的信息需求，这就需要通过大数据把信息对接起来，将每个节点的数据收集并整合，通过数据中心分析、处理转化为有价值的信息，从而掌握物流企业的整体运作情况。

传统的根据市场调研和个人经验来进行决策，已经不能适应这个数据化的时代，只有真实的、海量的数据才能真正反映市场的需求变化。通过对市场数据的收集、分析处理，物流企业可以了解具体的业务运作情况，能够清楚地判断哪些业务带来的利润率高、增长速度较快等，从而把主要精力放在真正能够给企业带来高额利润的业务上，避免无端浪费。同时，通过对数据的实时掌控，物流企业还可以随时对业务进行调整，确保每个业务都可以盈利，进而实现高效运营。

客户越来越重视物流服务的体验，希望物流企业能够提供最好的服务，甚至掌控物流业务运作过程中商品配送的所有信息。这就需要物流企业以数据中心为支撑，通过对数据的挖掘和分析，合理地应用相关分析成果，进一步巩固和客户之间的关系，增加客户的信赖，提高客户的黏性，避免客户流失。

5. 大数据支撑建立物流信息平台

能够支持或进行物流服务供需信息交互或交换的网站，均可以视为物流信息平台。当前，传统的物流信息平台已经不能满足物流行业发展的需求，需要建立由大数据支撑的物流信息平台，即大数据物流信息平台。

大数据物流信息平台是将多方参与者的海量物流数据信息收集整理形成信息资源，通过互联网交互传递以提供物流服务的平台。在大数据时代，社会上任何行业、组织及个人都不可能独善其身，或者是数据贡献者，或者是数据采集者，各参与者通过大数据物流信息平台实现资源合理分配、优势互补，最终实现 1+1>2 的协同效应。大数据物流信息平台包括物流公共服务平台、政府物流监管信息平台、电商物流平台、区域配送平台、行业物流平台、供应链物流平台、公路货运信息平台、物流金融服务平台、在线仓储平台等。

5.1.2 大数据对物流企业的智能化改造

大数据对强化助推物流降本增效、可持续发展，提升物流标准化、智能化水平，引导物流企业对物流作业过程进行自动化、智能化改造，培育经济发展新动能，提升经济整体运行效率具有重要意义。

1. 提升物流企业在供应链中的主动性

供应链管理的本质是数据管理，通过规划和控制供应链合作伙伴之间的关系，集中管理供应链的物流、信息流、资金流、业务流、增值流，在满足一定客户服务水平的前提下，实现供应链总体成本的最小化。物流企业是供应链的有机组成部分，作为供应链核心成员之间的桥梁提供物流服务，连接供应商与制造商、制造商与分销商及最终客户，作为供应链中提供物流服务的中间方，在供应链整合管理中起到积极作用。

信息整合是供应链整合管理的基础。首先，海量信息的检索和挖掘及分析方法的改善提升了信息的准确性和完整性，方便物流活动的开展与衔接；其次，物流企业可以获得更具洞察力的信息，以识别潜在的风险或预测需求高峰，支持产能规划与资源配置决策，以更好地开展整合管理工作。

此外，物流和供应链活动信息可以同步、实时传递，促进企业间合作和资源优化配置，提高资源利用率，减少浪费，快速、及时、有效地处理突发状况，提高供应链效率，改善服务水平。

2. 利用数据资源形成核心竞争力

在中国数据总量赶超全球领先国家的进程中，数据源在行业内正主导着一场市场化的“再分配”。掌握了更多体量、更多类型数据源的公司，将在未来竞争中占据更多主动权，拥有更多的发展机遇和空间。数据源是大数据行业发展进步的原动力，是在行业内获得竞争力的核心资本，数据源的保有量叠加开发应用能力，将奠定市场地位。

依靠数据驱动管理物流活动的信息技术管理技能是大数据时代物流企业获取持续竞争优势的一项重要的战略资源，其包含两个方面的内涵。

（1）大数据技术可以从海量的数据中挖掘有价值的信息。

（2）高效应用所得信息指导企业的管理和运作，不同企业管理应用数据的流程不同，形成的竞争力不同。数据资源的及时、有效利用，与企业具体实践结合，使企业资源不可模仿、难以复制。

物流企业将大数据与企业管理结合得越好，企业越能灵活、有效地应用数据分析得来的信息，企业就越能有效地改进运作水平，进而优化流程、整合资源，获得区别于其他竞争对手的成本优势。物流企业的资源与其物流服务创新能力之间存在显著的正相关关系，资源利用可以显著提高服务创新的效率和效果。

3. 增强物流企业的实时动态调整能力

随着技术和需求等环境因素急剧变化，市场环境的复杂性和不确定性增大，市场变得越来越不可预测，企业只有培育动态能力才能应对市场变化，建立和保持独特的竞争优势。动态能力指的是企业应对市场变化的及时反应能力，以及有效协调、重新配置内外部资源的能力。大数据时代物流企业的环境感知能力增强有利于发展企业动态能力。大数据技术能够从多个客户接触点，如门户网站、应用软件及各种销售渠道收集客户对销售和市场活动的回馈，如客户服务调查问卷及投诉管理细节信息。从这个综合信息池中，服务商可以通过大数据技术，如语义文本分析、自然语言分析等更准确地把握客户的情感动向，获得客观的客户反馈。同样，此种方法也适用于行业技术更新，以及行业发展状况信息的获取与分析。物流企业能够及时识别可能流失的客户，发起客户管理项目，稳定和改善合作关系。另外，对客户与同行的强烈感知有助于物流经理客观评估服务质量，继而改进服务水平，开发和设计新的服务产品，推动物流服务创新。

5.2　大数据对物流各环节的具体影响

大数据在物流各环节发挥的作用越来越明显，例如，通过大数据对物流各环节的作业流程改进，构成物流企业的核心竞争力，并引导物流企业不断向智能化、精细化道路发展。

在物流服务方面，分析大数据环境下物流各环节存在的问题，针对这些问题提出有效的发展策略，为我国物流发展提供依据。在物流服务成本方面，将现有数据资源整合，依据空间地理信息统一协调数据，通过智能化处理优化改善物流各环节，使物流运输成本降低。

5.2.1　大数据在物流行业的应用及其影响

1. 大数据对物流行业市场预测的影响

在物流企业发展过程中，企业通常通过调查问卷的形式来了解消费者的喜好，但是这种方式往往具有延迟性，企业从了解客户的喜好到制定相应的策略需要很长一段时间，这使企业错过了最佳时机。在智能物流行业中，大数据技术的应用很好地解决了这个问题，企业可以通过大数据的分析情况来实时安排最佳存货量、运输量。

2. 大数据对物流数据平台对接的影响

通过大数据技术的应用，物流企业能够与金融平台、港口数据平台进行数据交换，通过大数据来简化企业需要的金融服务和商品货物进出口所要办理的流程，节省了不少时间成本，提高了物流工作效率；通过银行的结算业务、贷款业务、保险业务等，对企业进出口的报关业务、保税业务进行代办处理。

3. 大数据对物流信息可视化的影响

大数据物流相关信息可通过可视化系统输出，可以从多媒体展示、看板管理等方面帮助物流企业发展。其中，多媒体展示通过控制表、进度表向企业展现有用的信息。在物流运输过程中融入计划提醒、语音报警和路线提醒来实现物流信息的可视化。在订单处理、货物分拣上车及货物舱内作业等过程中，可以通过 GPS、GSM、GIS 等进行影像播放处理，更直观、更完整地展现物流信息，提高物流配送效率，降低物流成本。另外，商品的订单信息处理、入库指令、分拣配送作业、运输作业及客户签收等一系列过程都可以通过看板完成。在大数据管理下，企业不同的职能部门可以通过看板将有效的信息反馈给不同的部门，客户也能通过看板了解物流的运输方向和时间。

4. 大数据对物流优化决策的影响

随着大数据在市场发展中应用的范围越来越广泛，人们对大数据的挖掘深度也越来越深入，数据分析预测的核心能力也会越来越强。对物流企业来说，物流配送路况数据的收集与分析可帮助物流企业实时监督配送路线情况，一旦出现问题，物流相关工作人员就能及时做出正确的选择。对于零售商来说，通过对智能物流信息的收集，可实时掌握订单发出的地点、规模、运送路径，从而缓解物流节点的压力。大数据的使用提高了企业的配送效率和分拣效率，优化了仓储能力，可以更好地安排仓储空间。利用历史销售数据对销售进行预测，并利用云平台来仿真模拟库存周转能力，可以确定企业最终、最优的库存量。

5. 大数据对物流成本的影响

物流企业提供的物流服务来自货主企业的外包需求，货主企业在外包过程中的交易成本决定了货主外包物流活动的深度和广度。在大数据时代，云端数字平台的建设推动物流服务交易在线化、交易信息结构化，降低了货主企业和物流服务供应商的信息搜寻成本。随着移动装置的发展，货主和服务供应商可以随时谈判，并实时交易；交易可以在虚拟空间直接对接，中间环节大大减少，搜寻和多方流转的成本降低，双方交易更加容易达成。更重要的是，通过对货主和物流服务提供商在线交易沟通业务数据的沉淀和挖掘，可以对货主和物流服务商的信用进行评估，减小信息不对称带来的机会主义风险。另外，大数据技术配合物联网技术实时追踪和监测物流活动状况，保证契约执行，降低了监督成本，减小了逆向选择风险。这一系列交易成本的节约有助于交易达成及建立长期合作关系，推动外包和社会分工向纵深发展，从而有利于货主企业集中精力发展主业。物流企业利用大数据开展物流运作的专业优势，进一步增强了自身的核心竞争力，这也是物流企业为客户创造价值的要义所在。

物流企业应用大数据分析方法和分析技术处理海量数据，可以有效进行信息整合，优化资源配置，促进企业内部和企业之间的合作，从而降低运作成本，提高客户服务水平，增加客户价值；获得基于大数据的管理技能，培养区别于竞争对手的优势，获得物流运作的成本优势，开发一系列增值服务；增强市场感知能力，及时洞察市场情况，改进服务；建立监督和信誉机制，降低市场交易成本，从而促进长期合作关系的建立和改善，以专业的物流能力帮助客户获得成功。

未来，大数据应用在企业层面，需要着重发力以下几个方面：

（1）应用大数据技术提升企业内部及企业之间信息交流的质量和时效性；

（2）发展基于大数据的管理技能，挖掘具有洞察力的信息以指导企业决策；

（3）利用强大的数据挖掘和信息检索能力实时洞察市场走向，获得更加精细、客观的客户反馈；

（4）提高物流服务交易信息化水平，利用实时追踪技术监督市场行为，依靠沉淀的业务数据构建评价体系，降低市场交易成本。

5.2.2 大数据对物流业务体系的重构

大数据必将重构物流业务体系。现有的第三方物流供应商、物流中介、专线物流企业等参与者未来必定会被重构。传统物流领域存在很多的非标环节，也存在很多利益链条。在中国经济转型升级过程中，信息技术让连接更高效，第三方物流供应商、物流中介、专线物流企业等无法给整个价值链带来效率的提升和成本的下降，更不能带来服务的升级和价值的扩大。在未来的物流格局中，没有价值的存在一定会被取代。

1. 重构思路

在整个物流模式运作过程中，伴随着物品流动，数据流通可以分为 3 个步骤。首先是数据流的产生与传输。近年来，物联网技术飞速发展，基于感知技术对物流要素的感知，基本实现物流运作过程中数据的可视化和可传输化。其次是数据流的存储与筛选。云存储将互联网汇聚形成的杂乱无序的大数据进行分布式存储，云计算对数据源进行初步分离与筛选。再次是数据流的整合与分析。大数据对数据源进行多重筛选，挖掘最有价值的数据信息，进而科学决策物流进程，合理预期物流进程相关数据。

基于大数据、云计算的智能物流模式的核心功能是，对物流产业链资源进行整合，通过优化资源配置，促使供给端与需求端最大限度地契合，最终使整个物流模式低成本、高效率运作。

智能物流体系涵盖了物流产业链中的每个单独个体，各单独个体的集合形成物流模式中的商业生态系统。智能物流模式的商业生态系统包括 3 个子系统。

（1）供给子系统：由人力资源、物力资源、空间资源供给商构成，主要职能是碎片化资源整合与稀疏价值萃取。

（2）需求子系统：由供应链中的供应商、中间商、核心企业、经销商和消费者构成，主要职能是个体需求信息汇集和灵活性业务对接。

（3）监管子系统：由政府机构、税务机关等构成，主要职能是个体资质审核及责任机制的分配与追溯。

人力资源、物力资源和信息流数据在各子系统之间流动，各子系统之间相互联系、协同合作、彼此依赖，共同打造资源开放、个性化包容、精准对接、协调统一的物流运作平台，重构集诚信、高效、便捷于一体的物流模式。

2. 重构要素

由 3 个子系统重构的智能物流模式的最大化效用可以通过“一个中心、三条辅线”来实现。其中，“一个中心”指的是大数据处理中心；“三条辅线”指的是从供给、需求和监管 3 个方面对物流运作过程进行资源整合，实现物流商业系统个体之间的最优契合。

大数据处理中心的核心功能是对输入数据源进行分类整理，汇集每个个体产生的所有历史数据，通过数据估计算法进行约简、属性覆盖、关联关系挖掘、碎片化集聚和精准化演算等，对个体未来的选择做出合理预测，同时根据实时更新的物流数据结合人工智能技术不断给出最优决策。

大数据处理中心的核心功能体现在如下两个方面。

1）智能决策

大数据处理中心能够很好地将物流运作过程中所需的人力、车辆、仓储资源最便捷、最适宜地在需求方与供给方之间进行匹配，极大地节约供需双方的匹配时间。另外，通过对所有目的地进行最优化求解，基于实时路况的监测同步给出运输驾驶员最优行驶路线。

2）销售预测

基于每个消费者的历史消费记录（购买种类、消费次数、消费时间、购买商家等）形成的消费大数据，合理预期消费者在未来一段时间内的消费特征，提前对所需物品进行配置，有效防止货物积压，缩短运输时间，提高运输效率。

大数据通过对碎片化信息的收集、分析，准确预测物流行业的细微波动，对现有物流资源进行适当预分配，避免物流需求集中爆发的风险。

“三条辅线”的具体功能如下。

1）整合供给端

传统物流模式的供给端一般由物流企业构成，由于物流企业之间存在竞争关系，彼此的信息传递和资源贡献程度有限，因此容易造成信息孤岛现象。智能物流模式的重构目的之一就是整合物流产业链供给端的所有资源，使供给端真正实现资源共享、信息共享、数据共享，最大化和最优化地利用存量资源。供给端整合优势主要从以下 4 点出发。

（1）通过智能物流平台实时更新供给方人力、物力、仓储等资源信息，并根据需求信息以资源利用最大化为目标分配供给资源，跨越企业之间的限制，实现资源共享。

（2）根据大数据计算的销售预测信息帮助供应链上下游企业按照需求变化进行库存智能预测补货，实现销售与库存的协同，提高库存周转率，帮助企业最小化成本，提高空间资源利用率，从而提升供应链运作效率。

（3）通过大数据对商品的销售目的地进行统筹分析，精准化预测未来的销售情况，同时根据商品的供应链信息合理预测该商品的辐射范围以确定最优仓储位置，实现物流运输路程最短化、物流运输效率最大化。

（4）利用大数据对不同区域、不同时间的车辆资源、装卸人员、配送人员需求状况进行分析，实现人力资源与物力资源的智能布局，协调供需两端，缩减运营成本。

2）整合需求端

在传统物流模式中，产业上下游间存在严重的信息不对称现象，需求信息呈现分散化、局部化、多样化特征。在智能物流模式下，通过整合企业、个人需求信息，统一调配供给端人力资源、物力资源，实现供给与需求的最优契合。

从数据共享方面来看，企业间通过共享供应链数据汇集成大数据系统。原材料供应商提供原材料的订购数量、订购时间、订购企业等数据；制造商提供产品的需求数据，辅助预测各行业的季节性需求、行业的未来发展趋势，验证预测数据的准确性；电子商务企业、零售商提供消费数据（消费者的基本信息数据和购买数据），帮助预测个体消费者未来的消费情况。通过汇总供应链上、中、下游企业及终端消费者的需求信息，对大数据进行同类、同质性需求整合，以最优路程配置物流资源。

3）嵌入政府审查机制

在以供应商为起点、消费者为终点的物流产业链中，信用一直是一个不可回避的问题，以诚信为基础构建智能物流模式必须将监管方纳入其中。政府作为具有公信力的权力机关，能够从公平、公正、公开的角度出发，净化物流环境，完善审查机制。为保证整个物流模式透明化，物流企业必须以取得相关营业资格为进入前提；各企业之间的交易数据在政府平台上具有可查性，有效杜绝欺诈与财务造假；企业之间可建立评价、反馈体系，以帮助各企业提升自身服务能力、营造诚信氛围，提供终端消费者维权的渠道。

在整个物流模式中，政府部门可实现监管全面化，通过智能物流平台可实时审查任何一家企业的经营信息，对时时刻刻发生的物流运转情况进行智能监管，及时反馈出现的各种问题，保证物流体系标准化、高效运作。政府部门可根据长期物流规划或短期突发状况对物流体系进行宏观规划或暂时性调整，将政策信息和调整方案通过智能物流平台传递到物流企业，保证调控的及时性与高效性。

3. 重构路径

智能物流模式重构路径可通过 3 个主体平台（物流电子商务平台、电子物流平台、物流电子政务平台）和 1 个核心模块实现。

物流电子商务平台主要从需求端连接到智能物流模式中，渗透到供应链的各环节，充分利用物联网技术，以原材料为起点，以消费者为终点，将整个供应链涉及的商流、物流、资金流、信息流汇集到物流电子商务平台，形成大数据系统的输入信息。

电子物流平台从供给端连接到智能物流模式中，汇总物流活动中的仓储、人力资源、库存等实时静态信息并录入大数据系统，通过物联网技术对物流过程实施全程监控，并将动态信息实时传输到大数据系统中。

物流电子政务平台主要从政府监管角度出发，对智能物流模式进行微观调节和宏观把控，将物流相关政策信息、各区域的物流条例信息，以及政府机关对物流系统的规划、调控和设计指示等信息，汇总录入大数据系统中，方便政府监管。

1）数据传输的快速性和高效性

由通信层将三方信息平台提供的大量不规则数据信息传输到系统中。以光纤光缆、金属导线为主的有线通信，以及以微波通信、卫星通信为主的无线通信，保证数据传输的快速性和高效性。

2）对数据进行隔离，以保证数据安全

（1）进行网络隔离。在通信层的外源网络和云计算的内源网络间设置防火墙，然后将内部网络分为若干子网络，以隔离有害攻击。

（2）进行数据隔离。利用节点加密、端点加密、链路加密等技术对数据进行加密处理，利用精确识别认证技术防止数据被非法提取。

3）实现数据存储

庞大的数据体量需要云存储提供硬件基础，通过大量的分布式计算机实现数据存储，然后利用云计算将复杂无序的混乱信息按照信息的重要性进行分类整理，并分析整合后的数据，剔除无用信息、保留有价值的信息。

大数据的处理需要依靠程序化语言、人工智能、理性人合作完成，先对数据源进行二次数据挖掘，通过多重筛选提取关键信息，再通过深度学习、自然语言处理等方式将所收集的关键信息进行处理，运用人工智能计算、分析最优资源配置方式，由人工审核调整，然后将决策信息通过通信层传输到智能物流模式的各平台，最终反馈到实际物流运作过程中。整个智能物流模式可以迅速将智能物流的供给、需求信息整合，并及时、有效地反馈到需求端，从而使物流运作快速高效、资源利用合理、成本大幅削减、管理全面完善。

大数据技术的应用为物流运作管理提供了海量的物流信息及智能处理技术，加强了物流运作管理过程中对物流信息的控制和保持，避免在分散阶段产生的信息扭曲和延迟，以信息技术代替组织层次，通过管理过程优化取代物流功能提升，进而重构业务体系。

4. 核心业务层

在基于大数据的物流业务体系中，核心业务包括智能物流商物管控、智能物流供应链管理、智能物流业务管理、信息全域控制 4 项。

1）智能物流商物管控

通过对物流过程中物品的流量、流向进行量化处理，形成不同品类商物在不同经济区域的生产消费动态结构，以实现社会资源的高效、合理配置。

2）智能物流供应链管理

通过大数据背景下智能物流联合云制造、云销售等技术对采购物流数据、生产物流数据、销售物流数据及客户数据进行采集、分析，实现供应链物流一体化运营管理。

3）智能物流业务管理

利用大数据及其相关处理技术，物流企业感知、采集、加工处理物流信息，以辅助企业物流管理运营过程，实现对物流核心业务、增值业务及辅助业务流程的进一步优化。

4）信息全域控制

利用大数据及其智能处理技术对物流信息进行全面感知、安全传输和智能控制，通过信息集成实现物对物的控制，从而实现从物流信息管理到物流信息控制的飞跃，提高整个物流过程的反应速度和准确度。

5. 辅助业务层

在大数据背景下的智能物流业务体系中，辅助业务包括供应链协同管理、物流系统设计与优化、物流过程智能控制 3 项。

1）供应链协同管理

通过在大数据背景下的物流管控，对从企业的采购数据到生产数据，再到销售数据进行实时、精确、全面的跟踪，挖掘出有效数据，实现对供应链的协同管理。

2）物流系统设计与优化

基于大数据背景的信息平台可有效解决物流系统优化中数据采集、数据集成、大型计算平台和过程支持优化四大问题，降低物流系统总体成本。

3）物流过程智能控制

通过对物流状态的实时查询，以及对物流过程的可视化管理，在对物流过程进行实时跟踪与监控的基础上，通过大数据的物流信息平台操纵物流设备、设施，实现对物流过程的动态控制。

6. 增值业务层

在物流领域利用大数据相关技术可获得准确、全面、及时的物流信息，这些信息使物流辅助业务与核心业务更加智能化、自动化。对这些信息进行深层挖掘与分析，可拓展物流增值业务的范围，并提升增值业务的服务水平。

1）智能包装

大数据背景下的智能物流根据货物的相关属性及客户要求等，自动选择包装容器等，提高操作效率和操作准确率。

2）智能装卸搬运

智能装卸搬运是指基于输送机、智能穿梭车等设备，结合智能装卸搬运信息系统、控制系统等，实现装卸搬运过程的智能化。

3）物流状态实时查询

大数据相关技术可提供准确、及时、详细的供需信息，实现供应链横向、纵向数据的可视化处理，以及物流供需状态的实时查询，促进供应链管理的智能化、敏捷化。

4）智能加工

智能加工是指通过智能物流设备和物联网相关技术，对物品进行加工处理，完成智能贴签、智能配货、智能挑选混装等作业过程，提高物流操作效率。

5）智能结算

大数据背景下的货物标签中存储着丰富的货物信息，通过在计价系统中识别和处理这些信息，可以实现智能结算，并提高结算速度和结算准确性。

6）自动支付

自动支付是在智能结算的基础上进行的，物流企业内部及供应链各参与方在智能结算后，相关费用可自动在与计价系统绑定的银行账户上直接扣除，简化了资金交易的过程，提高了资金交易的准确性。

5.3 大数据对物流业务影响的未来方向

在拥抱新技术的同时，智能物流模式资源利用协同化，通过物联网、云计算、大数据、人工智能等高端科技实现信息共享，以及供应链一体化。这不仅是物流模式更新与升级的要求，也是新技术不断创新以适应不断变化环境的要求。

5.3.1 基于人工智能的物流相关技术应用

1. 人工智能和机器人技术

人工智能将推动事物发生根本变革，引起事物从旧质到新质的飞跃。强大的人工智能的终极目标是设计一个真正能在人类所处环境中表现出像人类一样智能行为的计算机。随着人工智能的进一步发展，人工智能和机器人技术能够让工作变得更安全，也可以让人们更容易做他们擅长的事情，使人们创造性地运用自身思想，极大地提高工作效率。

2. 人工智能在物流领域的应用

人工智能是计算机学科的一个分支，是研究用计算机来模拟人的某些思维过程和智能行为的学科，结合机械装置或系统，达到智能化处理具体工作的目的，从而替代人工作业。人工智能应用在现代物流领域，能在物流需求方面提供诸多方便。人工智能、机器人、计算机可视系统、会话交互界面及自动运输工具等都在物流运营中实际应用，一系列新技术的应用充实壮大了现有的工作力量。

未来，数以百万计的货物，不再需要传送机器、扫描设备、人工处理设备和工作人员一道道分拣，而是可以利用人机协作机器人，通过 AI 引擎、不同的摄像头和传感器来抓取实时数据，继而通过品牌标识、标签和 3D 形态来识别物品。

人工智能驱动的可视化监测技术，也是在物流操作环境下人工智能应用的一支潜力股。在物流行业，货物丢失或磨损是不可避免的。通过对货运列车进行追踪拍摄，成功实现了对货物损坏情况的识别和分类，并能够采取适当措施进行修复。具体来说，首先将照相机沿火车轨道安装，以收集经行火车车厢的图像，然后自动上传到图像存储区，由人工智能图像分类器识别损坏的货车组件。

随着人工智能、无人车、无人机等技术的成熟，它们将全面应用到物流体系中。从仓储运作来看，智能机器人将完全代替人工，使路线规划更合理、协同运作更便捷，使仓储运作全面实现智能分拣，极大地提高分拣速度和仓储利用率。从商品配送过程来看，无人车可以替代人力进行配送。无人车完全由计算机操纵，对物流路线规划、信息接收传递更敏感，同时可结合人脸识别技术等实现配送过程的全面优化。

5.3.2　线上线下一体化、场景化

在新零售时代，“以用户为中心”“线上线下一体化”“场景化”等新业态、新形式不断涌现。近年来，我国电子商务实现了飞跃，未来的发展方向是线上线下一体化。

线上是指通过各种形式的媒体，如电视、广播、报纸、网络、灯箱、广告牌等，将品牌信息和促销信息以软广告、硬广告的形式进行传递。线下是指通过其他非媒体的形式进行宣传推广，如路演、发布会、各种折扣优惠、抽奖、会展等。也就是说，通过无形的媒体发布信息，如微信、QQ、微博等，都可以统称为线上活动；在固定地点，有实物、实体店、面对面销售，都称为线下活动。

智能物流作为物流新业态，可以很好地与“新零售”融合。智能物流平台为“新零售”提供信息支持、技术支持、仓储支持、数据支持等，电子商务实现了线上下单、线下门店或仓储配送，缩短了配送时间，削减了运营成本，提升了客户购买体验。“新零售”为智能物流提供用户消费数据，助力物流平台的预测优化。智能物流与“新零售”相互推动、循环作用，打造了销售-物流新模式。

5.4　大数据与区块链走进物流智能化领域

以大数据、区块链为代表的新型信息化技术正推动我国数字经济的蓬勃发展。对海量数据进行管理，在去中心化条件下实现数据的高安全性、高可靠性，这是区块链的核心。应用衍生的区块链+大数据解决方案解决了在物流产业中存在的几个根本性问题，如用户数量的拓展、基础建设的完善、交易便利程度的提高等。从大数据到区块链，技术变化的潮流势不可挡，区块链技术助力实现物流智能化管理。

5.4.1　区块链技术概述

分布式是大数据和区块链共同的关键词，是指从技术权威垄断转变为去中心化。区块链以其安全性和不可篡改性，让数据真正“放心”流动起来，让海量

数据被释放出来。区块链测序可以利用私钥限制访问权限，从而规避法律对个人获取数据的限制问题，并且利用分布式计算资源，低成本完成测序服务。区块链的安全性让测序成为工业化的解决方案，实现了全球规模的测序，从而推进数据的海量增长。

1. 大数据与区块链技术：一种特定的数据持久化技术

1）分布式储存

分布式储存账本，就是在区块链上所有企业都能够得到一份共享的、完整的数据，每个节点基于对应的共识机制，共同维护整个区块链环境，即使其中的某个节点失效了或数据更改了，其他节点同样能够正常工作和验证。应用区块链技术不但能够实现物流可视化管理，打通数据孤岛，而且可以保证数据真实、有效、不可伪造、无法篡改。这些特征都使数据更加具有指导意义，最终通过有效的去中心化，提高供应链的反应效率。

区块链是比特币的底层技术架构，本质上是一种去中心化的分布式账本。区块链技术作为一种持续增长的、按序整理成区块的链式数据结构，通过网络中多个节点共同参与数据的计算和记录，并且互相验证其信息的有效性。从这一点来说，区块链技术也是一种特定的分布式系统。

2）分布式计算

大数据的分析挖掘是数据密集型计算，需要强大的分布式计算能力。节点管理、任务调度、容错和高可靠性是关键技术。通过添加服务器节点可线性扩展系统的总处理能力，在成本和可扩展性上有巨大的优势。大数据计算包括批计算、流计算、图计算、实时计算、交互查询等计算框架。

区块链的共识机制就是指所有分布式节点之间怎么达成共识，通过算法来生成和更新数据，去认定一个记录的有效性，这既是认定的手段，也是防止篡改的手段。区块链主要包括 4 种不同的共识机制，适用于不同的应用场景，在效率和安全性之间取得平衡。以比特币为例，其采用的是“工作量证明”，只有在控制了全网超过 51%的记账节点的情况下，才有可能伪造出一条不存在的记录。

3）区块链的特性

从区块链的定义可以看出，区块链具有去中心化、不可篡改、可信任、可追溯、全网记账等优势。区块链是“去中心化”的，即每个人都有参与共识的自由度，每个人有参与的权利，也有退出的权利；在代码开源、信息对称的前提下，每个人都有参与决策的自由度，即公平；在区块链中，用户随时都能见到一切，即公开、透明。

2. 大数据安全：区块链让大数据“放心”流动起来

1）大数据开放共享：区块链保障大数据私密性

大量高密度、高价值的大数据开放是大势所趋，将对整个经济和社会的发展产生不可估量的推动力。然而，数据开放的主要难点和挑战是如何在保护个人隐私的情况下开放大数据。基于区块链的大数据脱敏技术能保证大数据的私密性，为隐私保护下的大数据开放提供了解决方案。

2）大数据存储：区块链的大数据存储技术

基于全网共识的、可信的区块链大数据，是不可篡改的，这使大数据的质量获得前所未有的强信任背书，也使大数据的发展进入一个新的时代。

3）大数据分析：区块链确保大数据的安全性

大数据分析是实现数据价值的核心。在进行大数据分析时，如何有效保护个人隐私和防止核心数据泄露，成为首要考虑的问题。区块链技术可以通过多签名私钥、加密技术、安全多方计算技术来防止泄密。当数字签名技术放置在区块链上使用时，要获得授权才可以进行访问。通过私钥既可以保证数据的私密性，又可以共享给授权研究机构。

3. 数据流通：区块链保障数据相关权益

“链”上有了保障，大数据自然会更加活跃。可以利用区块链对数据资产进行注册，交易记录是全网认可的、透明的、可追溯的，明确了大数据资产来源、所有权、使用权和流通路径，对大数据资产交易具有很大价值。

大数据是一种非常特殊的商品，与普通商品有本质区别。这也决定了使用传统商品中介的交易方式无法满足大数据的共享、交换和交易需求。基于去中心化的区块链，能够破除中介中心复制大数据的威胁，有利于建立可信任的大数据资产交易环境，保障大数据拥有者的合法权益。

区块链通过网络中多个参与计算的节点来共同参与大数据的计算和记录，并且互相验证其信息的有效性，既可以进行信息防伪，又提供了可追溯路径，能有效破解大数据确权难题。

5.4.2 大数据与区块链的区别与关联

大数据对于企业的意义已从能力要素上升为战略核心。大数据和区块链所处的生命周期阶段大不相同，两者约有 5 年的差距。大数据通常描述的数据集足够大、足够复杂，很难用传统方式来处理。区块链能承载的信息数据是有限的，离大数据的标准还差很远。

1）结构化数据与非结构化数据

区块链是结构定义严谨的块，是典型的结构化数据，信息相对独立；大数据需要处理的更多是非结构化数据。

2）数学说话与数据说话

区块链系统本身就是一个数据库；大数据技术指的是对数据的深度分析和挖掘，是一种间接的数据。区块链试图用数学说话，区块链主张“代码即法律”；而大数据试图用数据说话。

3）不可篡改与数据集合

区块链是一种不可篡改的、全历史的分布式数据库存储技术，巨大的区块链数据集合包含每笔交易的全部历史。随着区块链技术的应用迅速发展，数据规模会越来越大，不同业务场景区块链的数据融合会进一步扩大数据规模。

4）区块链价值推动全球化的数据交易场景

区块链能够进一步规范数据的使用，精细化授权范围。脱敏后的数据交易流通，有利于突破信息孤岛，建立数据横向流通机制，形成“社会化大数据”。基于区块链的价值转移网络，可以逐步推动形成基于全球化的数据交易场景。

5）使用价值和使用空间

区块链提供的是账本的完整性，数据统计分析能力较弱。大数据具备海量数据存储技术和灵活高效的分析技术，可极大地提升区块链数据的价值和使用空间。

5.4.3 大数据+区块链的运行模式

1. 区块链解决与链式非信任关系问题

区块链解决的是一个非常核心的问题，即信任问题。来自多方的数据，各自都有记录信息的方式，各方对账会非常烦琐，更好的方式是各自在区块链记载分布式账本，最终能够达成共识。区块链解决的就是物流金融在非信任体制下达成信任关系的问题。

2. 物流与供应链成为区块链最具潜力的应用

电子存证、物流金融、产品溯源和共享经济是区块链金融最主要的应用场景。物流与供应链发展大概包括：

（1）区块链和供应链融合的过程；

（2）供应链已经成为区块链应用最具前景的场景；

（3）如何进入区块供应链的时代。

3. 区块链在供应链应用最新发现

区块链技术的出现时间不长，还在迅速变化过程中。当前，区块链的监管法规和标准还没有来得及制定，区块链在整个供应链中的应用过程，实际上有待于建立一套标准。

1）目前存在的问题

（1）区块链核心技术有待突破。当公链越来越长时，效力就开始下降了，从技术方面怎么提高效率、怎么找到更好的解决方案，还是需要突破的。

（2）专业人才稀缺是全球普遍的现象，也是我国重要的短板。

（3）区块链技术本身颠覆性的效果，需要在监管、标准、技术、人才、认知、效果 6 个方面深入研究。

2）底层架构的竞争会更加激烈

市场上真正研究区块链底层技术的人并不太多。随着技术的发展，参与底层架构的企业和人员会越来越多。

3）监管和标准将逐步完善

区块链技术本身就应该秉承开放的态度，应将它纳入监管框架中，正确引导其发展。

5.4.4　区块链与智能物流科技服务

1. 区块链技术在农业领域的应用最有增长前途

通过区块链技术可以对商品生产的全过程进行溯源，助力农业产业链中各环节紧密结合，促进农业产业功能互补，并衍生新型农业业态。

区块链从供应链的前端到后端都有非常丰富的应用场景。区块链技术和供应链各环节的结合给很多中小企业的发展提供了机会。农业贸易涉及农民、收购商、分销商、零售商之间复杂的关系、复杂的供应链程序及大量无法管理的数据。随着农产品贸易的日益国际化，创新者们正在努力通过区块链的分布式记账技术将农产品贸易带入新时代。

区块链技术可以提高行业的透明度。顾客可以从区块链供应链上获得丰富的信息，如品种、性别、疫苗接种、激素或抗生素治疗，以及动物生长的相关数据，基于相关数据监控，可显著改善食品安全。

2. 区块链与物流金融科技服务

近年来，区块链以颠覆性的理念引发金融服务业的广泛关注，有望成为下一代金融服务业创新的基础设施。基于区块链在技术和商业层面的创新，其在物流金融科技服务领域展现出较广阔的应用前景。

物流金融对具有真实交易关系的整个供应链进行信用评估，由高信用等级的企业为低信用等级的中小企业提供信用背书，使中小企业从高风险市场变成高收益、低风险市场，银行等金融机构则以应收账款、存货等动产为依据进行贷款。

物流金融业务当前仍存在一些问题。

（1）局部地区业务存在的问题是信息化及管理水平较低。

发展中国家物流金融业务的问题主要是，制造业信息化程度不高，供应链内成员信任感、关联度不足。

（2）跨地区业务的障碍是信任不足。

跨地区物流金融的信息化技术较成熟，管理水平也较高，其业务障碍主要体现在市场准入、边境管理、运输与通信基础设施、商业环境 4 个方面，并最终导致运营和投资成本增加、业务各环节不必要的延时增加或耗费时间不确定、业务量下降、业务风险增加等不良结果。

（3）区块链解决物流金融业务存在的问题。

区块链的技术特性在不同场景下体现的价值有所不同。在物流金融场景下，区块链技术首先是信息化工具，可进一步实现去纸质化、电子方式传达，更深层次的作用是增强管理能力、消除贸易壁垒。

（4）消除贸易壁垒。

区块链的分布式逻辑意味着物流金融体系是网络中立的，体系中数据无单独拥有者，各参与方可设立自主存放的数据库，而不是将所有信息汇集至网络主导者，这可增强供应链内弱势公司的信任感，提升供应链成员的关联度和约束性，最终使物流金融在高度、深度上覆盖范围显著扩大，形成具备中立、透明、隐私等特点的全新管理系统。

5.4.5　区块链与物流金融科技服务应用场景

物流金融巨大的市场规模，与区块链存在诸多结合点。大量机构参与到区块链与物流金融的结合应用中，相关尝试处于概念验证或试点阶段，预计部分项目可落地并形成第一代解决方案，但短期内还难以出现兼具功能性与稳定性的普遍解决方案。

1. 物流金融巨大的市场规模与区块链存在诸多结合点

1）项目应用状况

目前，少数项目参与到局部地区的物流金融业务中，涉及贷款等表内授信；更多的合作项目集中在跨地区的物流金融领域，主要涉及信用证等表外授信。这也体现出区块链技术对跨地区贸易的再造意义及机会大于局部地区。

2）局部地区物流金融

在全球范围内，少数机构的区块链应用涉及贷款等表内授信业务。在运行机制方面，相关数字化票据可作为代币在平台内进行交换，也可在平台内核销兑换为贷款；但贷款相关环节与区块链平台是脱离的，即在区块链下进行独立的风控、定价、资金划拨，区块链上的数字化信息作为融资决策的依据。

3）跨地区物流金融

技术提供商与跨境贸易商、银行等机构合作，借助跨境贸易商、银行过去积累的资源，将海关、检验检疫等监管机构引入项目，并在跨境运输中集成较为初级的物联网技术，最终实现信用证的数字化、检验检疫和提单等流程线上化、航运初步物联网化。

2. 区块链在物流金融领域的应用优势

以区块链技术为物流金融解决方案能确保数据可信、互认流转、隐私保护，解决物流金融存在的信息难题，释放核心企业信用到整个供应链的多级供应商，提升供应链的融资效率，降低业务成本，丰富金融机构的业务场景，从而提高整个供应链的资金运转效率。

1）自带信息共享功能

依据物流金融的业务类别，可信区块链推进物流金融应用。目前，我国已制定基于区块链的典型解决方案与技术实现方案，以打造区块链物流金融“链”应用场景。首先，区块链本身需要各节点的数据具有一致性，可以说自带信息共享功能；其次，实时信息共享问题通过区块链的 P2P 技术可以实现；最后，利用区块链的不可篡改性和共识机制，可构建一条安全、可靠的信息共享通道。区块链技术能够解决这些问题，并且增加节点非常方便，将在信息共享中发挥重要作用。

2）助力解决融资难问题：场景适配

区块链针对物流金融不同参与主体呈现了不同的价值。对于小微企业，显著降低了融资成本，实现秒级放款；凭证上链便捷，可分拆转让。对于核心企业，优化了账期，改善了现金流与负债表；提升了供应链效率，加强了供应链管理。对于金融机构，获取了小微业务抓手，提升了获客能力；享有更多自主定价权，提升业务收益；线上操作，不需要复杂流程。通过区块链连通供应链中的各方企业和金融机构，完整、真实地记录资产的上链、流通、拆分和兑付。区块链上的数据经多方记录确认，不可篡改、不可抵赖、可以追溯，从而实现应收账款的拆分转让，并全部能够追溯至登记上链的初始资产。系统设计可根据具体业务场景适配。

3. 区块链技术应用场景：供应链

物流金融与区块链技术天然契合，传统物流金融服务一般只能做到核心企业上面一级供应商和下面一级经销商，结合区块链技术，能将核心企业的良好信用穿透到产业链的上下多层，能将核心企业信用沿着供应链上下游传导到末端，实现债权持有期间流转、贴现和到期兑付，极大地提升了小微企业融资效率，降低了融资成本，真正实现了服务实体经济的目标。

区块链开放、透明，任何人都可以公开查询链上数据，伪造数据被发现的概率极大。区块链的数据不可篡改性，保证了已销售出去的产品信息被永久记录，无法通过简单复制防伪信息蒙混过关，避免产品二次销售。供应链的所有节点上区块链后，商品从生产商到消费者手中有迹可寻，形成完整的链条；商品缺失的环节越多，暴露出其是伪劣产品的概率更高。

目前，腾讯、阿里巴巴、京东、沃尔玛等在进口商品区块链应用方面走在了前面，已经初步实现海外商品溯源、国际物流及进口申报溯源、境内物流溯源等，接下来将实现生产企业溯源。区块链技术应用在供应链领域，未来发展空间很大。

4. 区块链技术应用场景：物流金融

供应链所有节点上链后，通过区块链的私钥签名技术，保证了核心企业等的数据可靠性；而合同、票据等上链，是对资产的数字化，使资产便于流通，实现了价值传递。在区块链解决了数据可靠性和价值流通后，银行等金融机构面对中小企业的融资，不再对企业进行单独评估，而是站在整个供应链顶端，通过信任核心企业的付款意愿，对链条上的票据、合同等交易信息进行全方位分析和评估。也就是说，借助核心企业的信用实力及可靠的交易链条，为中小微企业融资背书，实现从单环节融资到全链条融资的跨越，从而缓解中小微企业融资难的问题。

构建全开放式的物流金融区块链服务平台，通过赋能金融市场与小微企业，帮助改变小微企业的融资困境。在功能上，企业用户可通过线上操作，实现资产端和资金端在微企链平台的无缝对接。

5. 区块链技术应用场景：跨境支付

区块链技术的引入，解决了跨境支付信息不对称的问题，并建立了一定程度的信任机制，提高了效率，降低了费用。具体来说，接入区块链技术后，通过公私钥技术保证数据的可靠性，再通过加密技术和去中心化达到数据不可篡改的目的，通过 P2P 技术实现点对点结算。

区块链技术应用于跨境支付，具有以下优点：区块链的交易透明，信息公开，交易记录永久保存，实现了信息可追溯，符合监管的需求；实体资产往往难以分割，不便于流通，难以监控，区块链技术实现资产数字化后，其交易完全符合监管需求。

5.4.6　区块链对大数据的影响

区块链正在让大数据汹涌而来，区块链的可信任性、安全性和不可篡改性，让更多数据被释放出来。

1. 区块链是构建大数据时代的信任基石

在经济全球化、数据全球化的时代，如果大数据仅掌握在互联网公司手中，全球市场信用体系的建立是不能去中心化的。如果通过区块链技术让数据文件加密，并直接在区块链上交易，交易数据就可以完全存储在区块链上，成为我们个人的信用紫云。所有的大数据将成为每个人产权清晰的信用资源，这也是未来全球市场信用体系构建的基础。

区块链因其“去中心化、不可篡改”的特性，可以极大地降低成本，实现大数据的安全存储。将数据放在区块链上，可以解放出更多数据，使数据真正“流通”起来。基于区块链技术的数据库应用平台，不仅可以保障数据的真实、安全、可信，如果数据遭到破坏，还可以通过数据库应用平台的灾备中间件进行迅速恢复。

2. 区块链是促进大数据价值流通的管道

“流通”使得大数据发挥出更大的价值。例如，资产交易管理系统的区块链应用，可以将大数据作为数字资产进行流通，实现大数据在更加广泛领域的应用及变现，充分发挥大数据的经济价值。

基于区块链技术的应用将成为未来社会主角。区块链为实现扁平化社会提供了可能性，解决了信任问题，成为未来商机的宝库。

5.4.7 区块链技术推动智能物流发展

随着大数据、区块链等新兴技术与物流行业的深度融合，供应链正成为区块链技术最具潜力的应用场景之一。

1. 区块链技术在物流行业正聚焦应用方向

区块链和物联网、大数据、人工智能等技术深入结合，推动建立多方信任的智能物流生态系统，促进整个物流行业转型升级。物流行业已成为支撑国民经济和社会发展的基础性产业，供应链创新与应用也被上升为国家战略，用区块链技术推进物流创新发展成为共识。

2. 区块链在物流行业落地应用

区块链在物流行业实现了落地应用，主要聚焦于流程优化、物流征信、物流追踪和物流金融四大方向。

1）流程优化

通过区块链和电子签名技术不仅可以实现无纸化签收，还可以依靠智能合约完成自动对账，实现对账过程的高度智能化，并确保各方高度信任。

2）物流征信

通过将服务评分、配送时效、权威机构背书等可信的交易数据上链，共享和验证可管控的信用数据，提高物流服务信任度。

3）物流追踪

在跨境物流、商品追溯、危化品运输等方面，实现产品生产、加工、运输、销售等全流程的透明化。

4）物流金融

通过征信评级、账款查询、资产评估等，帮助金融机构完善中小企业画像，解决中小企业融资难的问题，还可以让监管机构参与到链中，规避金融风险。区块链技术促进了物流领域的商流、物流、信息流、资金流"四流合一"，还与物联网、大数据、人工智能等技术互相融合并不断创新，推动智能物流的发展。区块链技术推动了物流行业的发展，尽管还在较为早期的应用阶段，但通过区块链技术加速物流行业发展已经成为趋势。

3. 区块链在智能物流领域的应用情况

目前，包括京东物流、中国邮政、中远海运、中外运物流有限公司、福佑卡车、中储发展、G7、微软加速器（北京）等企业在内的物流+区块链技术应用联盟成员，均在区块链技术应用方面进行了大量探索。

中远海运使用区块链技术解决跨境物流问题；中外运物流有限公司将区块链技术融入智能物流建设；京东物流打造快运对账区块链解决方案，成为用区块链技术解决物流对账业务的典型案例；福佑卡车通过快运对账区块链解决方案，以电子签名实现运输凭证结算的无纸化，确保物流配送过程中数据收集的真实性，实现了交易数据实时上链结算，大大缩短了交易时间，降低了对账成本。

4. 区块链物流生态圈体系

区块链的应用已延伸到物流各领域，供应链、智能制造等行业的应用场景是典型代表。在制造物流、流通物流、农业物流、物流金融、绿色物流和全球供应链等重点领域，推广区块链等先进技术，整合物流各环节，构建区块链物流生态圈体系。

目前，区块链在物流领域的应用，除物流金融服务较成熟外，链上资产数字化、智能证券及清算、物流账单结算相对成熟，其他应用还处于探索起步阶段。

未来，区块链在物流领域的重点发展方向如下。

（1）建立防范物流金融风险体系。

在支付领域，区块链技术的应用有助于降低金融机构间的对账成本及解决争议的成本，显著提高了支付业务的处理速度和效率，在跨境支付领域的作用尤其明显。区块链技术为支付领域带来的成本和效率优势，使金融机构能够处理以往因成本因素而被视为不现实的小额跨境支付，确保借贷资金基于真实交易。未来，应进一步推广动产融资统一登记公示系统在物流金融领域的应用，健全物流金融担保、抵押、质押机制，推动金融机构全面提升物流金融领域的风险防范能力。

（2）建立链上资产数字化体系。

各类资产，如股权、债券、票据、收益凭证、仓单等均可被整合进区块链，成为链上数字资产，使资产所有者无须通过各种中介机构就能直接发起交易。上述功能可以借助行业基础设施类机构实现，使其扮演托管者的角色，确保资产的真实性与合规性，并在托管库和分布式账本平台之间搭建一座桥梁，使分布式账本平台能够安全地访问托管库中的可信任资产。

（3）建立智能证券体系。

金融资产交易是相关各方之间基于一定的规则达成的合约，区块链能用代码充分地表达这些业务逻辑，如固定收益证券、回购协议及银团贷款等，进而实现合约的自动执行，并且保证相关合约只在交易对手之间可见，而对无关第三方保密。基于区块链的智能证券能通过相应机制确保其运行符合特定的法律和监管框架。

（4）建立点对点的实时清算与结算体系。

区块链技术的核心特质是能以准实时的方式，在不需要可信的第三方参与的情况下实现价值转移。金融资产的交易涉及两个重要方面：支付和证券。通过基于区块链技术的法定数字货币或某种“结算工具”的创设，可显著降低价值转移的成本，缩短清算、结算时间。在此过程中，交易各方均可获得良好的隐私保护。

（5）提高客户识别效率，降低成本。

世界上的金融机构都是受到严格监管的，其中很重要的一条就是金融机构在向客户提供服务时必须履行客户识别（KYC）责任。在传统方式下，KYC是非常耗时的流程，缺少自动验证消费者身份的技术，因此无法高效地开展工作。区块链技术可实现数字化身份信息的安全、可靠管理，在保证客户隐私的前提下提升客户识别效率并降低成本。

用区块链技术推动物流行业创新、开放的趋势已是共识。区块链技术在物流行业大规模应用还需要一段时间，还需要产、学、研、用各方共同努力，在场景探索、标杆树立、标准制定、人才培养、政策支持等方面携手前行，促进区块链与实体经济、物流供应链行业的深度融合。除了技术融合，还要搭建物流供应链上下游企业的信任平台，最大限度地实现信息资源共享，用持续的技术创新和实践创新使物流行业不断革新。

第6章

物流企业应用大数据技术

在大数据时代，应用大数据技术可以构建数据中心，并挖掘隐藏在数据背后的信息价值，为物流企业提供有益的帮助。面对海量的数据，物流企业在不断增加大数据技术方面投入的同时，不应仅把大数据技术看作一种数据挖掘、数据分析的信息技术，而应把大数据技术看作一项战略资源，充分发挥大数据技术给物流企业带来的发展优势，在战略规划、商业模式、人力资本等方面做出全方位的部署。

6.1 物流行业大数据

物流行业的大数据包括运输、仓储、搬运、装卸、包装及流通加工等物流环节涉及的数据、信息等。通过大数据分析可以提高运输与配送效率，减少物流成本，更有效地满足客户服务要求。将所有货物流通的数据、物流快递公司、供求双方有效结合，形成一个巨大的即时信息平台，可以实现快速、高效、经济的物流。即时信息平台不是简单地为企业客户的物流活动提供管理服务，而是通过对企业客户所处供应链的整个系统或行业物流的整个系统进行详细分析后，提出具有中观指导意义的解决方案。

6.1.1 物流企业的“数据觉醒”

在大数据时代，数据被许多权威人士比作“新型石油”，日益成为一种战略性资源和企业的核心资产。大数据及其所承载的知识和信息作为一种极具战略价值的经济资源，通过参与企业的经济活动和营运过程，正在充分地发挥其独特的整合效应，促进物流企业提高组织效率、降低成本、创新服务、维系良好的品牌形象和客户关系、增进经济效益等。

1. 充分发挥大数据给物流企业带来的发展优势

1）信息对接，掌握企业运作信息数据

在信息化时代，网购呈现不断增长的趋势，规模已经达到了空前巨大的地步，这给网购之后的物流带来了沉重的负担，对每个节点的信息需求也越来越多。每个节点产生的数据都是海量的，过去传统的数据收集、分析处理方式已经不能满足物流企业对每个节点的信息需求，这就需要通过大数据技术把信息对接起来，将每个节点的数据收集、整合，通过数据中心分析、处理转化为有价值的信息，从而掌握物流企业的整体运作情况。

2）为物流企业做出正确的决策提供依据

传统的根据市场调研和个人经验来进行决策已经不能适应数据化时代要求，只有真实的、海量的数据才能真正反映市场的需求变化。通过对市场数据的收集、分析处理，物流企业可以了解具体的业务运作情况，能够清楚地判断哪些业务带来的利润率高、增长速度较快等，把主要精力放在真正能给企业带来高额利润的业务上，避免无端的浪费。同时，通过对数据的实时掌控，物流企业可以随时对业务进行调整，确保每个业务都可以盈利，从而实现高效运营。

3）培养客户黏性，避免客户流失

网购的人群急剧增加，使客户越来越重视物流服务体验，希望物流企业能够提供最好的服务，甚至掌控物流行业运作过程中商品配送的所有信息。这就需要物流企业以数据中心为支撑，通过对数据进行挖掘和分析，合理地运用这些分析成果，进一步巩固和客户之间的关系，增加客户的信赖，提高客户的黏性，避免客户流失。

4）对数据进行“加工”，实现数据“增值”

在物流企业运营的每个环节中，只有一小部分结构化数据是可以直接分析利用的，绝大部分非结构化数据必须要转化为结构化数据才能储存分析。这就导致并不是所有数据都是准确的、有效的，很大一部分数据都是延迟的、无效的，甚至是错误的。物流企业的数据中心必须对这些数据进行“加工”，从而筛选出有价值的信息，实现数据的“增值”。

大数据的开发利用包括数据收集、数据储存、数据计算和分析等方面，最重要的是收集整理、筛选出有用的信息。京东、阿里巴巴等都有自己的数据库和完善的数据运营系统，将收集到的物流信息进行筛选、整合，并进行专业分析，了解客户需求、产品的出库位置、各工作人员的位置，及时、准确地进行订单的配货、运送，以及货品的物流信息采集、跟踪等工作。除物流配送及时外，整个配送过程都是可查的、可视的，如此人性化的设计，得益于大数据的支撑。

2. 大数据技术在物流企业应用的意义

对于企业管理来说，大数据已成为有潜在价值的财富，企业将大数据应用于物流管理，物流管理的内部环境也必然受到大数据的影响。

1）高透明度

在大数据时代，物流信息的交流更开放，信息共享也达到更高的程度。为了帮助客户做出更合理的选择，物流服务商应公开、透明地发布绩效和物流质量方面的信息，要做到这一点就离不开大数据技术。同时，大数据技术可以促使物流服务商提高绩效，确保企业可持续发展。

2）提高决策水平

海量的环境数据在经过大数据技术处理之后，就可以为物流企业领导者提供更加快捷、及时、准确、科学，以及更有价值的外部环境综合数据信息。依据大数据的决策可以客观地避免思维定势的消极影响，帮助企业提升战略决策能力，掌握行业发展的新动向，从而达到优化服务、避免浪费和提高物流效率的目的。

3）制定市场策略

物流行业网络数据量大、信息价值高，通过对这些数据的加工、深度分析，可以实现系统数据实时更新，并基于大数据技术对市场实际需求进行预测，进而制定更加符合市场的策略，提高企业的知名度。

4）降低管理成本

数据挖掘和智能分析等技术，对物流行业各环节有重要的影响。例如，对识别、定位、感知、移动、互联、应用、开发等环节大数据的充分利用，可以有效地管理公司，制定高效、合理的物流方案，优化运输交通线路并进行实时监控，降低物流配送的成本，提高物流效率，提供高效、便捷的服务，创建双赢的格局。

5）提升利润率

近几年，电子商务行业迅速发展，竞争越来越激烈。要在竞争中占据市场、获得利益，必须要从价格竞争转向价值竞争，提升服务质量、保证利润率。

6.1.2　大数据对于物流企业资源要素的影响

大数据通过对物流企业的资源、能力的影响，提升物流企业的竞争力，进而改变企业的竞争机制。因此，物流企业需要根据时代发展特点，不断改变物流企业的竞争理念，使物流产业表现更加稳定可靠、反应更加迅速。

1. 大数据对物流企业资源要素的影响

（1）不断盘活物流企业的人力资本。

通过大数据信息的不断推进，对于物流人才的测评及甄选变得更加有效、便利，甄选出来的物流人才也更加具有价值。

（2）直接增加物流企业的结构资本。

大数据的应用不断推进资源的协调力度，不断完善协调机制，使内外市场紧密结合，同时在一定程度上增强物流企业对环境的适应性。

（3）为企业赢得更多关系资本。

大数据技术应用不断推进，使物流企业的管理模式不断得到改革及创新。

（4）注重企业的文化建设。

大数据技术的应用有效推进了物流企业的文化建设，使员工越来越能体验物流企业的人性化管理模式。

2. 大数据对物流企业能力要素的影响

（1）提升了物流企业的战略管理、战略决策能力。

大数据的推进有利于消除主观偏见及思维定势的影响，可在一定程度上帮助企业有效地把握行业发展的新趋势，进而有效抓住战略性的投资机会，从而在一定程度上提升物流企业的经济效益。

（2）增强物流企业的运作管理能力。

大数据的应用可有效地推动知识的内部共享，进而帮助企业有效、合理地分配并利用资源，从而使业务的运营变得更加主动。

（3）拓展物流企业的市场营销能力。

通过大数据的分析、解释，可有效地掌握顾客的偏好、消费体验等真实信息，进而在一定程度上拓展物流企业的市场营销能力，实施更加精准的营销模式，降低营销成本，为物流产业创造一定的效益。

（4）提升物流企业的品牌管理能力。

通过对物流大数据的分析可有效地检测品牌的声誉，及时将影响声誉的负面消息挑选出来，以此提升物流企业的品牌管理能力。

（5）增强物流企业客户管理和客户关系维护能力。

物流企业服务的直接对象就是客户，因此，增强物流企业的客户管理、客户关系维护能力是至关重要的。通过大数据反映的信息可有效地对客户信息进行了解，进而及时发现问题，及时与客户进行有效沟通，提高客户对物流企业的信任程度。

（6）增进企业创新发展能力。

大数据的应用可有效地将搜索者、创意者、解决者联系在一起，进而不断发展新的合作伙伴，并且集思广益，推动对物流企业的创新力度。

6.1.3 物流企业对大数据技术的反向适应

物流领域是物联网、大数据技术应用的先行领域之一，大数据结合智能物流管理模式的构建进一步提升了物流智能化、信息化和自动化水平。物流企业主动推动物流功能整合，不仅在生产、运输、仓储等技术环节进行调整适应，而且在技术、管理、制度等方面主动变革，以适应大数据时代的发展。

1. 技术方面

物流管理信息化技术是物流管理的关键，智能物流的管理模式使物流在技术应用方面偏向于高科技信息技术的应用，走在信息技术应用的前端。智能物流管理模式的构建基础在于感知端、传输端、云端、应用端“四端”的联动，而“四端”的联动需要各种物联网技术的支撑，如在感知端传感技术的使用、在云端大数据的使用。智能物流给传统物流的技术使用带来改革的方向，例如，在运输环节GPS技术的应用，帮助企业实现智能化调度，提前预测和安排最优行车路线，缩短运输时间，提高运输效率。智能物流应用建立在传统物流已有技术设备的基础上，并向物联网技术发展。传统物流的信息设备是构建智能物流管理模式的基础，但这些设备的应用远远未达到智能物流全面感知、实时传输、智能处理等要求。因此，构建智能物流管理模式必然给传统物流技术带来改变，通过物联网技术对各类信息进行处理，实现对物流的有效控制和管理，提高物流运作效率。

2. 管理方面

智能物流管理模式的构建，为物流企业带来管理上的改变。在管理手段方面，管理者改变过去“面对面”的交流模式，运用物联网技术，在应用端搭建决策管理模块，为管理者提供决策支撑，运筹帷幄于千里之外。例如，在仓储环节，加强分销管理系统建设，建立库存管理系统，将全国各地的库存在逻辑上拿到公司总部进行管理，这样可以充分发挥计算机网络的优势，实现管理的“零距离”。在管理对象方面，对物流的管理不仅局限在货物、设备、人员的简单管理上，智能物流管理模式的构建使物流管理侧重于专业人才的聘用、管理，以及信息技术的管理、信息的管理等方面。

3. 制度方面

中小企业物流管理制度普遍不健全，表现为物流成本管理制度不健全、物流供应链管理制度不健全、物流管理考核制度不健全。智能物流管理模式的构建在一定程度上解决了企业管理制度的问题，为管理制度提供新的方法。在物流成本管理制度方面，为有效进行物流成本控制，通过云计算专业团队对整个物流运行过程进行成本预测、分析、计算，支持管理者进行有效决策，实现综合成本控制。在智能物流管理模式下，在生产环节，通过感知端感知收集信息，并实时传输到云端，减少人力信息传递、人工识别的成本和出错率，并自动预先形成详细补货信息，从而实现流水线均衡、稳步生产，节约人力挑拣成本、信息统计成本等，形成物流成本控制信息化制度。

在大数据时代，任何行业、组织及个人都会受大数据的影响，要么成为数据贡献者，要么成为数据采集者。能够挖掘数据价值的管理者，会有效利用信息分析手段优化组织运营管理模式，提高对组织内部人、财、物等资源的分配能力，提高组织创新能力。

4. 安全方面

数据安全是指需要制定科学的安全防护措施，针对业务安全等级及网络密级等进行审查核定。通过物理专业隔离技术、防火墙技术等，努力做到对核心网络进行安全隔断，关注物流企业网络边界，保障数据信息安全，从而显著提升内外网的保护效果。如果数据信息安全得不到保障，那么企业将出现业务被扰乱、数据失真等问题，并造成一定的损失。

5. 个人隐私方面

企业在搭建物流大数据管理平台时把数据安全作为核心考虑因素，毕竟对于企业级客户，这是最重要的关注点。另外，基于大数据应用的分析颗粒度，数据安全不会细致到定位一个人，只会定位到一个群体。个人数据在物流大数据管理平台上应该是脱敏的，应完全屏蔽涉及隐私的敏感个人信息。物流大数据服务的云端获取，有严格的校验机制，除了登录账号体系，还会有不同的区域、月结账号、基础信息匹配等处理机制，不同层面的人看到的信息会不同，只有企业总部才能获取全局信息。

6.2 物流企业构建大数据的战略

当前，物流企业高层管理者对大数据技术缺乏高度的重视和支持，只有得到物流企业高层管理者的重视，一系列与大数据有关的战略发展规划才有望得到推动，大数据的价值才能在物流运营过程中真正被挖掘出来。

中国大数据产业还不成熟，再加上大数据本身的多样性和复杂性，大数据的质量无法得到有效的、全面的保证。因此，物流企业高层管理者应当清楚大数据在信息时代的真正价值，抓住大数据带来的机遇，主动借力大数据提升企业竞争力；建设完善的数据中心和数据质量保证制度，带领企业迎接这场没有硝烟的大数据战争。

6.2.1 大数据战略实施的模型模式

从战略角度来看，通过大数据预测可以让企业从众多杂乱的信息中非常轻松地挑选出有效、可靠的信息，摆脱过去烦琐的搜索监测与分辨信息的业务，将大量信息变成引导行动的洞察力，节省了大量的时间，从而更加高效、准确地做出合适的决策。

1. 大数据战略模型模式展开

1）建立数据资产管理战略

作为物流企业总体战略的一部分，围绕“资源管控”和“服务优化”两个基本命题，在企业整体战略中要有大数据应用的总体方案。这个方案既要着眼于企业的实际情况，又要有长远的规划，在软件和硬件投入方面都要有指导性的日程安排。在保障机制方面，要通过有效的“顶层设计”打破组织壁垒，促进数据资产的沟通、融合。

2）大数据的应用是“一把手”领导工程

领导的重视是成败的关键。企业领导层应主动变革思维模式，进行实质性的资源投入，支持大数据技术的深入应用；应摒弃那种仅用数据来粉饰决策、支撑既有观点的做法，从战略高度对数据资产价值进行再思考、再认识，将大数据、云计算等作为战略实施的有力推手，而不是将其视为传统 IT 管理的一个方面。

3）优化数据资产管理和大数据应用的流程

在数据收集和处理方面，要做好整合，认真发掘组织内部的“休眠数据”，并认真评估其价值；同时，要高度重视外部数据对企业的战略价值，推动企业内部数据处理系统与合作伙伴相关系统的集成，实现顺畅的数据交换和信息交流。在数据存储与处理方面，优化企业的服务器、存储设备和网络设备，引入能与硬件设施设备无缝对接、合乎大数据应用需求的数据管理和分析软件，在必要时要借力基于开发架构的、具有灵活扩展能力的、性能卓越的第三方平台，不断深化大数据的应用，实现人、机、系统等要素的有机结合。

4）大数据应用技术向内扩散，内化为组织整体技能

推动员工熟悉在数据驱动决策下的业务运作，将数据应用视为业务运营的工具和助手，采取措施推动员工应用数据技能的持续进步，促进企业决策者、管理者、业务人员和数据工程师基于数据分析和数据应用的沟通、共享、协同，消除“数据孤岛”现象。

5）有计划地培养大数据应用专业人员

专业人士应成为“数据工程师”，兼具数学知识、IT 技能、业务知识，并能够作为大数据应用的“先锋”，引领企业跨越“数据鸿沟”，提供专业的数据应用技术服务。

物流企业应用大数据分析方法和分析技术处理海量数据，可以有效地进行信息整合，优化资源配置，促进企业内部和企业之间的合作，从而降低运作成本，提高客户服务水平，增加客户价值。

2. 大数据应用在企业战略层面着重发力

应用大数据技术提升企业内部及企业之间信息交流的质量和时效性；发展基于大数据的管理技能，挖掘具有洞察力的信息以指导企业决策；利用强大的数据挖掘和信息检索能力实时洞察市场走向，获得更加精细、客观的客户反馈；提高物流服务交易信息化水平，利用实时追踪技术监督市场行为，依靠沉淀的业务数据构建评价体系，降低市场交易成本。

物流企业获得大数据的管理技能，培养区别于竞争对手的优势，获得运作

的成本优势，开发一系列增值服务；增强市场感知能力，及时洞察市场情况，改进服务；建立监督和信誉机制，降低市场交易成本，从而促进长期合作关系的建立和改善，以专业的物流能力帮助客户获得成功。

6.2.2 物流企业应用大数据的主要步骤

目前，受限于物流企业的数据量，其运用智能物流大数据的主流思路是联合共享、个性定制。云物流和大数据对物流模式的变革体现为，运用大数据技术在物流公共信息平台收集、处理客户订单，抓取、分析客户需求信息，提交物流管理平台调度和整合各类物流资源，以最快捷的速度交付货物。智能物流联合大数据充分体现了高效协同物流资源、降低物流成本、绿色环保节能、信息安全保障、竞争力提升等方面的创新优势。各物流企业整合资源、优势互补、团结协作，才能够创建智能物流和生态物流的环境。

1. 实现数据的“增值”

大数据物流汇聚海量信息、订单全生命周期可视、业务紧密衔接且可追溯，业务活动按实时需求调整，促成多方交易，智能分析企业物流成本、预估订单收入，实现企业精细化管理，为客户提供个性化的整体物流解决方案。

在企业物流中应用大数据技术，通过大数据将信息对接起来，充分发挥大数据给企业物流管理带来的优势，把大数据作为数据分析、挖掘的信息基础，挖掘出隐藏在数据背后的信息价值，为企业提供信息决策基础。在企业物流管理体系中，基于大数据技术，以数据为中心，在客户需要时能及时提供物料，满足客户的需求，通过对数据的分析和挖掘，合理地运用大数据分析成果，进一步巩固企业和客户之间的关系，提升客户黏性。在企业物流管理中，应用大数据技术，对物流运营各环节的数据进行深度“加工”，筛选出有价值的信息，从而实现数据的“增值”。通过对企业市场物流数据进行收集、分析、处理，企业可以从这些海量真实数据中了解到业务运作情况，优化企业物流资源配置。通过数据中心分析、处理转化等方式，帮助企业在物流管理过程中做出正确的决策。

2. 物流企业应用智能物流联合大数据的具体步骤

1）大数据系统收集数据

基于大数据系统，通过电子商务、呼叫中心、社交网络、传感器等方式收集和提取数据。

2）进行数据分析

建立大数据仓库，开展高级分析和定制化分析，对数据信息进行整合与处理，为企业提供完整的数据生命周期管控，建设智能物流、快捷物流、生态物流。

3）参与物流公共信息平台

一方面，平台通过数据接口端向客户市场开放；另一方面，平台通过数据接口端接收大数据信息。大数据为客户提供了海量物流服务信息，包括各类物流装备资源信息、物流人力资源信息、物流方案设计能力和资源信息、物流公共服务信息、物流政策资源信息、物流保险信息、物流金融信息等，这些信息汇聚成虚拟的物流资源和能力，形成物流公共信息平台上的虚拟资源云，供客户搜索、查询。

4）运行物流大数据管理平台

物流大数据管理平台是数据池，是物流供应商集信息共享、协同工作、资源整合、流程再造、商业智能和决策分析于一体的综合性的物流服务平台，主要任务是通过射频识别技术、全球卫星定位系统、传感器、车辆运输过程管理、车辆运输业务管理、车辆综合运营管理、汽车物联网等技术，准确、快捷地处理客户订单，调度和指挥各类物流资源，规划物流线路和物流方案，提供物流一体化解决方案，缩短物流过程，完成最后一千米配送，以最快捷的速度按客户要求交付货物，实现物流平台对资源的智能化识别和管控。所有物流供应商在这个平台上聚集，如仓储公司、运输公司、第三方物流企业、第四方物流企业、货代公司、物流方案咨询商、银行及保险公司等，向客户提供订单服务、运输服务、仓储服务、信息服务、金融服务、咨询服务、代理一关三检、保险服务等全方位的物流服务。

3. 物流企业应用大数据的技术路线

大数据技术推陈出新，包括人工神经网络、遗传算法、关联规则、决策树等。大数据技术广泛应用于物流信息系统中，其技术路线如下。

1）待挖掘的物流信息

物流企业涉及的客户信息量十分庞大，并且分布覆盖面广。业务交易服务数据涵盖重要客户的核心信息，对该部分信息的有效挖掘利用，可对物流企业起到至关重要的作用。因而，分析影响物流客户消费行为决策的重要影响因素，研究关键性联系，优化物流客户服务方案，可在有效维护老客户的同时，招揽更多新客户。物流企业要想实现这个目标，务必要开展好待挖掘数据的挖掘关系分析工作。

2）数据准备

数据准备是数据挖掘中尤为重要的一环，可将其划分成数据集成、数据选择、数据预处理 3 个部分。数据集成是指从各操作性数据库、文件或遗留系统中提炼相关数据，并对它们开展集成处理；数据选择是指基于技术人员的指导，采集所需要分析的数据，去除无价值的信息，进一步改善数据挖掘质量、提高数据挖掘效率；数据预处理是指在开展数据挖掘前，对所选数据进行缩减、转化处理。例如，物流企业配送效率受配送路径选择的直接影响，物流企业要想改善物流服务水平、控制货运成本，务必要处理好物流配送期间车辆路线选择问题。换言之，应当为专门车辆选择专门的配送路线；同时，应分析车辆的利用能力，控制好物流企业的运输成本。另外，对于车辆运输能力来说，还应分析货物特征、运输收益高低等。

3）数据挖掘技术选择

在确定数据挖掘目标之后，进一步开展数据挖掘技术选择工作，并逐步开展迭代挖掘，提炼数据集中潜在的、新颖的模式。通过构建数据挖掘模型，可对转换完毕的数据开展挖掘处理。数据挖掘模型的构建，包括学习算法的选择、算法参数的选择等。各种挖掘工具、分析方法的应用特点、应用范围各不相同。例如，关联分析可应用于货品仓储位置安排，定性与对比可应用于客户分析，分类与预测可应用于物流中心选择，聚类分析可应用于市场调查研究，演化分析可应用于配送路线优化，等等。

构建数据挖掘模型是全面挖掘过程中的重要一环。在构建数据挖掘模型过程中，借助数据源中的实体，经过数据挖掘算法、模型表等步骤完成建模任务。

4）解释及评价

对获取的规则是否可存入知识库开展评定，此过程通常由人机交互、专家经验完成。其中，评价所采用的分析方法通常要结合数据挖掘实际操作进行选择。因为挖掘得到的数据并非都是有价值的，所以应当结合实际情况，科学地对挖掘得到的数据进行筛选、分析，以得到尽可能有效的信息。解释及评价过程一方面要对结果进行表达，另一方面要对数据开展筛选分析，此过程要不断重复，直到得到满意的信息。

6.3　企业应用智能物流大数据的障碍与策略

6.3.1　企业应用智能物流大数据的障碍

1. 物流大数据标准缺失

物流行业缺乏统一的管理标准体系，不同地区、不同部门对于物流信息管理的角度各不相同，导致物流数据的规格差异较大。各企业主体在物流数据信息平台建设方面存在不同的标准和思路，数据的差异进一步扩大。物流业务的复杂性促使广大用户要求建立物流公共信息平台，虽然投入了大量的人力、物力、财力，但标准的缺失使得数据基数不足。

物流行业服务的范围非常广泛，能够满足现代物流发展需求的规范很少。物流规则标准也不能形成体系，不能帮助物流过程的管理。物流信息采集规定不统一，信息在衔接过程中不能共享，造成资源浪费，使物流企业的成本增加。

2. 难以保证数据质量

数据来源多元化，数据结构差别较大，特别是物流大数据侧重于不同格式的半结构化与非结构化数据，如何有效整合数据进而获得有用的信息，对物流企业来说是个不小的挑战。此外，大数据本身价值较低，数据极易收集且收集成本低廉，这就造成数据量虽然在增加但本身价值却在降低，容易错过真正有用的信息。

3. 信息安全存在问题

物流企业在经营过程中与客户不断交流，因而物流供应链数据中包含用户、商家的私密信息。集中采集、处理这些高价值、敏感的信息，很容易引起不法分子的注意，不法分子利用计算机手段等攻击、窃取这些信息，会给用户、商家及物流企业带来安全隐患。物流企业要格外重视信息安全问题，一旦信息泄露，除给用户、商家带来损失外，还会影响物流企业的外界形象与未来发展。物流企业应重视保护用户隐私，合理把握尺度，在排除不能侵犯的信息后，对剩余信息进行汇总、整理并加以分析，避免产生不必要的纠纷。

4. 缺乏足够的专业人才

大数据诞生已久，但大数据的发展近些年才加快速度。这就造成专业熟练的人才不足，懂经营决策的人才更是少之又少，不利于物流大数据技术的发展。企业需要懂运营＋数据挖掘的人才，这对技术人员提出了一定的要求。相关企事业单位应该注重信息人才培养，组建专业的人才队伍，以应对大数据给物流行业带来的变革。

6.3.2 企业应用智能物流大数据的对应策略

物流管理信息系统包含大量的用户信息、商家信息、业务运营信息。这些数据信息蕴含着巨大的商业价值，利用大数据技术对这些数据信息进行处理，可以为企业提供重大机遇。但是，在实际应用过程面临诸多问题，应充分解决这些问题，抓住大数据在物流行业发展的机遇。

1. 提高数据的质量和时效性

人们对提高数据质量的认识经历了一个不断发展和深化的过程，应严把质量关，提高数据时效性、可操作性，使实施效果满足设定目标要求。

物流数据来源不尽相同，要获取高质量的数据，以及有效地整合数据，面临的挑战较大。物流数据的变化快、周期短，若没有所需的实时数据，蕴含在数据中的价值将失效，低质或失效的数据会带来错误的决策。物流数据库中的专门数据，应采用先进技术采集，使数据的质量和有效性得以保证。

2. 高度重视和支持大数据技术的应用

各方面应高度重视和支持大数据技术的应用，使大数据质量得到全面、有效的保证。各方面应认识到大数据的真正价值，建设完善数据中心，使物流企业充分利用大数据带来的机遇和商业价值。

3. 配备数据管理人才

应该采取各种手段引进或培养数据管理人才。专业人员的配备是保证大数据质量和应用效果的关键，大数据处理难度较高，迫切需要既懂数据挖掘、数据分析技术，又熟悉运营业务的复合型技术人才。物流企业应结合市场变化，提高物流数据的分析挖掘能力，引进和培养物流人才，加强物流人才队伍建设，提高信息安全保护水平，促进企业稳定发展。

4. 处理好物流数据开放与隐私的关系

物流数据信息在上下游供需关系之间应该具有共享性，但共享的信息应该是那些有利于提高供应链物流效率、降低物流成本的相关数据信息。这就需要企业管理人员科学甄别物流数据，最大限度地公布那些可公布的数据信息，避免泄露与企业生存发展有关的数据信息。

5. 完善智能物流相关标准

经济发展和物流市场发展的加快，对物流行业相关标准有了深层次要求。发展智能物流面临巨大的挑战和机遇，物流标准的完善是其中之一。物流企业应积极参与智能物流标准化平台建设，对物流标准化进行探索，开展物流标准的制修订工作。

6.3.3　数据系统的应用推演

企业凭借自身海量物流数据和商业数据，通过实时监控快件状态、智能分析仓储数据、研究消费者画像，洞察各行业动态，为更加精准地开拓市场提供更专业的解决方案。大数据资源的开发和利用，可以促进快递企业转型升级，即由同质化竞争向差异化竞争转型，由注重单一的快递服务向注重客户体验服务转型。

案例 6–1　数据灯塔

数据灯塔作为顺丰第一款对外的大数据产品，一方面基于顺丰 20 余年的数据沉淀，另一方面展示了其为合作商业伙伴提供更好服务的愿景。

A 品牌手机商家是数据灯塔的首批合作客户，双方已进行多次服务合作。在 A 品牌手机一次新品发布前，面对即将到来的大量曝光，以及销售量的剧增，广告投放和物流配送是其面临的主要问题。如何将广告投放到合适的人群中，并在买家下单后以最短的距离、最快的时效将手机寄送到买家手中成为一大难题。

数据灯塔不仅对 A 品牌手机的客户群体进行画像，提出合适的广告投放区域建议，还通过手机终端消费者的订单、地域分布情况、购买行为等大数据提出分仓备货方案、紧急补货方案等，在新品发布活动结束后还提供消费者的口碑分析。这次合作为 A 品牌手机带来出乎意料的效果，不仅送货时效有所提升，广告的覆盖精准度也有明显提升。

作为一款大数据服务产品，数据灯塔融合了顺丰内外部数据，数据来源主要包括 30 多万名收派员、5 亿多个个人用户、150 万多个企业客户、300 万条楼盘/社区信息、10 亿条电子商务数据、10 亿条社交网络数据等。数据灯塔已覆盖全国 3000 个城市和地区，涵盖 3C、服装、鞋靴、母婴、美妆、生鲜、家电等多个行业。

数据灯塔提供的服务包括如下方面。

实时快递监控：提供快递揽收、在途、派送、签收全流程状态，帮助实时跟踪、监控快递，及时发现问题快件并处理。

个性化预警：支持不同地域自定义设置快递服务质量、快递件量下滑预警，对用户关注的问题提前预警，方便客户基于自身情况定制服务。

快递件量预测：结合内外部影响因素，利用数据挖掘技术，批量化精准预测商品的未来订单走势，助力商家提前备货。除了考虑商家发件历史情况外，还综合考虑了节假日、促销活动、地域情况等其他诸多因素。

分仓模拟：数据灯塔根据商家在顺丰的历史数据或商家销售计划进行模拟分仓计算，精确显示不同分仓场景下的快递时效和物流成本，以及安全库存等数据，直观呈现分仓前后的快递时效、物流成本等对比结果，指导商家更好地进行分仓备货，提高快递时效、降低物流成本，实现“单未下，货先行”。

库存健康：基于商家的库存结构、库存周转天数及 SKU 所处的生命周期等，通过查看当前的库存情况并进行综合分析，得出库存当前状态（呆滞/缺货/正常）。同时，对库存进行评分，根据库存所处的不同分数区间，提供库存优化建议，包括智能补货、手工补货等，商家可进行对应操作。

洞察同行：第一时间掌握市场行情，关注同行动态，轻松应对快递件量高峰和低谷；了解哪些属性的商品畅销，关注竞争对手品牌销售动态及用户口碑情况，助力商家优化产品运营，调整营销策略。

洞察消费者：融合顺丰精准、全面的运单数据和外部地址信息，通过挖掘海量的“最后一千米”地址数据，利用大数据技术基于地理位置对商业环境进行分析，结合小区的属性特征，让商家更清楚地掌握消费者的购买偏好及人群画像信息，提供完整的商业落地方案，协助商家更好地进行 O2O 运营、精准营销，进一步定位目标客户。

洞察供应链：供应链分析立足于揭开行业“黑匣子”，揭露行业内部交流密度，洞悉供应链上游（分销商、代理商、生产企业、原料供应商）活跃程度与下游市场动态（流行趋势、购物偏好、商品热点），帮助商家在生产、采购、销售活动中及时把握市场潮流，及早调整，有效应对，规避供应链风险。

第7章

大数据技术在智能物流环节的应用

大数据技术和物流行业相互结合，形成智能物流，并被大众所接受。大数据技术的快速发展，对现代物流行业提出了更高的要求，大数据技术应用于物流领域已成为关注的热点问题。

7.1 大数据与智能交通运输系统

随着大数据技术的广泛应用，智能交通运输系统发展与应用革新迎来机遇和挑战。智能交通运输系统已建立，并已实现广泛商用，可用于车辆的优化调度和货物的跟踪处理，提高物流管理效率和物流服务质量。

7.1.1 大数据运输能力初步应用

1. 运用大数据优化车辆管理

优化管理用车、调度、监控、接单、执行、结算、统计整套服务，对不同类型车辆自定义使用场景。在车辆管理方面，安装远程信息控制系统，采用大数据技术对数据进行分析、处理，获知零部件运行状态，并及时更换；获知驾驶人员情绪等大量数据信息，利用大数据技术分析数据得出决策，为制订车辆管理计划提供依据。

2. 运用大数据优化运输能力储备

收集用户消费特征，解决物流运输能力匹配问题。利用算法提前预测用户需求，了解运输能力匹配、服务、区域、线路，再根据运输能力服务信息数据，综合天气、交通、人员等因素，分析出最佳运输能力，实现物流运输能力推送服务。目前，优化运输能力储备在实践中已有初步应用，通过扩充数据量、优化算法、加速系统执行，对订单信息和货物信息进行分析比对，可以提高物流运输能力服务的交互性，实现运输资源利用的最大化。

3. 运用大数据优化运输路线

运用大数据优化运输路线，是节约物流成本的一个重要依据。在物流配送过程中，通过大数据分析产品的特性，了解货运点、客户、货物、交通路线、服务地、网点分布等因素，以及客户的个性化需求，快速对客户需求做出响应。其中，如何安排最佳路线，如何使装载和配送路线有效搭配，成为物流配送的难点。对物流路线的拥堵路段进行预测，通过分析历史中转路线数据，最优化车辆行车路线，使运输效率大幅提高，为物流企业之间搭建沟通的桥梁。

4. 运用大数据优化商业决策

经济全球化导致商业世界日益复杂，竞争环境分析可以助力企业实现利益最大化，因此应运用大数据优越的流程和工具来制定决策。在物流决策中用大数据分析预测，使供给与需求匹配，对资源进行配置，在决策优化中重新定义组织方式，预测未来事件的行为和动向，分析特定时期和特定区域的供给和需求，更好地制定由数据驱动的商业决策。

7.1.2 大数据智能物流之应用与决策

分析决策系统为决策层发现管理中的问题、改善管理办法提供有效的支持。运用智能物流大数据分析方法，对系统中离散的、单一的数据按需要进行进一步加工处理，从中取得更有价值的信息，并形成直观的图形资料。

1）财务分析

从总体财务、往来管理、工资、固定资产 4 个方面对企业进行财务分析。

2）经营分析

主要从采购、销售、库存 3 个角度对企业的经营情况进行分析。另外，基于经营预算分析向导对预算执行情况进行分析，帮助用户深度挖掘数据信息，为企业的经营分析、内部考核等提供信息支持。

3）领导查询

主要通过财务账册、财务报表、财务稽查、经营账册、经营账表、经营稽查

6种方式对企业的财务状况和经营状况进行交叉分析；还提供订购未发货稽查、货位安全储备稽查等，帮助企业领导层了解企业的库存情况，以合理调配资源，保障供应链各环节顺畅流通。

4）仓配一体化典型应用

仓配一体化要求商家的产品从工厂直接运到第三方物流库房，由第三方企业负责仓储管理，并根据电子商务订单选择合适的快递进行配送。

案例7–1　云仓

传统物流在信息、资源、系统等方面都无法做到互联互通，导致严重的资源浪费。共享经济对于物流行业的变革是颠覆性的，通过共享物流资源，可以大幅降低物流成本、提高物流效率。

云仓是以整合共享为基础、以系统和数据产品服务为核心建设的物流和商流相融合的云物流基础设施平台。云仓基本分为3类：单仓或少量仓，3PL多仓，全国云仓。

（1）单仓或少量仓：有很多个物理仓，这些仓库之间并没有太多的逻辑和联系，甚至有不同的货主，每个仓的库存和运营都是独立进行的，如中通云仓、圆通云仓、申通仓、韵达万仓等。

（2）3PL多仓：规模比较大、自动化程度高、运营能力强、订单响应速度快、履行能力强，可以根据客户数据及客户对服务和成本的要求，将客户货物存储在不同的仓库，让货物离用户最近，从而缩短快递送达时间、降低快递成本，如菜鸟投资的菜鸟心怡仓、百世云仓等。

（3）全国云仓：真正的云仓，不仅会根据客户数据分布库存，有很强的自动化订单履行能力，还会主动以货主为单位对全渠道库存进行自动调拨、集中及优化，并拉动上游供应链补货，如京东云仓、菜鸟云仓等。

7.1.3　大数据在物流供应链中的应用

1. 物流供应链金融创新型模式

通过大数据技术掌握物流过程中的动产和供应链中贸易的自偿性，以及贸易过程中预付账款和应收账款的真实信息，为物流过程涉及各方提供融资服务。

当前，物流企业对共享数据、共享流程进度有所排斥，但限于订单、资金垫付、回笼周期等因素，物流供应链上下游会存在运营资金短缺问题。若物流供应链上各节点不能协同，则单家物流企业的成本结构、响应速度是抵挡不住市场带来的冲击的。因此，谁能做出物流产业的高速连接器、深入管理物流进度、帮助缩减运营成本、提高资金周转效率，谁就能赢得市场，这类创新企业将是关注的重点。

物流供应链金融主要有应收款类、存货类、预付款类 3 项，以及其下的 20 多个子项的产品体系，可以开展业务类型如下。

（1）原材料采购金融物流。以生产型企业为服务对象，在实际操作过程中，通过供应链金融物流服务，客户可与物流企业达成合作意向，缴纳一定比例的保证金，解决定向采购原材料垫资问题，并提供物流服务。

（2）产品预购金融物流。将销售、采购移至监管端，分次缴纳款项提取相应数量的货物，轮回完成销售回款。物流企业并不从中赚取贸易差价，仅收取一定的物流服务费用。

（3）对外贸易金融物流。对外贸易金融物流供应链上、下游都是国外企业的跨国供应链，还没有合适的融资方案。

2. 基于大数据的智能物流供应链系统设计

（1）物品管理与存储管理子系统。

实现仓库管理的全面信息化。立体采购、跟踪反馈、结算统计等实现可视化管理。通过日常化、账单化、统计化、数据化实现高效的智能存储，提高物流效率。高端物流仓可以实现“无人”化操作。

（2）配送调度子系统。

简化流程，集成调度仓储、分拣、配送、装卸等服务，通过自动识别技术及射频识别技术的应用，按照顾客的要求进行流通加工，使整个物流系统的操作更加透明、智能。

在配送调度子系统中嵌入地理信息系统、电子数据交换系统、全球定位系统、全球移动通信系统、IC 卡、传感器等，构建智能物流系统。

（3）客户服务与人力资源子系统。

实现营销绩效的改进，通过优质服务塑造和强化良好的公共形象，获得顾客的满意和忠诚度，创造优良的营销环境。

通过大数据技术分析人员的需求，对人力资源进行管理，包括人事事务、薪酬、招聘、培训、考核等，科学、合理地规划和调度人力资源。

（4）财务管理与质量管理子系统。

查询包含未记账凭证的所有账表，随时核算和考核，支持业务处理过程决策，满足财务管理对信息及时性的要求。

质量管理子系统面向企业的质量管理，包括来料检验、工序检验、产品检验、品质管理等，功能覆盖企业质量管理全部流程。

7.2　大数据与智能物流营销

在大数据技术支持下，大数据企业向物流系统提供客户消费动态信息，智能物流精准营销以顾客需求为标的，在探析资源和能力的情况下，制订相应的物流配送方案。

7.2.1　大数据实现精准物流

1. 运用大数据实现精准物流

选择个性鲜明、有盈利需求的细分市场展开有针对性的营销活动，运用大数据技术分析目标市场个性化需求，建立相对完善的顾客信息系统，实现精准物流。

1）大力推进精准物流系统建设

随着物流市场竞争日益激烈，大力推进精准物流系统建设成为必然，而满足个性化需求是实施精准物流的关键。在仓储环节，获取客户的订单信息，做好拣选配置工作，确保物流企业能精准把握客户的个性化需求；在运输环节，统筹订单到各环节，确保准时、安全。

精准物流实施的关键在于，了解目标客户的价值认知过程，通过物流服务降低成本，提供符合客户价值取向的物流产品与服务。在客户的多元化需求被充分满足的情况下，大规模积累客户的历史消费信息，总结目标客户的消费行为习惯，增强个性化物流服务能力。

2）物流与营销同步

在大数据时代，加强供给侧和销售侧之间的信息联络。

在存货环节推进系统与营销的整合，确保能同步掌握存货信息变动。大数据技术的普及，提高了系统各环节响应需求变动的灵敏度，可运用信息系统来重新分配存货，减少库存、节约运营成本，优化整个供应链的资源配置计划，以降低物流运作成本。大数据系统可以帮助企业提高信息对称性及传递效率，制订重新补货（ROP）和自动补货（ARP）计划，促进实施零库存管理战略、供应端和销售端存货优化策略，有效降低存货水平和存货成本，在不降低服务水平的同时谋求更高的利润。

在服务环节推进系统与营销的同步整合。在物流企业网站宣传企业及其产品，虽然物流和营销分属不同的职能部门，但可以引导客户参与产品和营销方案设计，引导客户提交个性化订单，打造个性化客户服务交流界面，帮助客户获得个性化产品。

3）运用大数据融合推进资金流

资金流是重要的资源，资金流整合能力将直接决定企业的发展方向。在传统营销中，资金流、物流、信息流处于分散隔离状态；在互联网电子商务运作中，物流、信息流和资金流存在隐性的数据关系。加强供应链上营销响应需求能力，对物流、信息流和资金流关系进行深入分析：资金流是安全运作的难点；信息流决定企业的经营管理策略，影响企业的资金流向；通过获悉相关数据掌控物流需求变动趋势，可改善跨部门、跨系统的协同能力，降低物流系统的运作成本。

提升物流系统和营销系统的联合响应水平，以物流、信息流和资金流“三流合一”战略确保上下游业务紧密衔接，建立供应、生产和消费联合营销系统，有效降低物流部门的库存水平，加快库存周转，提高资金周转效率。

2. 运用大数据的价值在于创造平台

1）运用大数据实现上下游企业联合营销

全球产业格局高度离散化，运用大数据可能改变这一现实，各板块环节交互，其价值在于创造平台。该平台为产业链上下游提供对话交流的机会，使企业发现更多商业利益亮点。

基于该平台，上游企业认识到下游企业对整条供应链的价值，进而为用户提供功能一体化的综合服务，采取让利措施实现盈利扁平化；使下游企业需求向上游企业反馈，这样企业才能做长、做久。以需求为目标实现跨行业联合，供应链上下游企业合作关系的作用就凸显出来了。供应链协同可满足个性化需求，确保供应链成员的价值链整体性增值，稳定资源与营销渠道。

2）运用大数据实现物流数据的营销再利用

当前，网络平台是产生大量物流和营销数据流的载体，系统难以担负海量数据的处理能力，而传感器、全球定位系统等则构成了数据流的主要内容。在对物流和营销数据流处理前，应运用云端数据技术、深度学习算法处理杂乱无章的数据流，以挖掘其潜藏的大量历史消费信息，提高大数据分析精度，帮助企业提升发展质量。

3）运用大数据降低物流成本

运输在整个供应链中起到重要的作用，对运输进行合理安排、科学高效管理，可降低运输成本，有利于提高企业的经济效益。

降低物流成本的方法主要为加快速度和提高物流量，在保证运输安全、高效，并且不大量增加成本的前提下，精准管控物流成本。利用大数据技术对物流状态进行预测，采取最恰当的工具、路线，实现智能运输，减少运输环节，降低运输成本。

运用大数据在物流环节降低物流成本，是一种全新的战略模式。利用大数据技术降低物流成本，可提升企业的核心竞争力，因此大数据成为一种战略资产。

7.2.2　智能物流大数据应用之车货匹配

物联网技术与大数据分析技术互为依托，物联网技术为大数据分析技术提供部分数据来源，大数据分析技术将物联网技术采集的数据进行业务化处理，智能物流则是大数据分析技术的主要应用场景。

随着大数据应用日益广泛，基于大数据应用的大型车货匹配平台应运而生。纵观整个物流市场，如货车帮、运满满、快狗打车、同城、货拉拉等，同质化竞争激烈，但车货匹配有极其独特的特点，大部分由独立公司运营。例如，货源是无库存的唯一非标品。物流企业具有基础货源优势和深厚的经验，每宗货源的运输方案、时间各不相同，高峰期的运输能力不足、低谷期的运输能力闲置，而且一次性成交就立刻下线，导致整体运营成本较高。

广义上，车货匹配不同于热点商品推荐，货源对车辆是有要求的，不同货源的时间、路线、种类、计价方式不同。车货匹配平台的涌现，打破了熟人交易模式，在长时间、大区域内进行匹配，通过海量货源线上找使货主和卡车驾驶员对接，实现返程不再空载，使卡车驾驶员的生存环境得到了极大改善。

在高度分散的货运市场，传统中介模式缺乏信用追踪，并容易出现丢货现象。智能物流大数据能够根据现实条件，基于货源建立数字化货运平台，对车货匹配进行充分优化，以低价获取社会运输能力，并逐步实现辅助或自动决策。基于物流大数据的车货匹配，瞄准区域内非整车市场，通过物流基础设施集聚地，结合货运平台上的社会订单，通过智能调度提高拼货成功率和车辆装载率，聚焦同城货源，使车源和货源高效匹配，更有效地满足客户服务要求；打造具有成本优势的区域内配送产品，将物流基础设施集聚地的数据有效结合，利用智能业务逻辑和算法，形成一个巨大的即时信息平台，打造具有成本优势的同城配送产品，从而实现快速、高效的物流经济。

公路物流是中国经济的大动脉，我国公路物流经营主体规模小、数量多。虽然我国公路物流货运量占整体货运量的 80%，但行业效率并不高，货运物流信息的不对称性造成的资源错配和浪费是公路物流行业效率低下的症结所在，而大多数车货匹配平台创立的目的就是解决此痛点。

1）车货匹配的市场格局

利用大数据技术的信息检索能力和匹配效率，车货匹配平台通过线上平台实现去中介化。按运输距离，车货匹配平台可以分为长途、城际、城配 3 类。近几年，基于智能物流大数据的车货匹配市场格局已经基本成型，节点云信息科技是其中的典型。

2）车货匹配典型应用

目前，车货匹配市场按照线上、线下区分主要有以下模式。

（1）线下+线上模式。线下在全国范围内布局，建立服务节点，整合当地运输资源，建立可控的运输资源网络，形成一个“运输能力池”，并以此为基础在线上提供车货匹配业务。这种模式的核心是，整合车货资源，保证车货匹配平台上车源信息的真实有效，统一服务规则，并以此为基础进行车货匹配。典型代表包括传化物流、卡行天下、安能物流等。

（2）纯平台模式。最早期的纯平台模式是简单的货运信息发布网站，如锦程物流网、全国物流信息网。后来，纯平台模式发展为通过研发系统整合货源和车源，打通线上和线下，连接货主和运输能力，作为无车承运人，平台自身不参与物流的实际运营和管理，只是以软件为核心的信息传递、匹配和交易平台。典型代表包括满帮、驾驶员驿站、运满满、罗计物流等。

（3）线上大数据与线下实体物流节点相结合的模式。目前，线上大数据与线下实体物流节点相结合的模式，是车货匹配最明显的应用趋势。其实第四方物流的形式，从线上线下分类来看属于线上平台+线下公路港模式。典型案例是传化集团和广东林安集团。

传化集团和广东林安集团分别于 2002 年和 2004 年进入物流行业，创新地开发了传化智联和林安物流信息平台，建立了 O2O 的闭环物流生态模式，通过线上线下的结合，实现资金流、信息流、物流“三流合一”。线下模式形成大枢纽网点的网络，在关键交通枢纽占据了卡位优势，并通过自建+外延模式迅速扩张。线上模式研发了互联网物流信息平台，通过传化集团和广东林安集团门户网站+手机配货 App+O2O 货车电召，解决了公路干线与城市最后一千米的货运问题。

另外，未来物流的主要盈利来源可分为基础设施租赁收入、各类物流交易抽佣收入、会员服务收入，以及流量和大数据带来的金融服务收入等。

7.2.3　智能物流大数据应用之物流运输管理

物流运输管理包括物流、运输、业务、合同、决策、成本、集装箱、零担、国际运输、智能运输技术、特殊货物运输等。智能物流大数据与供应链系统的无缝集成，可以支持特种运输等服务，具有很强的可扩展性。在供应链一体化架构下，科学管理物流运输，能够与贸易、仓储等供应链环节进行无缝集成。

1. 应用现状

大数据技术被应用于各领域，可以科学管理车辆及货物运输，减少浪费、增加收入，提高企业效益。

交通运输管理系统按交通运输工具分为海、陆、空、铁管理系统，其中汽车在系统中占据重要的地位，交通运输管理系统应做到功能完善、易学易用。

大数据交通运输管理系统利用云平台将信息流实时传送到云端，数据从运输链条前端切入终端无缝连接，让所有参与方都知道货物的运输情况，关注运输管理的全链条，还可以在线结算，形成基于核心流程的平衡生态系统，并且只需要一个账号就可以实现变现管理，解决货物运输全渠道管理需求。大数据交通运输管理系统是开放的，实现了在途运输可视化管理，建立了基于信用体系的社区，在更好地管理业务连接承运商、驾驶员和收货方的同时，其盈利模式面向终端，可以找到更好的资源或新的业务。

2. 典型应用解析

1）大数据的交通运输管理系统

车辆调度辅助决策支持系统可以帮助用户管理车辆及货物运输，了解用户现在和未来一段时间的使用需求。同时，车辆调度辅助决策支持系统还可以解决汽车及货物运输方面的管理混乱问题，如个体用户拥有的车辆少、业务零散等问题。

大数据交通运输管理系统基于移动互联网技术，服务对象涵盖所有类型的货物和车辆，满足物流公司等的公路长途整车运输需求，同时提高车主的配货效率、降低空返率，提升货主的找车效率，改善物流行业的整体运行效率。

2）第三方物流企业

智能物流运输系统借助网络和通信技术，在规范的运输市场交易系统的支持下，以货物运输权利为标的，按“价格优先，时间优先和系统资源优先”原则，由计算机自动撮合成交。

第三方物流企业的业务核心是为客户提供生产（流通）供应链管理服务。第三方物流企业以运输为主线，应用全球定位系统和电子数据交换技术等，通过对物流全过程的计划管理、过程监控、车辆调度等，实现物流运输的智能化。在智能物流运输系统的辅助下，使货物运输全过程始终处于动态控制中，达到物流过程优化目标。

3）技术服务平台

向物流企业管理提供的服务主要集中在物流配送管理和车货动态控制两个方面，如提供当前道路交通信息、路线诱导信息，为物流企业优化运输方案提供决策依据；通过对车辆位置状态的实时跟踪，向物流企业及客户提供车辆预计到达时间，为物流中心的配送计划、仓库存货战略的编制提供依据。

4）智能运输技术

智能运输技术包括移动信息技术、车辆定位技术、车辆识别技术、车辆控制技术、通信与网络技术等。

在物流信息链中，需要使用移动信息系统，该系统和物流企业的信息中心构成统一整体。合同信息、运输路线、车辆行驶状态等数据，需要进行收集、储存、交换和处理；采用车配便携式计算机信息处理装置、无线发射与接收装置，将货运车辆纳入物流信息链。物流行业产生的移动定位信息量是非常大的，其用户主要是跨国物流企业和大型物流企业。随着信息技术发展及信息费用下降，许多中小型物流企业对移动信息技术也开始感兴趣。

基于车辆定位技术，物流控制中心可以在任意时刻查询车辆的地理位置，并在电子地图上直观地显现出来。动态掌握车辆所在位置可以帮助物流企业优化车辆配载和调度。另外，车辆定位技术也是搜寻被盗车辆的一种辅助手段，这对运输贵重货物具有特别重要的意义。全球定位系统（Global Positioning System，

GPS）是车辆定位最常见的解决方案。网络 GPS 用户还可使用全球移动通信系统（Group Special Mobite，GSM）的通话话音功能与驾驶员进行通话，或者使用安装在运输工具上的液晶显示屏进行消息收发。

通过车辆识别技术，运输中的货物可通过一个号码和特殊信息加以区别，方便运输途中货物在任何时刻的地点跟踪与监控；与其他系统衔接，用于控制物流过程中的运输、转运、代销和存储过程。射频识别技术（Radio Frequency Identification，RFID）是一项成熟的自动识别技术，其利用射频方式进行非接触式双向通信交换数据，以达到识别的目的。和传统的磁卡、IC 卡相比，射频识别卡最大的优点在于非接触，完成识别工作无须人工干预，适合实现系统的自动化，并且不易损坏，可识别高速运动的物体。多个射频识别卡可同时识别，操作快捷、方便。

基于车辆控制技术建立的车辆控制系统，是现代物流系统中货运车辆运营管理的重要组成部分，提供了支撑物流系统在运输环节对供应链进行全过程管理的基本功能，如运营货运车队管理、货物运输管理、货运车辆电子通关、运营货运车辆运政管理、动态承重、车载安全监控、车辆车载安全保障、货车车辆维护、危险货物运输管理等。这些功能可以简化车辆运营注册、车辆技术性能和尺寸检查等手续，提供货物配送、回程载货信息，提高集散作业的可靠性，极大地提高运输生产效率，减少延误。

5）物流数据网络

物流信息化表现为商品化、数据库化、代码化、数字化、电子化、计算机化、标准化、实时化等。在现代物流运输系统中，数据越来越多地需要远程输送与交换。采用标准化电子数据交换（Electrical Data Interchange，EDI）信息网，可使数据具有较好的兼容性、适用性，有利于加速信息交换流程，降低手工输入错误率，减少纸张需求并使数据易于检验等。远程数据通信可利用专门的数据交换网（如 X.25），也可借用互联网（Internet）。由于互联网具有通信成本低、互联通率高的优点，近年来越来越多的货运企业将互联网作为数据交换平台进行数据通信。互联网及时、准确的信息传递，满足了物流运输系统高度集约化管理的信息需求，保证了物流数据网络各节点和总部之间，以及各节点之间的信息充分共享。

7.2.4　智能物流大数据应用之终端配送

终端配送就是将货物直接送到消费者手中。终端配送环节是市场服务的窗口之一，也是市场服务的亮点，受到物流企业的广泛重视，各物流企业都在不断增加终端配送站点的数量，以吸引更多的客户前来交易。当下，国内大中型城市终端配送网络已经健全，终端配送站点也不再是越多越好，就需求及意义来说，建立科技含量更高、集约化程度更高的配送终端的应用价值更大。

1. 终端配送领域是关键一环

智能配送中心科技含量较高，被定位为终端配送站点，集约化程度也较高。通过合理的场地规划，应用行业最先进的自动化分拣设备，结合多维度数据采集和预分拣技术，建设智能配送中心是大势所趋。未来，智能物流将以智能配送中心为主要节点，应用大型分拣中心的自动化智能分拣系统，同时结合无人机、无人车等科技设备，实现终端货物的集约化分拣，形成立体化、智能化的终端配送网络。

2. 应用现状

物流终端配送涵盖干支线末端、大数据支持系统、到门直送、路线优化、订单处理、同城落地配、多目标决策、调度业务优化、可视化调度等，这些都是大数据与物流结合的最佳应用。随着现代物流产业的发展，商务需求日益增加，人力成本日益攀升，终端配送供给面临不足，导致仓配产能渐趋不足。大数据成为解决这些问题的重要手段，大数据技术的应用可以降低物流成本、提高客户服务水平，为此电子商务企业和物流企业在应用大数据优化配送方面进行了探索尝试，为城市配送提供支持，满足城市配送发展需要。

例如，针对城市路网复杂问题，用大数据技术将配送订单科学地分配到车辆；针对交通管制拥堵问题，利用地理信息技术对路线进行优化，以车少、里程短、运费低、时间快等因素为目标；针对客户订单数量和地点变动、收取货时间变化问题，利用互联网技术使配送业务完成时间表透明可控，以满足客户配送要求为前提，同时把相关作业信息及时反馈给客户；针对配送车辆增多，造成运输资源管理难度大问题，利用大数据技术生成装车单和派车作业单，协同仓库部门一起完成配送任务；针对车辆利用率低问题，以及员工工作强度增加问题，基于大数据技术实现配送订单明细可视化、减轻调度人力劳动强度；针对成本高、盈利水平下降问题，负责串接买家、卖家，及时达成双方的约定，协同订单管理、资源管理、货物接收、货物分拣、货物集拼，建立可视化的新型配送系统，降低总成本，为企业创造持久的竞争力。

典型应用包括天猫小店、达达、盒马鲜生、天猫国际、饿了么等。在饿了么与口碑融合之后，物流终端配送已经彻底打通“最后一千米”的问题。京东在各地也有仓储点，京东及各大电子商务企业与物流企业还在积极探索无人配送模式。

7.2.5　智能型配送系统的配送模式解读

配送服务分为基本服务和增值服务，城市物流配送信息化智能配送系统常规模式如下。

1）多点物流配送的业务模式

配送业务是由配送中心拣货后，车辆按顺序配送到各客户配送点的单点装载配送作业。配送系统支持车辆从出货仓库装货后，到下一个出货仓库装货，再按顺序将货物配送到各客户配送点的多仓库装载共同配送作业（包含出货仓库间的回程车应用），实现配送业务的一体化管理。

2）配送途中送货与取货的模式

在配送途中希望同时制订送货与收货计划，有效运用装载空间增加车辆装载量。配送系统可以将送货订单与收货订单自动分配给最适当的车辆执行作业，可满足同一张订单中同时有送货与收货的业务要求，可由同一辆车在客户配送点同时进行送货与收货。

3）配送规划路线由远到近的模式

为了让较远的顾客先执行作业，以及避开交通拥塞或在早晚高峰时道路或区域的管制等，配送系统可以自动判断在最远的客户配送点进行优先配送，在返回途中同时基于其他客户配送距离限制条件的考虑，规划最佳配送巡回路线，并切实反映到实际配车作业过程中。

4）多种限制条件与配送条件的模式

基于车辆可使用时间、指定车型、指定车辆、指定车队（运输公司）、物品可否混合装载、指定送达时间，以及客户指定多个时段等多种配送限制条件，自动选择最适合配送时间段进行送货、取货。当车辆装载货物时，同时计算考虑装载重量、装载体积，支持复数装载尺寸（体积、栈板数、货笼数、箱子数等，包含双温层与多槽位的槽车应用）的自由设定，完全展现实务作业逻辑的限制条件要求。

5）择日制订配送计划的模式

在月历中选择配送日期，即可制订当天或隔天的配送计划，以及连续多日的配送计划。与现有 ERP、OMS 等系统进行无缝集成，当计划受需求、产能及存货状态影响时，可快速调整配送计划，迅速获得客户的交货时间，构建延展性最强的营运现状洞察力与物流决策执行力。

6）智能型的城市道路网络分析模式

配送系统先进、创新的多维式道路网络时间运算技术，提供多种行车速率模式（时间段、季节、气候），可针对各种道路等级（市区道路、高速公路、快速道路）的不同路段自动分析；支持对经常性拥塞路段指定，以及禁行等道路封闭路段、高速公路是否使用的指定；考虑数千个用户配送点的配送距离、配送时间的最合理组合，自动规划最适合配送的巡回路线。

7）可视化的配送排程计划模式

配送系统的排程结果，以直觉化设计的可视化甘特图展现，能呈现丰富多样的格式，并以阶层式的数据加以展现。通过鼠标的拖、拉、点、选操作，迅速、有效地满足调度人员的配送决策分析需求。弹性化的排程编辑功能将各车辆的配送用户以鼠标拖曳相互交换，实现配送顺序先后的弹性调整，在编辑调整时甘特图与地图上的路线实时自动连动显示，并同步显示是否有违反条件的自动警告，创造最流畅的实时决策分析。

8）多名调度员同时制订配送计划的模式

配送系统以最经济的方式与企业内部现有系统进行无缝整合，支持多个道路网络数据，并各自制订不同的配送计划。

9）高速的全自动运算的模式

配送系统的智能型运算核心引擎，能同时满足多种配送模式、多种限制条件和配送条件的最佳求解。当企业产能策略或客户需求临时增加时，调度人员可在配送计划制订后，利用固定车辆再计算功能，在不改变已经计划完成车辆排程结果的条件下，快速进行自动再排程计算。

7.2.6 智能型配送末端的智能快递柜

电子商务平台的发展带动了人们网购的热潮，也推动了快递行业的发展。在快递配送“最后一千米”的问题上，智能快递柜的出现成为有效的解决方案。

智能快递柜的出现解决了用户与快递派件时间不同步的痛点，快递公司、收件人、快递员是智能快递柜连接的三方，解决了快递“最后一千米”的配送问题。智能快递柜是被大家拍手叫好的风口项目，在经历了各大企业疯狂扩张的初期阶段之后，智能快递柜当前发展进入瓶颈期，巨额亏损使不少企业放弃该市场。如何破解当前困局成为改变智能快递柜未来发展趋势的关键。近年来，国内智能快递柜的使用与发展现状的分析研究，侧重于满意度影响因素及实际使用中产生的各类问题，以期通过定量计算不同因素对顾客满意度的影响力，得出发展增值服务能在多大程度上提升顾客满意度，为智能快递柜的未来发展提供参考方向。

1. 智能快递柜激发物流行业向智能化发展

在大数据时代，物流行业向智能化发展。智能快递柜的大规模商用，基础设施的完善，以及信息化水平的进一步提升，激发物流行业向智能化快速发展。

“末端配送”问题一直是物流行业的瓶颈问题。作为供应链的最后一环，同时又是新型末端配送方式，智能快递柜近几年在国内得到了充分发展。统计数据显示，2014—2019 年我国主要城市智能快递柜铺设数量从 1.5 万组增长至 40.6 万组，2020 年达到 80 万组；全国快递入柜率从 2014 年的 1%迅猛增长到 2019 年的 10.5%。受新冠肺炎疫情的影响，智能快递柜市场迎来一次需求爆发，预计到 2023 年智能快递柜的保有量将超过 200 万组，设备市场规模将超过 500 亿元，快递入柜率将达到 30%。

智能快递柜行业有如下 3 种运营模式。

（1）电子商务平台自建。为了完善用户体验，以及加强线上与线下的结合，以菜鸟、京东为代表的电子商务企业选择自己建立智能快递柜。例如，京东的智能快递柜采取了免费使用的服务方法，旨在提升服务质量、增加客户黏性，进而提高城市物流配送市场占有率。但是，由于建立智能快递柜投入较大，大多数企业并不选择这种方式。

（2）快递企业自建。以中邮速递易、丰巢为代表的快递企业自己建立智能快递柜。智能快递柜可以提高快递企业物流末端配送环节的服务水平，提高企业内快递员的工作效率，同时给客户带来更好的服务体验。对于快递企业而言，智能快递柜节省了人力成本，提高了投递效率，有助于获得更多的利润，因此自建智能快递柜是很多快递企业的选择。

（3）第三方企业建设。以近邻宝、格格货栈、日日顺、1 号柜为代表，第三方企业建设智能快递柜，然后将智能快递柜租赁或销售给其他快递企业，从中谋取利润。不论是电子商务平台，还是快递企业自建的智能快递柜，在满足自身快递业务需求的前提下，都会将智能快递柜对其他快递企业开放，兼具第三方企业职能。

2. 智能快递柜满意度调查研究

1）智能快递柜满意度影响因素

（1）收费。智能快递柜的铺设与运营成本较大，目前除菜鸟的智能快递柜之外，所有智能快递柜企业都开始实行存放收费或超时收费。与社区便利店和菜鸟驿站相比，智能快递柜需要额外支付保管费用，“乱收费”现象也频频发生。

（2）选址。受限于资金，当前只有丰巢仍在加大智能快递柜铺设力度，但各企业前期粗糙的投放模式留下了很多后遗症，包括选址问题。有些智能快递柜铺设地点快递较少，许多智能快递柜基本闲置；也有许多快递集中的小区或单位尚未布局智能快递柜，严重影响了顾客的满意度。

（3）尺寸。智能快递柜的单元格尺寸太小，会出现挤压包裹的问题；尺寸太大又会浪费空间资源。顾客在收到被挤压的包裹后，对智能快递柜的满意度就会下降。

（4）故障率及修复。智能快递柜包含多个以电路控制上锁、解锁的储物格，并配有轻触式屏幕作为交互界面。当使用次数达到一定数量时，电路系统的故障率会升高，必须安排专业的维护人员进行定期检查与维护。如果智能快递柜不能及时维修，将给顾客带来极差的用户体验。

（5）外观设计。对于许多消费者而言，智能快递柜的外观设计也是影响其满意度的一个因素，富有设计感的外观通常能打动更多消费者，增加好感。此外，因为智能快递柜的制造材质通常为金属，在关柜门时其通常会产生噪声，尤其是在晚上比较安静的时候，会影响居民的正常休息。

2）智能快递柜满意度影响因素指标体系

智能快递柜满意度影响因素分为 5 类：服务可靠性、服务便捷性、服务价格、维修及时性、外观设计。其中，服务可靠性指智能快递柜是否具有基本的存储能力，包括是否有足够数量的储物格、储物格的空间是否足够大等；服务便捷性指顾客取件是否方便，包括到智能快递柜的距离远近、智能快递柜的具体位置是否便于查询等；服务价格指智能快递柜的收费价格能否获得顾客的认同，包括存放快递的收费价格是否合理、统一、清楚等；维修及时性指能否及时响应顾客的各种要求，即能否定期维护智能快递柜、在智能快递柜出现故障时能否快速修理，以及与顾客交流的态度是否友好等；外观设计指快递柜外部的美观程度、材质选择等。

3）智能快递柜满意度分析

智能快递柜在服务可靠性、服务便捷性、服务价格、维修及时性、外观设计 5 个方面存在一些问题，这在不同程度上影响了顾客的满意度。另外，智能快递柜可增加更多的增值服务，如生活缴费（水费、电费）、订票取票等，从而为顾客提供更多的方便，同时改善商家的盈利模式，提高盈利水平。

智能快递柜存在很大的发展提升空间，也有巨大的市场需求，大多数网购人群都愿意接受并继续使用智能快递柜作为快递收取件的一种方式。那么，找出优化的关键进而提高顾客满意度就显得尤为迫切。

4）提升智能快递柜满意度关键因素分析

对每个满意度影响因素进行描述性统计分析，通过计算得出满意度影响因素的基本情况：目前智能快递柜的增值服务并没有足够的广度（缺少满足顾客刚性需求的功能），相关服务仍处于试点状态并没有普及；科技高速发展，生活质量极大提升，但智能快递柜的功能更新没有跟上时代发展的步伐，无法及时满足广大顾客的需求。

价格因素评分低大致有 3 个方面的原因：一是智能快递柜在初期宣传普及时并没有提出要收费，吸引了大批顾客的使用，但一段时间后，由于盈利水平持续低下，甚至长期亏损，智能快递柜企业实行了收费机制，尽管收费并不高，但这使客户产生了“亏损”心理；随着物流服务水平的提高，快递员需要把货物送到顾客手中，并保证快递包裹的完整性，因此一部分顾客认为智能快递柜的收费应只针对快递员。另外，快递员通常在顾客不知情的情况下自行选择投递智能快递柜，而顾客如果因为种种原因无法在一天内取件就要被收费，这引起了大量的不满。

智能快递柜满意度各维度因素影响力从高到低排名依次为服务便捷性、服务可靠性、服务价格、维修及时性、外观设计。这说明通过提升服务便捷性来改善顾客满意度的效果是最明显的。根据服务便捷性的调研结果，71.91% 的顾客认为智能快递柜所提供的多种服务不能令人满意，多种服务的满意度仅 2.11 分（满分 10 分）。因此，提升服务便捷性的关键是提供令人满意的多种服务，单一的盈利模式显然不能满足顾客与企业的需求，多元化的经营模式才能取得成功。

3. 智能快递柜下一步发展

未来，智能快递柜应逐渐融入供应链，实现功能多样化、定位差异化。

1）将智能快递柜真正纳入供应链环节进行统一管理

供应链核心企业及快递企业不能抱有快递投入智能快递柜后末端供应链已完成的观念，应将供应链管理理念延伸至顾客从智能快递柜中取出快递，对快递在智能快递柜中的情形进行监控，将快递进入智能快递柜到顾客取出快递的阶段也纳入供应链绩效考核。只有这样，智能快递柜的末端供应链功能才具有实际意义。

智能快递柜企业应开阔视野、创新思路，不拘泥于行业限制，不断挖掘不同行业、企业的需求、痛点，增加更多增值服务，如冷藏冷冻、网上商城、生活缴费等真正能在生活中给顾客带来便利的服务，提升自身盈利水平，形成闭环生态圈甚至产业链。

智能快递柜的市场不应仅限于传统快递业领域，而应该发展多种类型的业务，如社区便利店 O2O 模式的线下配送、微商群体的邮寄件，甚至报纸的投递。对于普通消费者来说，如果能实现一户一柜，在每家门口安装小型的智能快递柜，用于每天早上鲜奶、中午外卖、傍晚水果配送到家，才是令人向往的。依托免费或低价寄存快递的服务来获得顾客基础群体，并衍生出更多功能来盈利，不仅能扩大智能快递柜行业的影响力，有助于顾客群体的扩增，还能改进快递柜企业目前单一的盈利模式，实现多元化营收，降低金融风险，有利于企业本身的可持续发展。

智能快递柜服务的人群十分广泛，不同区域的智能快递柜的功能定位应有所区别，以满足不同人群的差异化需求。例如，在以年轻人和上班族为主的社区，智能快递柜的智能功能应发挥到极致，冷藏柜的需求会更大，但考虑到成本其功能不必过于复杂；在高端社区，智能快递柜应尽可能离家庭主妇更近，甚至就在家门口/楼门口，外观及材质应与建筑本身融为一体，功能应尽可能满足不同产品的不同保存需求。

2）智能快递柜向高端发展

随着电子商务的发展及新零售的变革，智能化生鲜食品冷链的配送终端建设了智能自提冷柜，即运用现代通信技术、计算机网络技术、食品安全管理技术、生鲜食品技术，将生鲜食品及食材用全程冷链一站式配送方式，送到城市社区终端智能自提冷柜中，社区市民根据自己的时间安排自由提取生鲜食品。这项创新型技术的开发和应用，彻底解决了我国食品生鲜冷链“最后 100 米”的流通瓶颈，提升了现代化城市品质生活的服务动能，打通了生鲜食品供应源与城市居民零距离的直销渠道，为打造供应链智慧社区创造了必要条件。

随着智能自提冷柜布局范围的拓展，物流要素资源在更大的区域进行了整合，推动了生鲜食品供应链高质量发展，逐步建成了现代化的新型生鲜食品供应链体系。

7.3 智能化成为推动物流业发展的重要趋势

第四次工业革命以来，高速移动互联网、大数据、云计算、人工智能技术的普遍应用，使制造形态发生了非常大的变革，出现了智能工厂、智能车间、智能生态系统、智能工作流程、智能物流、智能物流园区等。特别是 5G 技术的应用，加速形成了万物互联、万物感知、万物可视和万物智能，而产业互联网的普遍应用，新一代人工智能的加速进化，重塑了物流产业形态和结构。

7.3.1 大数据驱动集成智能化技术的新方向

随着“互联网+”的兴起，以及物联网技术的应用，大数据驱动集成智能化技术的新方向，仓储管理向自动化、智慧化发展，智慧仓储成为仓储发展的热点。近年来，电子商务、物流快递行业爆发式增长，迅猛发展的快递规模和碎片化的海量订单，导致传统仓储管理和运作模式难以及时、准确处理订单。仓储物流作为物品流通的载体、电子商务的血液，各企业迫切渴望提高仓储物流效率。而新型智能无人仓对企业提高仓储物流效率和促进物流高质量发展具有重要意义。

1. 大数据驱动集成智能化技术

智能交易匹配、电子运单、网上结算等互联网智能服务模式，是实施大数据驱动的重要手段，可为物流运输全过程提供高效服务，并逐步影响物流行业系统发展。利用集成智能数据解决物流行业中存在的某些问题，将是未来的发展方向，也将成为物流行业系统转型升级的一个新方向。

大数据驱动集成智能化技术，在作业过程中使大量运筹与决策智能化，并根据需求柔性化来灵活调节运营作业流程与技术工艺。

大数据驱动集成智能化仓库建设，其作为智能化技术、智能物流设施与装备和产品融合的应用场景，实现库容仓储和机器人无缝衔接等场景，最终实现所有人、设备、货物的一体化互联，实现智能化、自动化的全方位调度、监察、控制、预警和管理。

以“大数据构造管理智能化、业务服务全程化、行业效益长远化”为特色，面向全物流产业链，通过智能化技术集成、平台整合、感知需求，以更好地做出决策。

2. 大数据智能化新模式管理功能

为适应管理的多样化需求，大数据采用模块化方式设计了九大项功能模块。

（1）管理与集成。进行数据应用分析、保证数据安全，进行数据集成管理。

（2）数据模块。管理物流服务及物流配送路线，以及停车和客服。

（3）运营管理。为运输活动提供管理，提供货物运输状态跟踪信息。

（4）订单处理。提供订单登录、传递和管理。

（5）仓库及库存水平管理。提供仓储、中转、运输、配送、货物管理。

（6）数据监控系统。智能、高效地通过“互联网+”电子提供服务，数据中心操作环境监测的主要参数在任何操作环境下都是既定的，实现实时监控管理。

（7）查询与数据分析。监控并管理库存物料物品质量指标，跟踪使用情况并反馈，甚至溯源生产加工企业。对库存控制的程度越高，对相关潜在问题变得严重之前响应越及时，越可以尽快解决问题。

（8）数据电子商务。为物品的实物及网上在线展示提供智能支持。

（9）数据交换中心。简便、快捷地全天候传输信息，突破限制，信息流通的时间成本和交换成本空前降低。大数据平台成为信息交换的高效智能运作的新平台。

3. 供应链仓储管理向自动化、智慧化发展

1）自动化、智慧化发展，提升仓储管理能力

（1）智慧仓储。仓储管理通过信息化、物联网和机电一体化共同实现智慧管理，实现降低仓储成本、提高运营效率、提升仓储管理能力的目标。例如，企业利用射频识别技术、网络通信技术、信息系统应用等，实现出入库、移库管理信息自动采集、识别和管理。

（2）无人仓储。依靠智能化物流系统应用集成，实现机器代替人工，以及全仓储流程的无人化，达到降本增效的目标。在智能无人仓库中，到处是机器人和机械臂的身影，各种物联网技术联动交互。无人仓储出现在各企业视野中，让不少企业产生一种误解，智慧仓储就是无人仓储。实际上，智慧仓储并不等同于无人仓储。

（3）智慧仓储与运营及管理。在推进智慧仓储项目时，前沿性的无人仓储吸引企业解决存在的核心问题，并最终给企业带来收益。无人仓储只是智慧仓储的一种方式，智慧仓储的概念包含无人仓储。

2）智能物流系统的智能机理

智能物流系统的智能机理具备“3 个强调”，即强调数据智慧化、强调网络协同化、强调决策智慧化。

（1）运筹与决策的智能化。

（2）物流环节的一体化。

（3）智能物流系统的层次化。

（4）生产工艺的柔性化。

（5）促进经济和资源优化配置，实现社会化。

4. 供应链物品管理水平的提升

物流运输系统物流中心倡导发展智慧物流，建设新型智能无人仓库。通过建设智能化、可视化、服务型、智能化仓库，打造供应链一流储备能力。规范物流运输系统的物品发放，加强物品发放的监管，确保发放有序，为系统营造一个宽松有效的资源环境，更好地服务上下游企业。

物品仓储管理水平对整个供应链的影响巨大。针对物品仓储管理自动化程度不高、信息化水平不高的现状，从提升效率、降低成本的角度出发，在现有业务的基础上，加快物品仓储任务处理过程，提高工作效率，全面提升物品供应服务水平和管理水平，优化仓储管理流程。通过对编码、货物批次、保质期等的管理，掌握所有库存货物资料，提高仓库管理的工作效率。

5. 利用大数据技术构建无人智能仓储系统

1）新型智能无人仓储系统

仓储物流离不开智能化系统，新型智能无人仓储利用新型智能仓储机器人进行辅助作业。

新型智能无人仓储运用仓库中的电子设备，对货物进行搬运、分拣、包装、出库等多项操作。新型智能无人仓储在提高出库速率、提升仓储管理运营水平、提高订单服务质量、降低物流成本等方面起着极为重要的作用。

新型智能无人仓储系统的优点如下。

（1）内部具有极强的上位软件系统，实现多台智能仓储机器人协同作业，从而完成货物的调度、控制。在没有人工帮助的情况下，智能仓储机器人可自行完成货物的各项作业，十分适合在货物量多且体积大的场景下使用。智能仓储机器人系统和其他系统相比，不仅具有同等自动化程度，而且可对人工成本进行压缩。

（2）系统柔韧性高。新型智能无人仓储系统可依据实际工作需求量对智能仓储机器人的数量进行增加或减少，系统扩展性及灵活性较高；对于货架布局而言，可依据货物拣选情况，对其进行实时调整，极具灵活性。

（3）项目建设快。项目部署 *N* 个月左右即可完成，施工工期极短，建设速度较快，加之现场安装及调试十分简单，在行业内十分适用。

（4）投资回收期短。按照项目资金投入、回报周期测算，因为新型智能无人仓储系统的管理成本和人工成本都较低，尤其是在进出货繁忙期间与夜间均可作业，降低了成本。因此，项目整体投资回收期较其他系统较短。

（5）采用了大量智能技术。新型智能无人仓储系统采用了自动控制技术、机器人堆码垛技术、信息管理技术、计算技术等。

为了更好地满足行业使用需求，使新型智能无人仓储系统的工作效率更高，并进一步控制生产成本，对新型智能无人仓储系统的应用进行说明。

（1）智能无人仓储系统的基础。一整套完善的智能仓储机器人系统，可以同时对若干台智能仓储机器人进行调动，具备订单需求分析、系统自动对接、路线规划、任务指派优化等多项功能。

（2）系统运营效率明显。仓库面积越大，新型智能无人仓储系统的工作效果就越显著。在不改变拣货速度的情况下，新型智能无人仓储系统昼夜可作业，整体系统运营成本大大下降。

（3）自行移动进行控制。新型智能无人仓储系统利用导航对无轨自行移动进行控制，最大速度可达 3m/s。新型智能无人仓储系统的实际作业流程为：当有拣选任务时，可根据仓库实际布局，对最优路线进行计算，随后行至目标商品存放地，依据指令将货品放于机器人携带的货筐中，随后依据系统提示将货筐送往传输带，继续执行下次任务。

（4）平稳有序运行。新型智能无人仓储系统后台可对大量智能仓储机器人进行实时调度，还能根据任务实际情况对工作进行分配，大大提升拣选效率。其对于中小型商品的拣选、上架、运输极其适用。

（5）智能视觉识别。智能仓储机器人均具备阻碍闪避功能，同时可依据实际工作情况实现“车跟人走”的目标，而不用人工携带追踪设备。

（6）智能存储收货。由穿梭车立库系统存储物品，可以简单理解为存储量更大的无人货架。货架的每个节点都有红外射线，这是因为在运输货物过程中无人操作，需要以此确定货物的位置和距离，保证货物有序摆放。

2）智能分拣系统

（1）智能分拣。智能分拣系统适用于快进快出仓，涵盖大带、小带两种机器人，可快速满足分拣需要，以及达到大小货物时走时投的目的。

（2）分拣货物。在分拣场内，通过视觉识别技术，机器人被安装了“眼睛”，实现机器人与环境的交互。

（3）分拣阶段。按型号将货物分为大、中、小 3 种类型，中型、小型货物在分拣轨道中运输；大型货物则在掉入集口宝后，直接通过集口宝被运送到不同的分拨中心。

（4）与交叉带分拣机相比，智能分拣系统具有成本低、实施周期短、可扩充、柔性高等特点。

（5）操作程序。输送带将包裹送至分拣区，由小型智能仓储机器人进行接收，通过扫描、称重获取包裹信息，再根据有关指令将其放入对应笼车，随后由小型搬运智能机器人将装满的笼车运输至封包区或供包区。

（6）智能分拣系统大幅提高了货物分拣速度，还可将货架布置的实际难度进行简化，使工程成本大大降低、工期大大缩短。同时，智能分拣系统标准化程度极高、灵活性较高。

6. 供应链战略制胜关键一环

将新型智能无人仓储系统应用于仓储作业中，不但减轻了人工任务量，而且大大提升了工作效率，缩短了收益回收周期。智能仓储机器人在整体作业流程中仅需要工作人员进行辅助，有些机器人甚至可以自行完成一系列作业流程，是供应链战略制胜的关键一环。同时，应用智能仓储机器人不需要来回搬运货物就可以实现供应链目标，过去 3～4 周的工作量智能仓储机器人可以在 1 小时内完成，由此可见新型智能无人仓储系统对供应链战略的重要性。

结合物品管理规范，通过供应链对业务环节的优化，仓库作业人员操作应用系统由原来的分步操作，优化成供应链一步操作。库位管理精细化，仓库作业人员清楚知道每件货物在仓库的精确位置，为仓库作业人员规划拣配方式，提高库存利用率，降低仓库运营成本，提高供应链作业效率。打造统一的智慧采购、数字物流、全景质控三大业务链，实现供应链数据共享和各部门高效协同。

运用先进手段，实现仓储管理高效、信息集成互联，全面提升物品供应链服务水平和管理水平。仓储业务包含较多的操作步骤，由不同的作业人员执行，因此信息传递要快捷、精确，以双向实时推送为主。仓储现场的作业过程是实物管理和信息管理的集合体，因此所有与供应链业务相关的步骤都需要使用移动手持终端完成，同时兼顾操作便捷、快速等特点。仓储业务信息的外部交互涉及仓库控制等系统或设备，信息可在这些系统或设备之间无缝传递，无须人工干预。仓储信息化建设是供应链智能化水平不断提升的动态过程，各种技术手段的应用要实现模块化，为后续供应链技术提升的快速部署提供保证。根据不同仓库的特点，应设计不同的系统实施版本，使供应链目标快速实现。

无人仓是现代信息技术在供应链领域的创新应用，实现了供应链从入库、存储到包装、分拣等流程的智能化和无人化。新时代供应链体系正在加速变革，在未来发展中，如何加快技术升级、降低运营成本、进行精准服务，是供应链战略制胜的关键，未来无人仓市场前景广阔。

7.3.2 无人驾驶技术的研发与探索

1. 人工智能技术支持下的智能化

人工智能技术的应用，为物流行业自动化、可视化、网络化的服务和决策提供了大力的支持，降低了物流过程的不确定性，提高了物流服务的智能化水平。无人驾驶汽车是一种智能化的事物，它将大数据等技术融为一体，能动地满足人们不断提升的需求。无人驾驶汽车之所以是能动的，是因为它不像传统的汽车，需要被动地人为操作驾驶。

2. 智能驾驶技术带来的价值将大大释放

“无人驾驶卡车”是新一轮技术发展衍生的一项前沿科技，其有可能引发未来交通物流运输变革。目前，世界各国都在积极部署无人驾驶货车，我国基本与世界同步，从智能交通扩展到“无人驾驶”，无人驾驶技术研发被列为国家发展战略之一。

物流行业对无人驾驶卡车的需求强烈，业界普遍认为无人驾驶技术将率先在卡车运输服务中实现。为车辆装上感知、决策、执行体系，完善技术，撬动产业链上的零部件厂商和车厂，是一件颇有希望的事情。目前，无人驾驶测试规则集中在乘用车领域，“无人驾驶卡车”应用于物流行业的产业政策支持不够突出。车路协同和智能车联两大新平台与原本的自动驾驶平台并行，使智能交通成为与智能汽车并列的两大板块，智能驾驶技术带来的价值将大大释放。

7.3.3　智能交通与智能物流——中国高速公路新型服务区

2016 年 6 月 21 日，国务院办公厅转发国家发展改革委《营造良好市场环境推动交通物流融合发展实施方案》(以下简称《方案》)，部署推动交通物流融合发展，提升交通物流综合效率效益，有效降低社会物流总体成本。《方案》主要内容包括：总体要求、打通衔接一体的全链条交通物流体系、构建资源共享的交通物流平台、创建协同联动的交通物流新模式、营造交通物流融合发展的良好市场环境 5 个部分。《方案》是智能交通与智能物流——首创中国高速公路新型服务区，即广州从化南新型服务区（广州从化→黄埔→佛岗这条串联接驳珠三角的高速公路，由广州交投集团投资建设）项目策划开发的战略依据与政策纲要。

1. 交通与物流融合发展，成为推动经济高质量发展的重要支撑

高速公路智能交通的创新在于叠加智慧物流的概念，借助互联网、物联网技术，解决交通问题，以及与交通、运输、物流相关的环境问题。云计算、互联网、大数据、人工智能、移动物联网在智能交通领域的应用，助力智能交通系统的发展，促进目前所遇到问题的可控解决，同时提供了高速公路新型服务区建设的关键性路径。

1）高速公路服务区的发展经历了 4 个阶段

（1）高速公路服务区 1.0 时代：20 世纪 90 年代初，特点是服务区功能单一。

（2）高速公路服务区 2.0 时代：2000 年前后，特点是商业模式开始融入服务区，如商场、餐饮企业入驻高速公路服务区。

（3）高速公路服务区 3.0 时代：2010 年前后，特点是花园式打造、停车场流线型设计，进入服务区内大型、小型车分流。

（4）高速公路服务区 4.0 时代：2017 年以后，特点是更智慧、更具个性化，“网红打卡地”。

从上面 4 个阶段可以看出，“服务区+”正在推动产业服务向纵深发展，服务区的拓展功能，即服务区+客运接驳、旅游文化、会展等方式正在逐步形成，

进而推动服务区由休息地向休闲区转变，与地方经济融合发展。

2）服务于交通物流融合发展将是新型服务区新的突破口

（1）服务于“物”的功能新突破。

以前，高速公路服务区在高速公路旁边以服务于“人”为出发点，没有服务于“物”的功能。现在，我国部分高速公路服务区在主要服务客流的基础模式上进一步延伸，开启了围绕高速公路的品牌化商业及广告、物流装卸场站及园区等模式研究，突破既有路产边界，与交通、大消费、大商贸及大物流深度融合。未来，服务于交通物流融合发展将是高速公路服务区发展新的突破口。

（2）高速公路服务区的本质属性与价值。

高速公路服务区具有服务交通领域高速公路的本质属性，高速公路服务区本身是交通运输的服务窗口，是人流、物流、商品流的必经节点。高速公路服务区最本质、最基础的服务包括交通、停车、餐饮、加油、住宿、汽车应急修理等。随着高速公路的延伸、车流量和人流量的增长，高速公路服务区项目的产业价值日益突出。

（3）交通物流新的技术革命。

以5G、无人驾驶等新技术引领产业变革，将i-Gate智能闸口系统、智能监控系统等应用于高速公路服务区，通过智能物流革新行业标准，以车路协同、智能物联为基础，在高速公路服务区设立无人驾驶卡车试点，探索智能驾驶落地运营，自主泊车、进库出库、装置、配载场景为交通物流带来新的技术革命。高速公路新型服务区将涵盖交通与物流领域，涉及城市运营系统，包括智能交通、智慧物流等。

2. 智能交通高速公路新型服务区的建设分为4个层级

智能交通将信息、通信、电子、车辆和控制、相关交通器具与先进物联网技术融合，创新创造出一套应用于交通领域的高速公路新型服务区，能迅速、精确、灵活地掌握和智能地解决交通问题，发挥在交通领域应用高速公路新型服务区的最大效能。

智能交通高速公路新型服务区是交通与物流基础设施服务一体化的产物，其特点是通过交通促进物流，反过来物流又对交通进行补充，两者相互促进、互为补充。其本质是，新型服务区产业价值链的裂变和延伸，多方面融入价值创造体系，有利于交通与物流融合发展战略的实施。其特征是，整合优化交通与物流基础设施和资源，应用新技术发展思维提升交通投资产业的核心竞争力。

智能交通高速公路新型服务区的建设分为4个层级，即基础感知层、网络传输层、管理支撑层和应用支持层，核心在于如何“智慧”运作，让交通系统整体统一，促使城市交通走上良性运行轨道。

1）基础感知层

基础感知层负责一系列交通数据的采集、收集和车辆控制。完整的交通数据实时采集、收集是实现交通系统快速、高效、节能、环保的重要保证。交通信息包括各进出口车辆的通行信息及城内车辆行驶、停留的轨迹信息，通过视频、GPS 定位、移动跟踪、测速仪器等物联网技术采集所有车辆的动态、静态信息，为交通调度和统筹控制提供必要的基础信息数据。

基础感知层是信息平台的数据采集层，依靠先进的物联网技术，通过各种类型的信息采集装置，利用 RFID、条形码、视频识别、传感器、GIS、GPS 等先进的物联网技术，完成初始数据的采集，实时跟踪物流动态，及时反馈数据，实现初步智能感知，并为高层级的大数据应用积累原始数据资料。

2）网络传输层

将信息采集设备采集的各种数据信息快速传输到智慧系统平台，经过云计算、大数据分析，智能做出决策，发布信息指令，智能指挥交通。传输信息的速度取决于互联网和通信网络的速度，分有线传输和无线传输两种方式。在具体传输过程中，需要综合统筹应用各路传输通道，以实现效率最大化、指挥即时化。

在互联网行业快速发展的今天，数据采集已经被广泛应用于互联网及分布式领域，数据采集领域已经发生了重要的变化。首先，分布式控制应用场合中的智能数据采集系统在国内外已经取得了长足的发展。其次，总线兼容型数据采集插件的数量不断增加，与个人计算机兼容的数据采集系统的数量也在增加。国内外各种数据采集机先后问世，将数据采集带入了一个全新的时代。

3）管理支撑层

对采集传输到智慧系统平台中的数据进行智能分类处理，包括归纳、整理、存储、分析、验证，进行大数据决策并执行控制，建立实时、流动、更新的数据库，保证道路信息、车辆运行信息、停车信息、交通状况信息是最新的，为车辆调度、事故处理、节能环保、城市安全提供可靠的信息依据。

通过开放式的接口，从企业、政府、金融机构、服务区管理部门等外部实体获取有关信息，使所有数据汇集，形成庞大的数据源；通过电子数据交换技术、云计算技术、数据挖掘技术、数据仓库技术等，利用虚拟化技术、分布式处理技术、SQL、实时流数据处理、智能分析技术等为大数据的分析挖掘提供强大、快速的技术支持，以进行智能管理及控制，并提供后期服务管理。

4）应用支持层

数据处理是指对数据进行采集、存储、检索、加工、变换和传输，数据处理的基本目的是从大量的、杂乱无章的、难以理解的数据中抽取并推导出对于某些特定的人们来说有价值、有意义的数据。数据处理是系统工程和自动控制的基本环节。数据处理技术的发展及其应用的广度和深度，极大地影响着高速公路新型服务区智能发展的进程。

在实际应用中，智慧数据决策实施采用的信息发布平台、通知渠道、服务保障和相关系统的对接等具体行动通道层，以及实时信息发布系统、交通控制系统、应急处理系统、车辆流动控制系统等，保障实施过程及时、高效、有序进行，让交通运行更加顺畅、安全、便捷。

5）技术集成应用

从技术发展角度看，信息服务系统、视频监控系统、指挥调度系统等交通管控系统，依托人工智能和大数据技术，可以对交通视频监控和卡口视频监控的图像、图片进行准确、快速、自动目标抓取，依托分布式计算进行快速抽取、确认、比对、预警和推送，从而使交通事件或违法行为发现更及时、处置更迅速、监管调度更科学，助力交通管控从人工迈向智能。

3. 智慧交通高速公路新型服务区解决交通与物流融合发展问题

（1）交通与物的畅通智慧化。

以高速公路交通运输方式，着力从大数据化开始，指导交通运输统筹化，带动车辆运行智能化，并扩展到整个交通与物的畅通智慧化。

（2）解决城市交通问题——建设智能交通体系，充分发挥新技术的作用。

基于高速公路建设，配套设立新型服务区，建立统一的系统标准，打通各方面的信息通道，构建网络信息系统平台。

（3）促进交通与物流基础设施建设升级。

建设智能交通管理体系，充分发挥高科技的优势，通过建设高速公路新型服务区，大大提高货物运输效率。

4. 智能化管理产生的指示作用

（1）功能区。

智能交通高速公路新型服务区包括如下功能区：服务区管理中心是信息平台的辅助功能区，金融服务区是信息平台的增值功能区，公共信息中心是信息平台的拓展功能区，以及交通环境实况识别功能区、安防电子监控功能区、信息发布服务功能区、数据处理功能区、会员服务功能区、资产管理功能区。

（2）核心管理功能。

智能交通高速公路新型服务区的核心管理功能包括：智能交通管理，智能物流管理，在线咨询功能，优选交通、道路、车、物等推荐，智能仓储、配送、下单、派单管理，决策分析功能。

（3）拓展功能。

智能交通高速公路新型服务区的拓展功能包括金融服务功能、政府部门监控功能、放大服务功能、数据接口服务功能、其他政务服务功能。

（4）交通数据采集平台。

根据业务范围及应用类型提供数据采集中间件与信息采集工具；实现连续、实时、高效、准确的交通领域大数据的获取与采集；基于互联网和卫星定位智能终端，实现在动态环境下的交通数据实时采集；实现数据清洗和预处理功能，解决数据不相容问题，实现数据融合。

（5）交通预警及分级平台。

多维度采集公共平台和行业领域数据；采集交通业务数据，如天气、节假日、重大社会活动、运力资源等；实时采集目标区内运输能力指标，评判、预估时间、空间、持续范围程度；结合智能终端设备，下发并适时调整运输能力警报分级，通报实时状态；针对不同警报分级，采取应对措施，提供运输能力、灾备能力和服务能力。

5. 交通基础设施与物流基础设施推进智能创新

目前，加强交通与物流两个领域整合优化，让智能新技术得以拓展和普及成为趋势。正在规划中的国家物流枢纽城市将率先应用 5G 技术，并在每个独立的平台搭建，为交通运输通道和物流大通道建设发挥重要保障作用。

智能交通与智能物流在时代中变革创新，将实现交通与物流更加智能的应用、更快的反应、更大的可能性，这些都是未来可期的场景。

智能交通、智能交通生态系统、智能物流、智能服务区、智能仓储与作业等的作用将发挥得淋漓尽致，推动交通物流智能化创新发展。

整合交通、资源优势，有效整合物流市场要素和资源，构建产业集聚服务基地、多式联运节点、集约化物流信息中心，将仓储配送、中转集散、金融服务等相关业务统筹到运营功能区。

智能化设施融合的实际应用，可以实现智能感知、智能整理、智能分析、智能优化、智能连接、智能修正、智能反馈、智能跟踪定位等，实现所有人、机、车、物一体化互联，实现自动化全方位调度、监察、控制、预警和智能管理。

获取交通、物品信息，将人、工具、技术、交通、城市、环境“智能”地融为一体，使路线、运输、中转、配送、泊车、应急服务全程智能管理、联动交互，达到降本增效的目标。

7.3.4 大数据在港口物流中的应用

从古至今，港口不仅是国际贸易和国内商业往来的重要交通枢纽，而且是各国进行全球资源配置的战略性枢纽。港口的发展和繁荣是一个国家国际贸易地位的象征，也是参与国际分工与合作的基础。2018 年，国家发展改革委和交通运输部联合发布的《国家物流枢纽布局和建设规划》提出，规划建设 212 个国家物流枢纽，包括 41 个陆港型、30 个港口型、23 个空港型、47 个生产服务型、55 个商贸服务型和 16 个陆上边境口岸型国家物流枢纽。虽然港口型国家物流枢纽的数量仅多于空港型国家物流枢纽和陆上边境口岸型国家物流枢纽，但其发挥着其他国家物流枢纽无法替代的作用，因此被称为“枢纽之枢纽”。港口型国家物流枢纽建设成功将是我国物流枢纽布局的关键，也是“一带一路”倡议实施的根本保障。港口物流模式向覆盖整个生产消费流通和国际国内双向新边界的方向发展，构建产业链和供应链有机衔接的新物流系统，形成具有相互供给和需求关系的运输网络、物流网络和流通网络。

1. 港口与智慧城市建设信息融合

交通运输部 2017 年公布了智慧港口示范工程项目，10 个省（自治区、直辖市）的 13 个智慧港口示范工程项目进入建设序列，并于 2019 年逐步展开验收。智慧港口建设不仅是 5G、物联网、云计算等的应用，更重要的意义在于通过实时监测系统、港口自动化装卸、无人码头作业、智能运输系统、商务系统等原本独立分割的系统实现有机整合，有效打破数据信息孤岛，使港口信息流、资金流、商流和物流融汇贯通，将港口企业、铁路部门、货主、作业委托人等连接，通过数据标准化处理，为港口企业及其他使用者提供智能决策。另外，从海量的作业信息中挖掘数据价值，并衍生增值服务。智慧城市建设也在积极推进中，随着 5G 技术的应用，以及城市新基建项目的不断实施，各产业、各门类资源信息将实现汇总，港口发展将与城市发展真正融合。

2. 港口拥有全球供应链网络海量信息

船舶公司、铁路、公路、场站、货代、仓储等各港口物流服务企业、物流需求客户间的业务紧密联系，并与海关、海事、商检等口岸单位信息往来频繁，积累了海量国际贸易、物流数据。港口型国家物流枢纽可通过物流资源系统信息的互联互通，实现物流需求者与物流从业者的资源共享，实现基于互联网、大数据、云计算等信息技术的现代物流的共享；可以搭建高度共享、全面感知、智能应用和广泛互联的供应链服务信息平台。高度共享是指物流链条上的所有数据、信息实现共享，设施、设备实现共享，交通运输工具（如铁路、港口、船舶等）的动态信息实现共享。全面感知是指服务平台必须具备全面感知功能，通过各生产作业环节感知技术的应用，通过创新应用 GIS、GPS，以及传感器、RFID 等技术，配备摄像头、智能检测设备，从而实现智慧决策。智能应用是指服务平台促进物流各环节企业实现智能化应用，达到智慧管理的目标。在电子政务、电子商务、公共物流和智能化管理方面进行创新，促进智能物流的实现。广泛互联是指通过互联网、物联网、移动互联网等技术实现平台用户在任何时间、任何地点的信息互联，使物流供应链真正无障碍全程畅通。供应链服务信息平台的建设将提升港口型国家物流枢纽通信网络和生产基础设施的智慧化水平，完善各环节生产运作与管理体系，提升物流集疏运网络体系智慧化水平，将港口电子口岸升级为“智慧口岸”，建立统一的物流服务体系，加强散杂货、集装箱等安全运输保障体系建设，促进港口、铁路等实现物流智慧化功能，建设信息一体化技术规范体系，修订完善港口物流服务电子化数据交换体系和标准。

3. 港口物流智能化应用场景

大数据、互联网、物联网、人工智能等新技术带来产业与经济的飞跃，驱动港口型国家物流枢纽建设，构建全球供应链领先地位。集成智能化技术模仿人的智能能力，能够判断和解决物流中存在的问题。根据自身的实际水平和客户需求对港口型国家物流枢纽进行智能化，是港口型国家物流枢纽承载城市的未来方向。

随着大数据技术的发展，港口运营压力增大，探索新型港口物流智能化成为重要方向。港口的智能化以数字化管理为基础，以港口大数据技术为方法，以智能物流链为主要成果，有效提升了港口运行效率，增加了港口的吞吐量。

1）科技智能是港口的发展动力

拥抱新技术革命，通过大数据、自动化、智能化等科技实现港口创新发展，使港口由规范化向精细化、卓越化发展。智能科技在各时代发展不同，将当代主流科技加持于港口建设，面向某个港口作业步骤研发操作系统，实现数据自动采集；通过大数据高效算法将生产控制信息实时反馈到管理决策层，使港口产业达到降本增效的核心目标。

2）码头物流“黑科技”

将采用全自动化码头磁钉导航的自动导引运输车（AGV）作为水平运输设备，转变到采用北斗卫星导航系统、激光雷达、视觉 SLAM 及多传感器融合定位技术的无人驾驶智能引导车（IGV）作为水平运输设备，实现从 AGV 到 IGV 的升级，即从自动化到智能化的升级。这一更先进的前沿科技代替陈旧的引导模式，使技术方案更灵活、成本更低廉，为今后新建自动化码头提供了新的技术路线。

3）港口物流智能化建设

港口物流智能化建设是以智慧生产为核心衍生的，包括：集装箱智能码头操作系统、通用散杂货码头操作系统、散货码头操作系统、液化码头操作系统、商品车码头操作系统、客滚码头售票系统、自动化码头设备控制系统等面向专用码头研发的操作系统；智能泊位计划、智能堆场计划，以及派位、智能集卡调度、船舶自动配载、智能调度派工、智能理货、大数据应用等处理港航信息的操作系统。

ICT 基础设施是智慧港口信息化建设保障体系的“基石”，包括如下构成。

（1）智能闸口、智能称重、智能照明、智能理货等硬件系统。其中，智能闸口系统是为集装箱货车通道的自动化而设计的，通过对集装箱卡车进行箱号识别、车牌识别、质量采集、箱体验残，实现集装箱卡车的快速通闸。该套系统使用业内领先的识别技术、大数据算法，以及通用的 CPU+GPU 方案，后期维护方便。同时，系统提供港口从网上预约到无纸化的全套软件解决方案，以及整体的闸口解决方案，完善闸口业务处理。

（2）冷藏箱数据采集智能监控系统、流动机械智能监控系统、集装箱堆场自动化控制系统等作业系统。其中，冷藏箱数据采集智能监控系统实现对冷藏集装箱在码头堆放过程中的温度自动监控、异常报警，增加了对冷藏集装箱进行监控的手段，提升了冷链运输质量。该套系统主要实现冷藏集装箱在堆场期间的数据远程采集、温度异常报警提示，以及冷藏集装箱通断电远程控制，取代每 2～4 小时人工进场抄表的工作过程，减少人工投入，及时、准确地记录设备运行情况，避免人为失误造成的损失。

（3）TD-LTE & Wi-Fi 港口码头无线解决方案、散货业务管控一体化解决方案。其中，港口码头无线解决方案采用多种通信手段，统一指挥调度作业，提高质量管理水平与企业效益。

（4）无线终端产品，包括摄像头、手持终端、车载终端等硬件设备。其中，基于手持终端等移动设备，在码头上可以实时访问系统大数据，实现信息实时互动。

案例 7–2　广州南沙四期全自动化码头

全球首例单小车自动化岸桥、无人驾驶 IGV、堆场水平布置侧面装卸、港区全自动化的“广州方案”，将代替陈旧的引导模式，实现自动化码头领域的领先。如果说国内已投产的自动化码头是国际先进自动化码头技术的学习与跟跑，广州南沙四期全自动化码头将实现世界自动化码头领域的超越和领先，居全球港口单一港区前列。

案例 7–3　洋山深水港四期自动化码头智能化建设

洋山深水港四期自动化码头是目前世界上单体最大、自动化程度最高的自动化码头。自动化设备控制系统和码头生产运营管理系统是码头高效、稳定运营的强有力保障。自动化岸桥一对多远程操作系统、AGV 车队管理系统、AGV 换电系统等创新设计，促进了自动化轨道吊海侧双向作业模式的形成，减少了人力资源成本，提升了作业效率，达到了绿色环保和改善民生的目标。

案例 7–4　厦门港无人驾驶集卡赋能

厦门港完成了 5G 智慧码头的现场验收。东风汽车集团、中远海运及中国移动的战略联盟，结合大数据等关键技术，立足无人集卡应用，打造新型智慧港口生态圈。

7.3.5　智能化实践的“端到端流程”

当前，“端到端流程”频繁出现在专业人士口中，成为行业高度关注的热点名词。“端到端流程”实际上是数字化、智能化领先实践企业的成功经验总结，是逐渐被前沿企业认可、被行业所采用的最佳实践。

“端到端流程”从客户需求端出发，以满足客户需求端为目标，提供端到端服务。“端到端流程”的输入端是市场，输出端也是市场。“端到端流程”必须非常快捷、有效，中间没有阻拦，流程很顺畅。如果可以达到这么快速的服务，就可以降低人工成本、财务成本、管理成本，也就降低了运营成本。其实，“端到端流程”的改革就是进行内部最简单的、最科学的管理体系的改革，形成一支最精简的队伍。

“端到端流程”连起来的不仅是两个紧邻的部门，而是若干个部门，是某个业务的全流程闭环。“端到端流程”从分析客户需求开始，到收集客户反馈结束，中间经历了概念形成、市场研究、应用开发、产品实现、市场测试、销售推广、业绩评估等几个阶段，涉及营销部、研发部、采购部、生产部等若干个部门。

1.“端到端流程”的内涵

当前，“端到端流程”有如下定义：商业本质上就是由相关联的端到端流程组成的；端到端流程是股东价值的源泉。

随着管理水平的提升和技术的不断发展，“端到端流程”也在不断完善。数字化时代到来后，“端到端流程”赋予了管理更大的价值，“端到端流程”就是整个流程的大动脉。从一定意义上说，局部流程只是手段，是实现“端到端流程”的手段。从企业高层视角来看，局部流程的优化不能解决根本性的问题，不能实现全局的优化。“端到端流程”本质上具备了智能流程特征，只有智能流程才可以成就智能企业。“端到端流程”管理的本质是一种管理思路和方法，强调管理流程要系统、完整，以及视角尽可能高且广，以最终完整地满足客户需求。

国内流程管理水平比较高的企业都已开展“端到端流程”，如华为的集成产品开发（IPD）流程、集成供应链（ISC）流程。另外，智能化领先实践的“端到端流程”服务模式，已经被行业作为典型案例广泛推广，已形成固定的“端到端流程”规范，以及相应的纠错机制。

2.“端到端流程”的内容

一些标准化的“端到端流程”包括：从研发概念到产品，从寻源到付款，从生产预测到交付，从订单履行到订单再到现金，从销售到线索再到合同，从售后服务到请求再到维修，从财务到记录再到报告，从人力资源到雇用再到退休，从信息系统到应用再到配置，等等。

“端到端流程”可由垂直端到端流程、水平端到端流程组成。垂直端到端流程是按照不同行业区分的，如制造业、金融业、零售业等。制造业采购端到端流程称为从寻源到付款，业务效果是减少所有者的权益总成本、优化运营资金、保证物料可得性、改善处理流程等。水平端到端流程是不同行业共性的流程，如财务、人力资源等。人力资源的端到端流程称为雇用到退休，业务效果是在正确的时候找到正确的人、签订合同的员工数、优化员工生产力等。

3. 构建“端到端流程”的必要性

构建了“端到端流程”这种最佳实践业务模式，可以为企业带来更高的财务回报。领先者的实践证明，“端到端流程”可以改善 4 个方面的业绩：现金流量、成本、客户服务、生产力。

例如，采购环节在架构端到端流程后，可以增加 10%～25%的现金流量，减少 5%～10%的成本，提高 25%～50%的生产力，同时极大地改善客户服务质量、客户满意度。再如，实施维修服务端到端流程，如果“端到端流程”构建及优化以子流程为切入点，一般只会带来 10%～20%的效率提升；如果“端到端流程”构建及优化以整个流程视角为切入点，则可以带来 2～5 倍的产出效果。

“端到端流程”可以支持企业转型升级，主要分为两个方向。

（1）智能企业转型需要，“端到端流程”架构是企业智能转型的必由之路。目前，“端到端流程”之所以受到高度关注，是因为如果企业要向智能企业（包括智能采购、智能生产、智能物流、智能营销等）转型，“端到端流程”意味着企业具备转型基础，再赋能数字化，企业管理才可实现全流程可视和协同。例如，海尔实施智能采购转型，第一步就是为其设计从寻源到付款的“端到端流程”。

（2）业务流程外包需要，“端到端流程”架构使组织很容易从企业中切割出来，使企业组织更精简，便于快速应对市场变化，同时便于第三方企业外包运营服务。实现的关键步骤就是在组织中构建“端到端流程”、从组织中切割“端到端流程”、在组织外运营“端到端流程”。

4. 如何构建“端到端流程”

企业构建“端到端流程”需要流程再造，公认的方法论是业务流程管理BPM。一般做流程优化的咨询公司都有自己的 BPM 方法论，市面上也有专门的 BPM

软件，一些大型工业企业也有自己的 BPM 方法论。

BPM 融合了运营特色和六西格玛经验，分为愿景、战略、执行 3 个阶段，包括创建流程目标、记载流程、记载客户和流程需求、识别输出和流程、构建流程管理体系、建立数据收集计划、对流程进行监控、发展具有专门目标的计分卡、识别流程改善机会 9 个步骤。最终，实现整个“端到端流程”的透明化、可视化和协同化。

第 8 章

大数据在电子商务物流智能化中的应用

电子商务物流需求保持高速发展态势。大数据促进电子商务健康发展，使电子商务企业与物流企业形成联动，产生化学反应，使物流在智能化过程中“聪明”起来。“6·18”“双十一”狂欢购物，从起初的“爆仓”瘫痪，到如今的从容应对，这是大数据对智慧物流的支持。物流智慧化趋势越来越明显，并融入全球产业链、供应链、价值链，在其中扮演重要的角色。

8.1 大数据在电子商务智能物流领域的应用

中国电子商务市场规模引领全球。2019 年，中国网民超过 9 亿人，电子商务交易额达 34.81 万亿元，电子商务从业人员达 5125.65 万人。在大数据时代，数据爆发式增长，成为具有优势和商业价值的资源。电子商务企业掌握大量数据信息，拥有注册用户的浏览记录、消费记录、交易量、对商品的评价及商家的信用记录、库存量等信息，这些数据将成为电子商务企业未来的核心竞争力。

8.1.1 物流是电子商务企业的生命线

电子商务企业的数据是典型的大数据，电子商务物流无论是从数据数量上，还是数据质量上都是大数据技术应用的最佳实践。电子商务企业的商业模式也决定了物流是电子商务企业的生命线，其在物流领域投入的精力、财力也是其他行业无可比拟的。

1. 从大数据角度看，电子商务经历了 3 个时代

（1）基于用户数的时代。

基于大量新增用户，不同背景的资本通过各种形式进入产业链上游获得回

报。用户基数是电子商务企业追求的目标，电子商务企业的数据管理更多地关注入驻商户或服务人员数据。如今，能够在激烈的电子商务市场竞争中立于不败之地的企业，都是在用户时代完成了用户数量积累的企业。用户数量是单机多用户最重要的参数，基本决定了单机多用户的使用范围。

（2）基于销量的时代。

基于销量的时代所说的销量，并不是传统的销量，传统的以纯粹销量为王的时代已经结束了。在这个时代，需要重新定义销量，重构品牌作战体系，认知思维就是这样一个概念：占领心智，占领市场。也就是说，想做品牌，必须成为顾客心智中的首选，这样的品牌才有意义，这样的品牌达成的销量才有质量。因此，在市场上经营“认知”比经营“销量”更重要，一个高质量的销量，一定是顾客主动的选择，心甘情愿地按原价买走你的产品，才算真正的销量。

（3）基于数据的时代。

进入以大数据处理能力为核心竞争力的时代，在大数据的推动下电子商务企业产生了变革。例如，电子商务企业可以根据大数据资源为用户提供个性化、精准的商品推荐；可以根据商品的购买和浏览数据汇总优质产品信息；可以为消费者提供准确、强大的信息检索服务；可以根据消费人群的不同需求，将营销目标针对某个具体领域，更加细化服务领域。

2. 电子商务智能物流大数据需求的特点

物流需求和物流服务是一种共生关系。随着智能化技术驱动无界时代的到来，供应链发展呈现短链化、智能化的新态势。在大数据时代，电子商务智能物流服务需求具有订单履约期极短化、柔性化、个性化、透明化等特点，企业只有通过电子商务智能物流服务创新才能不断满足客户需求。在网购环境下，订单总数庞大，但每个订单的需求量小、配送地址各异，并且从用户下单到产品送达用户手中存在时间差，这些特点对订单履约方法的柔性化提出了高要求。

对订单履约困境的分析显示，订单履约困境的内在根源是价格引起的风险在订单主体之间分担不合理。订单履约具有提升空间，也面临极大的挑战，其中最重要的技术手段就是大数据技术。

目前，京东、阿里巴巴等电子商务企业已经利用大数据技术进行了销量预测，即根据大数据分析潜在购买者的购买意愿，提前对商品进行物流统筹。实际上，订单的变化对经济周期性波动具有预兆意义，订单跨度周期差值包含随时间变化的趋势信息，也包含随机波动成分。正是看到了订单潜在的风险，不少企业采用保护价格的方式来稳定市场。

3. 电子商务物流企业分类

1）国内电子商务物流企业

国内电子商务物流企业包括京东物流、苏宁物流、顺丰速运、韵达快递、申通、圆通、宅急送、中通、EMS、中诚、汇通、安得智联、百世快递、日日顺、安能物流、菜鸟科技、万翔现代物流、惠尔物流、富士康准时达、云途电商物流、转运四方、国美安迅物流、云鸟科技、小米、乐融商城、国美、华硕商城、亚马逊中国等。

2）跨境电子商务物流企业

跨境电子商务物流企业包括云途通运物流、顺友物流、卓志物流、易时联国际电子物流、跨境翼物流、中欧保税物流、万邑通信息科技、海带宝、U2C 转运、中邮海外购、转运四方、斑马物联网、丰趣海淘、海淘 1 号、德国 BA 保镖商城、海狐海淘、海淘免税店海豚家、Feelunique 天猫、国际德国 W 家、莎莎网等。

8.1.2　大数据与智能物流需求

1. 大数据与电子商务智能物流的个性化

个性化是这个时代最鲜明的标签之一。随着产品日益丰富，消费者完全掌握了话语权，也表明了消费者强烈的自我心理诉求。个性化是未来电子商务智能物流的发展方向。个性化消费时代已经悄然来临，创新性营销能力在个性化需求下发挥得淋漓尽致，大数据应用极大地降低了客均维护成本。

个性化就是非大众化，独具一格的个性化需求服务也称为定制化服务。个性化是社交媒体和推荐系统中的一个关键元素，有很多企业通过个性化提高用户满意度，以及线上销售转化率、营销效果。当前，市场需求预测从综合预测向个体预测转变，大数据可为更精准的产品级预测提供指导。

随着互联网时代的到来，企业收集的资料越来越详细，获得用户信任的程度越来越高。用户的个性化诉求越来越强，要求实施更好的个性化定制服务。市场上用户个性化的需求，将导致供应链的物流、信息流和资金流的管理方式发生改变，机器设备、人员及产品之间的信息交互将带来生产方式的深刻变革，并倒逼企业变革及建立快速响应机制，这是企业适应全球化时代的必然选择。

目前，随着网上购物流程的不断优化，个人快递已形成“特快送”“特惠送”

“特瞬送”三大服务产品，消费者对后续环节的期望也随之提升。满足消费者寄送快递的多元需求，无论是对包装的个性化要求，还是配送时效要求，都会给物流行业带来新的机遇和挑战。针对部分用户对物流极速时效的高要求，以及个性化、多样化的消费需求，企业提供“特瞬送”服务使这个时代更加丰富多彩，可实现同城 1 小时达、跨城当日达。因此，企业务必要注意这种新情况，顺应消费者个性化发展的需求，使物流更快捷、更便利，满足用户日渐增强的物流迫切需求。

2. 大数据与电子商务智能物流的透明化

在大数据技术发展的背景下，“互联网+先进信息科技”建立了线上线下一体化的物流透明化作业平台，实现了网络节点的数据信息连接全要素透明等。在大数据技术的支持下，物流数据实时更新，已经能够精确到分钟级，成功打造了一个透明的供应链物流，用户可以在线掌握商品的具体位置和状态。

1）运输工具状态信息透明

对每条运输路线、每个节点的状态进行记录，真实反映运输过程中从发货开始到每个节点的操作状态，包括车辆状况、车体信号等，预测货物到达时间并自动预约，有效指导目的地进行接车安排。例如，运用北斗卫星导航技术实时监控运输车辆的行驶状态、货物状态，方便用户安排取派货物的路线、时间，提高运输效率。另外，运输工具状态信息透明，可以清楚了解停车环境是否安全，并在运输途中出现异常情况时立即报警，以保障货物在运输途中的安全。

2）货物标的及状态信息透明

对每票货物进行收、发、出库等各节点的扫描，使货物所属物理状态、化学状态信息透明，有效记录仓库内的各节点作业信息。将相关信息综合传输到数据库，以反映货物的所有状态；运用大数据分析技术，根据用户需求设定配送路线、时间等，提升个性化物流体验。

3）运输流程节点作业信息透明

（1）装卸信息透明。记录装卸货物对应的单据信息，及时确认货物数量是否对应、包装是否破损，以及在装卸作业过程中是否因不慎致使货物损坏。

（2）单据的交接信息透明。记录运输责任的交接，以及货物所有权的交割。

（3）时空信息透明。实时反馈货物装卸时间、地点，以及单据交接的时间、地点。

在大数据技术的支持下，智能运输管理系统依托物流信息化管理系统，对每个运输流程节点的信息，包括装卸信息、单据的交接信息、节点作业的时空信息做出相关的传输操作，对货物运作流程节点的时空信息进行管理，借助智能手机、扫描枪系统等工具将交接的信息反馈给物流管控中心。

4）透明和智能化融合实现物流智能化

大数据技术围绕安全、成本、时效、体验 4 个维度建立物流与供应链全局透明化体系。通过运输工具状态信息透明，使行业发展适应客户需求变化；通过货物标的及状态信息透明，积极跨越拥抱互联网；通过运输流程节点作业的信息透明操作，为客户创造更有效的物流价值，跨越物流运输让车“可见”，让货“可见”，让货物节点作业“可见”；通过透明、连接、协同、优化和智能化融合，让物流要素中的单据流转、流程节点和业务网络在监管下透明作业，最终实现物流智能化。

8.2 电子商务物流领域的大数据技术应用

电子商务物流是一整套电子物流解决方案，探究大数据技术在电子商务领域的有效应用，概括大数据技术在电子商务物流领域可能的应用场景具有非常重要的意义。

8.2.1 大数据为企业战略制定和企业运营提供重要支持

对物流大数据的归纳、分类和整合分析，可以提高物流配送效率、降低物流成本，可以查看任何一个物流网点的经营现状和业务构成等，更有效地满足客户的服务要求。通过科技手段将所有货物流通的数据，以及快递、供求双方有效结合，可形成一个巨大的即时信息平台，为企业管理和运作提供指导，实现快速、高效、经济的物流配送。

在大数据时代，基于网络技术的普及，收集、处理、分析海量数据，探索海量数据中存在的规律，并利用该规律进行有效预测，从而满足电子商务物流智能化的要求。

1. 智能物流涉及的大数据技术

1）智能物流信息捕捉技术

电子商务仓储大范围地使用了智能物联网技术，除使用传统的 RFID、条形码技术，以及 GPS、GIS 等信息采集技术外，还建立了覆盖全国的仓储、运输、配送网络。在大数据背景下，现代智能物流信息捕捉技术基于商品类型、物流业务角度进行信息捕捉，在更广域的超大体量数据环境下，如企业营销数据、信息检索数据、Web 搜索数据等，对智能物流中的商品数量分布、用户需求分布、商品来源等海量信息进行捕捉，积累了足够数量和质量的数据。

2）智能物流信息推送技术

移动通信网络、互联网、无线传感器网络等网络传输技术为信息推送提供了硬件保障，同时在大数据背景下，将实体“物”转化为信息和数据传输到网络环境中，将感知信息传递到智能物流平台，将信息传递到“人”进行处理和应用，使信息正确地在人与物或物与物之间进输，从而完成复杂信息交互。在智能手机普遍应用的今天，用户的物流数据智能推送，完成由被动查询到主动推送的过程。

3）智能物流信息处理技术

通过建立智能物流数据仓库，构建物流云计算平台，对物流信息进行实时处理，为智能物流提供完备的数据准备。云计算模式应用依托互联网大规模集群，云计算服务负责数据维护与运作，智能物流管理平台对数据资源进行统一调配。建立开放的物流云计算平台，通过智能管理可以减少企业的投资和使用成本，实现智能物流管理信息化，提升智能物流竞争能力。

4）智能物流信息分析技术

通过对物流数据进行关联分析、聚类分析等，实现物流客户关系分析、商品关联分析、物流市场信息聚类分析等功能，为智能物流的运营与发展提供有效的分析与决策。

5）智能物流客户关系挖掘技术

针对已有海量用户信息与商品数据，如何运用数据挖掘技术对其关联关系、内在规律进行解析，进而为物流企业发展提供正确的决策依据，是大数据背景下智能物流的核心。如今，一线电子商务企业的战略决策均是在数据基础上完成部署的，用户关系也是通过数据处理后的量化指标来衡量的。

6）智能物流商品分析技术

利用数据挖掘技术对海量商品信息间的联系进行关联分析，进而合理安排货架，能够有效提高分拣效率，同时有助于企业制定营销策略。

7）智能物流市场信息聚类分析技术

商品在进入市场后，并不会永远保持最高销量。在大数据环境下，针对庞大且瞬息万变的市场，利用数据挖掘技术对市场数据进行聚类分析，能够有效帮助企业规避风险、做出合理决策。物流数据和商品数据相结合，可以从大数据角度提高销量。

8）智能物流信息预测技术

利用完备的数据基础和先进的运营理念，在大数据信息预测技术的基础上，实现物流配送路线优化、物流预测性运输、仓储预测与动态管理等，真正有效帮助物流企业制定决策。

9）智能物流业务管理预测技术

在大数据背景下，智能物流业务管理预测技术作为一种认识活动，在社会实践中随着生产力和生产关系的发展而不断发展。信息可以按照一定的认识观点转化为数值，信息体系对数值的要求是恰好满足需要。智能物流业务管理预测以实现物流各环节业务预测的信息化、数字化、可视化、智能化为目的，涵盖物流配送业务、运输业务、仓储业务等方面，达到物流配送路线优化、预测性运输和仓储动态管理的目标。

10）智能物流商品预测技术

在大数据背景下，通过智能物流商品预测技术，对商品的品类、流量流向、供需平衡等进行预测，帮助调整商品的营销策略，实现商品流量、流向的前瞻性预测，合理构建物流网络，实现对供需市场的快速响应。

2. 大数据智能应用发展赋能物流业

大数据技术的发展，使之在各领域的智能应用迅猛发展，其在物流业也得到广泛应用，如智能办公、智慧金融、智能客服等。

1）智能办公

将大数据技术和人工智能技术嵌入办公领域，只需要通过碰触、手势、语音识别、人脸识别即可实现智能办公。

2）智慧金融

在大数据、云计算、平台经济、移动互联网发展背景下，电子商务企业快速发展，可以通过构建大数据中心挖掘隐藏在电子商务企业数据背后的价值。通过挖掘物流金融市场、风险变化、用户数据规律，可为用户制定个性化服务方案，包括物流金融顾问、物流保险、物流征信等。

3）智能客服

通过语音识别技术、自然语言处理技术、语音合成技术实现人机交互，并将其用于客服领域，在业务咨询、专业问题解答、业务办理、投诉反馈等方面替代人工客服，减轻人工客服压力，降低物流企业运营成本，提升客户满意度。

4）智能物流创新

物流企业只有通过电子商务物流创新，才能不断满足用户需求。电子商务物流在服务产品和服务过程两个方面实现了创新。基于大数据与电子商务企业的内涵和特征，在大数据背景下对电子商务企业管理模式创新提出提高大数据信息综合利用率、推进管理理念有效创新、推进电子商务物流一体化的工作管理等策略，旨在为促进电子商务企业有序、健康发展提供一些思路，为电子商务企业带来商业模式和盈利模式的创新。

5）物流环节组合创新

利用大数据对资源进行整合，以提供更高效的服务。利用大数据对储存、运输、配送进行组合创新，采用众包模式将资源整合起来，搭建仓储众包及信息化平台，建立硬件与软件双重模式，实现资源共享，打造服务生态。

8.2.2 基于大数据的电子商务物流优化

在大数据技术的支持下，电子商务物流在服务产品和服务过程两个方面实现了创新。在具体实践中，利用数据优势提供创新性服务，利用大数据技术对电子商务物流服务过程进行优化和重构。

基于大数据技术建立模拟分仓配货系统，为物流企业和用户之间架起一座互动的桥梁，其数据更新准确、及时，进入模拟分仓配货系统与进入实物仓体无异。数据预测将商品下沉到网点，预测结果精准，可把握商品滞销问题，以减少库存。

基于在路线和节点上进行的物流活动，建立物流数据网络。从物流运作形态的角度，将物流数据网络的研究提升到综合物流服务网络体系层面，积极在网络效应驱动下进行资源共享和内涵整合。其中，物流组织数据网络是物流数据网络运行的保障；物流基础设施网络是物流数据网络高效运作的基本前提和条件；物流信息是物流数据网络重要的技术基础。

基于大数据的电子商务物流流程如下。

（1）网络数据平台根据以往销售情况，利用大数据预测销量，通知相关店铺备货，店铺将商品就近备货到仓库，实现“单未下，货先行”。

（2）待买家下单后，平台公司将订单信息提交给数据平台。

（3）数据平台向仓库发出分拣、出库指令。

（4）仓库接到指令后，通知物流公司取货、配送。

（5）在“最后一千米”配送环节，通过 3 种方式完成配送：传统的送货上门；通过在自提点放置由买家自提；通过众包方式由包裹侠完成配送。

另外，基于大数据的预测是电子商务物流服务的前提和基础。

（1）通过足迹建立数据分析模型，预测网点异动，预测方式由被动式变为主动式、前置式，以减少客户投诉，并将问题消灭在萌芽阶段。

（2）建立云计算研发基地，并成立电子商务实验室，着力于电子商务大数据的分析与合作。电子商务企业做大数据以订单为核心，快递企业做大数据以快递为核心，但两者的核心内容都是以打通物流数据为基础，进行数据整合与分析。不少商业客户都有与快递企业在 IT 方面合作的想法，未来希望能挖掘更多的数据价值，通过大数据为商业客户提供信息化服务。

（3）包裹、快递等小部件在中短距离流通称为小物流；与之相对应，质量大、体积大、长距离运输的物品流通，如港口货物运输、大货车集装箱运输等称为大物流。相对而言，大物流是亟待利用大数据分析技术改善的领域。

8.2.3　智能机器人大量涌入电子商务物流行业

电子商务物流龙头企业积极布局智能机器人，智能机器人方案飞速完善，但需要进行及时、有效的决策并迅速执行，需要智能机器人具备高度的智能化和自主学习能力。除强大的硬件支持使智能机器人得以运行复杂的人工智能算法外，还得有在电子商务物流体系下相对稳定、成熟的实际应用场景。智能机器人在电子商务物流应用的解决方案更加灵动，重在创新设计。随着智能机器人应用技术的不断成熟，智能机器人应用的过渡性准备阶段大大缩短，应用成本大幅降低。智能机器人应用于电子商务物流仓储分拨中心，减少了非技术性、重体力、重复性劳动力岗位。

配送机器人是智能机器人体系的终端应用产品，其面对的配送场景非常复杂，需要应对各类订单配送的现场环境、路面、行人、交通工具，以及用户的各类场景，应让其得到在实际场景中试错和不断调优的机会。这正是电子商务智能物流发展的独特优势，也是智能配送机器人在智能机器人体系中迅速落地的重要原因之一。

1. 智能机器人化将是大势所趋

从物流经济角度来看，通过在智能仓储分拨中心应用智能机器人的反响来看，智能机器人化将是大势所趋。在物流行业中，智能机器人的应用对产业链的增加值有较明显的作用。从企业发展来看，物流业最可靠的供应链解决方式就是作业流程快速、降低成本。智能机器人化不会有人事纠纷、加夜班、劳动强度过大和工伤事故等问题，可以增强企业的竞争力和吸引力。提高智能机器人的劳动生产率，自然会推进和加速投资回报。

物流行业智能机器人解决方案的发展从以下途径推进。

（1）以经济效果为目标，基于智能机器人化建立智慧生态系统。

（2）以简而易行的方式和流程，解决繁重“体力工作”和“超计划的加班成本”问题。

（3）鼓励与支持智能机器人化不断创新模式。

2. 物流业智能机器人化正在成为现实

物流业与智能机器人协作系统解决方案的制定，促使物流企业反思过去多年一成不变的组织管理模式，在企业无阵痛转型的基础上，让员工和智能机器人完成场地上货物移动、放置、堆叠、提取、分拣、装卸、清点等工作，并超常规完成原先计划的工作量。在连续使用智能机器人的情况下，其效率只有在“6·18”和“双十一”大促销售周期加速的情况下才得以充分发挥。总之，物流业智能化方案的投资回报将很快回笼，这让物流企业和物流业界欣喜不已。其结果足以凸显智能机器人化优越性的一面，投资智能机器人应用于实践作业有其增值优势。

以欧洲成熟市场作为参考，智能机器人能提升 20%～30%的生产率，机器人的生产效率是人工的 4～6 倍，可以节约 20%～40%的搬运、装卸成本，上述计算不包括延长机器人的“工作”时间，因此投资智能机器人 3 年便能收回成本。另外，形状复杂或混杂高处堆叠、周转期极低的物品仍然需要人工处理，相信这类问题将来会得到解决。

3. 智能机器人创新商业模式、延伸物流价值链

智能机器人化的社会效益与经济效益共同呈现，创新了商业模式、延伸了物流价值链。物流企业应全面、充分地认识到智能机器人化给物流业带来的影响，在实际应用中，要看到中小型物流企业也可以采用智能机器人，这种创新变革更具竞争力。新的业态或职业，如专门代理智能机器人的经销商、承租或租赁智能机器人的个人或企业，以及机器人集成商、供应商、培训机构/培训师不断出现，使终端配送更智能，也会逐步降低物流成本，并变革物流行业传统规则，

将碎片化、低频次的订单转变为批量化、高频次的订单。渠道多元化、常规定价、多种定价模式或体验模式，以及服务水平、服务方式、服务质量方面出现新的玩法，产生了更新的、意想不到的创意场景。

通过智能化技术赋能，物流行业密切关注智能机器人生态系统，使物流效率提高、成本降低，力求提高自身品牌在行业的影响力及社会知名度。物流企业要保持不断创新的竞争力，就需要在变革中求新、求精。智能机器人是现代技术在物流领域应用的创新，实现了货物从入库、存储、包装、分拣、装卸等流程的智能化和无人化。大数据智能物流体系正在加速变革，在未来发展中，物流企业加快技术升级、降低运营成本、高质量发展，是保持竞争力的关键。

8.3 大数据在区域物流领域的应用

大数据应用于区域物流资源整合是区域物流发展的必然要求。区域物流发展的思路是，通过物流大数据资源的整合，在大数据技术未能普遍应用之前，将分散在不同企业、部门的资源，以企业为单位主动提交并完成统计，按照供应链管理预期目标进行剥离、联合运作等，通过数据汇总分析并制定相应的策略使资源利用效果最大化。区域物流资源整合的基础过程就是数据整合，即将区域内物流数据按照效率逻辑汇总优化的过程。

8.3.1 大数据在区域物流资源整合中的应用

1. 大数据对区域物流的影响

随着大数据技术的发展，我国物流设备智能化水平大幅提升，大量物流设备具备了实时采集和上传数据的能力。物联网技术的应用使物流设备与物流金融、供应链管理、运输能力及仓储优化等实现了实时匹配。大数据技术应用的不断深入，直接体现在空车行驶、仓库空置、设备闲置等问题的解决和完善方面。区域智能物流信息平台在物流资源利用率、物流服务集成度、物流产业集中度、物流产业增长方式等方面起到提升作用。

2. 提高区域物流资源利用率

空间资源分布的差异性是形成区域物流的经济基础。空间资源包括自然资源和社会资源，其中自然资源是天赋的，并非人力能改变。区域物流具有合理的空间结构和服务规模，是在长期历史发展过程中形成的实现有效组织与管理的物流活动体系。区域物流主要由区域物流数据网络体系、区域物流信息支撑体系和区域物流组织运作体系组成。不同的区域存在不同的自然资源和社会资源所构成的空间资源，任何一个地区的空间资源分布都不可能完全等量，表现出巨大的差异性和多样性，可作为区域经济发展战略选择的理论基础。

区域物流由企业物流汇聚而成，最重要的两点是速度和规划。企业物流货物配送需要最优规划，在目标上追求利益最大化，设计车辆和人员安排、运输点设置、配送优化方案，使物流资源利用率达到最高，使信息化落实在每个节点。对区域物流做出整体最优规划，挖掘分析用户来源等以提高物流资源利用率，整合资源实现有效配置。

通过大数据资源共享平台的构建，寻找新的方法收集所有的数据，实时掌控区域物流的各种资源，对物流运作流程进行规划和预测，将快递企业的物流信息和货物信息进行最佳匹配，合理配置资源，使大数据资源产生的经济效益最大化。

3. 区域物流满足动态需求

随着区域物流市场竞争愈演愈烈，跨区域运作、物流环节复杂的物流任务越来越多。区域物流量和区域经济有关，随着区域经济的发展，原有物流资源优势已经难以把握市场机遇及满足用户需求，应充分利用影响物流需求的区域经济因素，预测物流量以满足物流动态需求。物流企业已经意识到，用户越来越重视物流服务体验，保持并满足用户需求是非常重要的。为了在保持用户满意度的同时，使配送物流成本最低，应建立基于动态需求的物流配送体系，采用大数据分析手段，挖掘分析物流数据中的价值，通过对这些分析成果的合理使用促进各方面的发展。

根据大量综合的用户信息，了解用户的深层次需求，通过分析、挖掘、整理和分析物流数据资源，优化资源配置，提高用户的忠诚度；根据企业自身经营状况，利用大数据技术提供专业化的信息，量身定制企业擅长的业务，将区域物流向定制化服务转变。

4. 提高区域物流管理水平

大数据技术的应用使区域物流信息透明化、智能化，可以指导企业的战略规划，提高区域物流管理水平。区域物流在流转各环节都会产生庞大的数据量，通过大数据技术手段挖掘其价值，观测区域网点的现状，支持企业的运营管理和日常运作。提高区域物流管理水平，增加投入，建设基础性、公益性设施，扩大招商引资投融资渠道，实行市场化运作，发展多式联运模式以加快综合运输体系建设。调整业务结构，进一步增加物流业的供给能力，区域物流管理水平提高是促使贸易增长的有效途径，物流供给比需求有更高的贸易贡献率。

8.3.2　大数据在区域物流资源整合中的作用

依托优越的区位、基础设施、物流需求、政策支持等条件在物流资源整合中的作用，物流基地能够将货物、资金、技术、人才、信息等集聚到同一个平台上，有利于整合物流资源，使企业之间的功能与优势互补产生巨大的聚合力，以带动区域物流的快速发展，促进区域经济的发展。

1. 物流优势资源的整合

将区域物流资源进行横向集聚与重新组合，以促成对资源要素和功能的一体化运作，使之能够满足特定主体的需要。大数据是区域内及区域间物流资源整合的基础。物流本质上是提供服务，物流优势资源的整合有利于区域内产业布局的优化调整。物流资源是“生产”的前提，客观上物流资源是相对独立的，真正意义上的资源整合是信息资源的整合，需要不同企业间的物流信息实现交流和共享。

2. 物流资源整合的方式

大数据技术平台为物流资源整合提供了强有力的工具。整合物流资源就是将优秀的东西集合起来，随时为己所用，或者实现价值分享。大数据技术平台有效促进区域内协作与物流共同化进程，面对激烈的市场竞争和更加个性化的用户需求，大数据技术平台封装了复杂的软硬件，企业在提供定制化、及时化服务时，对平台工具应用提供了通用、集成的用户接口，企业间协作的重要性更加明显，对供应链物流资源与能力的依赖性越来越强。

区域物流加强均衡协调发展，使物流资源有效流通。信息沟通与共享机制及资源在线交易机制，使空间上异地、产权上分离的物流资源整合，并在这个过程中发挥着“无形的手”的作用，使物流资源在企业与企业之间融通并高效配置，使地区资源实现互补。

区域物流资源整合的方法是集成与优化。集成与优化就是将分散的信息资源关系进行整合，整合物流资源的解决方案其实就是价值的不断分享，以供企业决策参考。

3. 整合物流资源的模式

物流数据的"大数据俱乐部模式"是区域物流信息大数据平台的本质。平台的建设者与维护者可以是政府、企业或行业组织。区域物流信息大数据平台的会员是各种性质的参与者，包括典型的生产制造企业、商贸流通企业、服务业企业，以及专业的仓储企业、运输企业、代理记账公司、设备租赁公司、物流金融公司、劳务中介等。区域物流信息大数据平台的形式可以是公共大数据平台、私有大数据平台、混合大数据平台。

区域物流信息大数据平台的会员可以分为两类：物流资源供应者和物流资源需求者。物流资源供应者是指仓库、车辆、装卸搬运设备等实体（有形）物流资源，以及资金、解决方案、系统软件等虚拟（无形）物流资源的提供者；物流资源需求者是指对应的有形物流资源或无形物流资源的使用者；处于中心地位的是区域物流信息大数据平台。区域物流信息大数据平台以资源数据（物流信息）为中心，通过平台的采集、传输、分类、整合、存储和检索功能，为用户提供各种资源信息服务。

不管是何种性质的平台，区域物流信息大数据平台的投资者总希望能够维持运营或盈利，因此平台会员（平台参与者）需要缴纳费用（付费使用平台服务），而平台服务的付费模式可以多样化。区域物流信息大数据平台的监管既是一个技术工作，也是一个管理工作，依赖一系列的云安全技术与机制，可以通过第三方机构来实施，如认证中心。可信的第三方机构作为监理和仲裁机构对区域物流信息大数据平台及其会员（参与者）、资源、相关联主体间的行为进行合法性、规范性约束。这是一个持续的控制过程，可以保障区域物流信息大数据平台整合资源的正常使用。

区域物流资源具有地域性和稀缺性特点，并且物流资源需求与供给主体往往不对称、需求与能力资源不平衡，物流信息整合资源的"大数据平台模式"能将区域内分散、低效的物流软硬件资源集聚、整合与优化，再以适当的方式提供给用户，从而实现资源的重新配置，提高区域物流运行效率。

8.3.3 区域物流信息大数据平台的构建

1. 区域物流信息大数据平台

以大数据技术为基础，区域物流信息大数据平台支撑区域物流的高效运作，可以更好地为客户提供服务。借助区域物流信息大数据平台，整合区域内外各种物流信息与资源，对客户需求的预测越来越精准；运用先进的信息技术和智能技术，对客户流失情况把握得更好，以采取有效的改进措施挽留客户；智能化地解决区域物流问题，做到服务到位。物流信息大数据平台分析出问题的关键，有助于解决物流业务主体信息化平台功能欠缺等问题；对客户差异化经营提供数据支持，整合各种物流信息与资源，彻底改变传统的物流运作模式；集成应用人工智能技术，为区域物流的发展带来新的飞跃和新的动力。

以信息技术为基础，促进区域经济的发展。以智慧物流技术和理念为核心，物流信息大数据平台为用户提供一体化的物流服务；运用决策树分析方法为区域提供最佳的物流解决方案，按淡旺季或月份进行调整，结合区域综合物流的实际情况，对用户的交易进行预测；对平台的基本框架及各个模块进行设计，使平台能够更好地完成产品运输规划、数据处理等工作。物流信息大数据平台为物流领域、供应链系统、应用开发公司提供全面的解决方案，并采用对比试验对方案的实用性进行论证。

2. 大数据区域物流资源共享体系

大数据区域物流资源共享体系利用大数据、云计算提升物流服务的质量和效率，基于体系的需求和功能定位，利用区域物流资源共享推进区域物流发展。区域物流资源共享体系从采集与共享、挖掘与管理、服务创新 3 个层次构建。区域物流资源共享体系为区域物流建设提供理论支撑和技术解决方案，构建了区域物流资源共享服务模式，解决了区域物流存在的问题，使区域物流资源合理分配并实现共享。

物流行业迎来大数据时代，由政府构建区域物流资源共享体系，寻求区域物流企业的合作，对物流过程中产生的数据资源进行分享，实现地方经济增长。对区域物流资源进行有效监管，以及完成物流数据资源的汇总与整理是一个相当复杂且不易实现的目标。

构建区域物流资源共享体系，满足用户需求，实现共赢。区域物流资源共享体系存在一些问题。例如，物流大数据的整合、处理过程费用高；进行物流位置信息分享或交换的需求，对物流行业产生一定的压力。

构建区域物流资源共享体系，需要特别关注区域物流仓储平台建设，应借鉴物流行业成功案例经验进行物流仓储平台建设。影响物流成本的重要因素是仓储平台，区域物流资源共享主要基于仓储中转实现。区域物流资源共享体系对业务模式进行创新，计算得到最优路线给相应的物流公司，使其资源最优化；通过电子数据交换，建立自动存储系统，有效解决区域物流存在的问题。

政府牵头以股权方式构建区域物流资源共享体系，是较好的一种方式。政府规划主导，共享实现物流资源最优配置；企业更有效地利用物流资源，以股权制合作方式确保自身利益；政府对区域物流资源共享体系进行监管，为其正常运作提供有力的保障措施。

3. 区域物流信息大数据平台的运行机理

区域物流信息大数据平台是为了适应物流服务业智能化、协作化、动态化、简易化的发展目标，以体系框架与服务模块并行的形式，将云计算、物联网、互联网、大数据 4 种驱动元素融入物流领域，将信息传递给使用者的共享智能平台。其用于实现信息共享和整合优化，使决策更加智能化。

区域物流信息大数据平台具有适应物流大数据的多维性、关联性、预测性、辅助决策性等特点。区域物流资源共享体系是一个将海量数据信息从获取、存储到分析进行整合的、具有参考决策价值的信息资源服务体系。区域物流信息大数据平台和区域物流资源共享体系是实现智能物流的必要手段，从简单的储运业务，到整体资源能力与服务的交互范畴，都进入了物流信息共享层面。

过程管理体系是实现物流过程高效管理的技术支撑，其利用分布式方式对物流过程中产生的数据进行采集、分析与传输，根据物流活动的需求提供实时、动态的服务模式及过程管理模式；对多种数据类型进行计算、分析、管理及可视化展示，并以分析结果为导向构建分析与决策体系，保证接入和处理数据的时效性，为物流活动提供快而准的决策功能。

大数据交互体系将大数据供应端与物流相对应的资源、能力、服务技术等嵌入式服务终端封装、接入、调动，并且支持大数据需求端接入区域物流资源共享体系，可以直接访问和调用其中的服务资源，实现客户端与服务终端之间的信息交互。另外，物流供应商与用户借助区域物流信息大数据平台，实现供需信息的实时对接，提高整体决策的高效性、科学性。

4. 区域物流信息大数据平台的理论模型

区域物流信息大数据平台的开发、研究和应用，是一项涉及多项技术融合的系统工程，结合大数据共享物流信息服务的本质、特点及运行机理，形成一种多方参与的区域物流信息大数据平台理论模型。

（1）数据层。

数据层是区域物流信息大数据平台运行的数据源头，通过射频识别（RFID）技术、地理信息系统（GIS）、智能终端等方式在物流运输过程中获取各方数据并进行保存，为数据采集提供接口。在此基础上，数据层凭借互联网、物联网及车联网与感知层搭建数据交互媒介，具有对采集到的数据进行清洗、自动修正等功能。

（2）感知层。

感知层也称为数据资源层。基于应用终端、物联网等新兴信息技术，庞大的数据源为大数据的分析、挖掘、预测提供了丰富多元的研究样本，同时保障了结果的客观性。此外，数据收集和提取思维也在发生转变，从传统的受容量限制前提下对静态数据进行针对性获取和筛选，转变为从海量动态数据中清洗和再次选择；数据分析从传统的灵活性较差的计算方法，转变为能够对非结构化数据进行关联分析，并洞察出大量隐藏信息。

（3）应用支持层。

应用支持层对感知层初步筛选和存储的数据进行处理，主要进行大数据实时分析与决策等数据自配置处理工作，为物流管理提供交易合作与供需匹配工具，实现物流质量评价、物流需求预测、物流选址、路线规划、库存确定等决策功能。

（4）应用层。

应用层面向物流业务提供服务，支撑管理层、服务层和接口层的技术要求。管理层主要处理连接到平台的海量数据，通过平台向用户提供应用服务，服务窗口包括物流信息中心、物流作业中心、物流交易中心三大模块。服务层主要负责物流的基本服务和增值服务，通过整合物流资源，协同参与物流服务的全部过程。接口层为用户和平台之间提供信息交互的端口，主要负责数据结果的输出与可视化展示，使用户能够直接获取平台信息资源。

（5）用户层。

用户层是平台使用者。区域物流信息大数据平台的建设不仅满足了物流企业和物流客户的需求，而且立足于开放、多元、共享的高度，根据不同需求的使用者群体开放不同需求的数据应用，将金融机构、管理部门、运输部门、生产企业、客户等集合在一起，通过平台提供各种异构服务，实现数据资源共享、设备资源优化、物流决策最优化。

5. 区域物流信息大数据平台的应用模型

在传统物流搬运、存储和配送应用功能的基础之上，结合区域物流信息大数据平台的运行机理及理论模型，构建区域物流信息大数据平台的应用模型，包括信息资源共享、物流智能化、物流交易个性化、实时监控、辅助决策分析、物流控制管理 6 个功能，实现用户对物流资源的共享及业务重组。

（1）实现物流信息资源共享。

在区域物流信息大数据平台发布物流行业走向、物流供需、人才培训、物流园区、物流标准等有关资讯，为用户提供丰富、多元的信息查询服务。同时，将物流涉及的企业、银行、政府等相关单位连接起来，通过数据交换技术实现询价报价、政府监管、数据交流、信息沟通等业务，提高数据的价值密度，减少信息盲点，提升现代物流信息化水平。此外，在整个物流运营过程中势必会产生大量的物流数据，以此分析判断企业的经营状况，从而对物流、资金流和信息流进行资源整合、服务优化，实现物流双方信息完全对称。

（2）实现物流智能化。

应用数据库技术，突破空间限制，推出连接货主与运输驾驶员的应用软件，保证物流环节分工协作，实现车货精准对接、完成运价计算；通过安装北斗卫星导航设备，打破信息壁垒，实现运输全过程可视化，对库存进行精准定位；通过区域物流信息大数据平台实现远程对接，对产品进行整合和分析，保证企业的正常运营，基于制造工艺的改进，推进物流一体化。

（3）实现物流交易个性化。

根据客户网页浏览记录、购物车、购买记录等信息，以及区域物流信息大数据平台的引擎和算法为客户定制个性化推荐，省去客户查找需求页面的过程，大大提高了交易的成功率；当客户有意交易时，交易双方可以在区域物流信息大数据平台进行交流，实现数据化、可视化、线上与线下协同交易；同时，区域物流信息大数据平台提供订单实时动态追踪、商品到达时间和送件时间预约等功能；区域物流信息大数据平台还可提供重要网点的风险预测、全方位覆盖物流盲区、优化配送等应用，实现物流服务转型升级。

（4）实现有效的实时监控。

通过对物流企业的实时监管，以及设置行业准入标准，政府部门对物流环节实现了全程监控。政府部门还建立了高效的政府监管信息系统，为物流企业提供政策信息。此外，连接到车辆上的传感器能够收集大量的环境统计数据，应用大数据分析技术对物流实况，如温度、车况、交通状况、车位实况等进行感知，设置物流的安全报警，在保证安全的同时通过计算机对监控指标信息进行分析，发现相关变化原因，从而更好地解决问题。

（5）实现物流辅助决策分析。

区域物流信息大数据平台通过机器学习，综合考虑车辆、路线、天气、订单等因素，提供运输路线的预测和优化、智能订单匹配服务；利用对目标位置的人流量、交通状况、租金、送货地点距离等的分析，结合仓库要求，获取最佳仓库地址；通过建立模型并分析海量数据，控制单一变量对物流方案进行模拟，从而找出最优物流方案。

（6）利用大数据技术实现物流控制管理。

通过传感器或远程控制系统，对员工的工作状态、驾驶习惯、工作积极性、独立程度及对企业的贡献值等进行独特的“人员分析”，对员工的工作绩效做出正确判断，使企业的奖惩制度更具客观性、对员工的培训更具针对性。与传统物流相比，大数据冲击下的共享物流的运作过程更具有动态性和灵活性。除要抓住物流业结构调整和业务调整带来的机遇之外，也要依托新兴信息技术的优势，实现数据的多源异构、实时性和交互性。通过数据挖掘分析，对存在安全隐患的设备及时更换，尽早采取行动，将危险源扼杀在萌芽状态，保证物流的正常运作，避免事故的发生。通过设计安全防护系统，实时对网络入侵进行检测，加强安全管理措施，做到管控与技术支持双管齐下。区域物流信息大数据平台以多维数据联合分析为基础，其核心就是使多个独立的物流信息数据系统无缝衔接与实时调用。

6. 区域大数据物流信息平台的实施类型

基于物联网的区域大数据物流信息平台作为公共服务平台，不局限于服务对象和服务区域，具有较高的开放性，属于门户类公共服务平台。这类公共服务平台的规划建设根据投资主体、运营机制和运作方式的不同，可以分为 3 种模式：政府主导模式、企业主导模式、委托第三方运营模式。

（1）政府主导模式。

政府主导模式即区域大数据物流信息平台的规划、建设和运营维护都由政府直接负责。政府主导的力量很强，具有易于获取政府资源、易于与政府部门之间实现协作等优势，但也存在很多弊端，如结合紧密度不够、需要长期投入等。

政府主导模式的最大特点是获取政府资源，而政府资源的获取在很大程度上取决于区域性的政策环境，有利的政策环境不仅是平台运营的财力保障，而且能很好地整合运营所需相关政府资源，极大地支持平台的启动和运转。因而，政府主导模式适用于具有良好的政策性引导机制的地区，政府财力充足，对物联网推动物流行业发展高度重视，从而保障区域大数据物流信息平台的建设和运营。但是，从长远来看，由于政府主导不利于调动运行主体的积极性，对管理质量要求不高，不利于基于物联网的区域大数据物流信息平台在充分市场化竞争下的生存和发展。

（2）企业主导模式。

企业主导模式是指区域大数据物流信息平台的投资建设、运营完全由企业负责。这种模式的优势在于企业自主运营可以实现市场化运作，便于建立现代企业制度，而且区域大数据物流信息平台的运营管理比较灵活，可以依据应用需求及时调整和改善服务水平。但是，企业行为有一定的局限性，运营初期企业压力较大，整体规划性不强，难以实现预期规模。

相比于其他的运营模式，在企业主导模式下，各方面限制较少，利益关系也较为简单，基于物联网的区域大数据物流信息平台易于组织管理、运营方式灵活，并能够建立良好的服务体系，以满足市场需求，保持行业竞争力，保障其快速发展。由于企业主导模式对于运营企业的资金、技术和其他资源要求较高，因而企业主导模式适用于拥有雄厚实力、能为基于物联网的区域大数据物流信息平台提供充足资金和技术保障、具有精良的运营团队、具备丰富的现代化管理经验的企业。

（3）委托第三方运营模式。

委托第三方运营模式是指由政府或企业出资，自行建设并将运营管理全部或部分外包给能提供运营服务的第三方运营企业。委托第三方运营模式可以减少投资方运营初期的投资额，资金压力较小，但是存在业务组织体系复杂、利益关系对立统一等问题。

在委托第三方运营模式下，前期合作双方可以各取所长，形成利益共同体。运营企业可以投资方的资金优势提升自身行业经验的价值，获得更多的利润；投资方则可以通过第三方运营企业的参与，缓解压力，弥补自身运营管理经验的不足，降低投资风险。从长远来看，投资方将运营管理委托给其他公司，实质上是将基于物联网的区域大数据物流信息平台创造的利润与第三方运营企业共享，减少了投资方的利润。此外，投资方与第三方运营企业（运营方）存在利益的此消彼长关系，双方在掌握关键要素、占据合作的主动权，以及对利益的分配方面都需要协调，而长期合作会使投资方对第三方运营企业产生依赖性。委托第三方运营模式适合前期技术实力不够充足、资源优势不够明显，需要借助其他有经验的企业在相关方面提供帮助的企业。

8.3.4　国家交通运输物流公共信息平台

为了推动现代交通运输业的转型发展，贯彻国务院印发的《物流业调整和振兴规划》，满足物流行业对信息化的需求，避免重复建设，推动物流信息互联与共享，解决物流信息孤岛问题，在交通运输部的领导下，由浙江省交通运输管理部门牵头，多省交通运输管理部门及科研单位、物流企业、IT 企业多方联合，共同建设了国家交通运输物流公共信息平台（以下简称“平台”），平台对外称“物流电子枢纽”，英文名称为 LOGINK。

1. 国家交通运输物流公共信息平台的主要内容

（1）信息标准化集成平台。

国家交通运输物流公共信息平台涉及物流企业、物流供应商、运输部门及工商等相关政府部门，需要将正在运作的物流信息系统、商品发布系统和运输监控系统等各类信息系统整合在一起。上述信息系统往往有不同的数据标准、接口和规范，因此整合有一定的困难。为了解决这一问题，信息标准化集成平台需要解决这些不同系统间异构数据的交换和信息共享难题，对整个平台中的公共信息进行标准化和规范化定义，提供相应的数据接口以解决异构系统和异构数据格式之间的数据交换和格式转换，使国家交通运输物流公共信息平台能够跨不同的系统连接和交互。

（2）物流作业管理平台。

物流作业管理平台从物流信息系统、商品发布系统和运输管理系统等提取正在处理的物流、商品、配送等信息，将有效的数据信息按照统一标准进行规范化处理，并将其封装、发送到数据库。同时，物流作业管理平台可以根据客户的查询权限和服务请求，按照统一的数据规范为客户提供相应的信息服务，包括物流供给信息和配送信息的发布、查询及数据分发、综合查询等功能，以满足区域性物流园区、物流企业、运输部门及政府管理部门等相关职能部门的需求。

（3）运输智能调度和货物跟踪平台。

随着物联网、云计算、GPS、GIS 的广泛应用，运输智能调度和货物跟踪平台的功能得以轻松实现。车辆和货物信息可以通过物联网实时采集，并通过互联网上传至国家交通运输物流公共信息平台的相应数据库中，再通过调度算法和最优路线选择算法实现车辆的优化调度和货物的跟踪处理。运输智能调度和货物跟踪平台将各业务流程中有关货物配送状态的数据，包括配送货物的品种、在途情况、数量、发货地、到达地、送货车辆和人员等，进行实时采集、传输和处理，使用户能够实时跟踪查询货物和车辆信息，为物流企业和客户提供高效、高质量的管理服务。

（4）业务交易和政府监管平台。

业务交易和政府监管平台支持物流企业、货物供应商和客户等进行在线交易处理，通过系统接口实现企业和税务、工商、金融、海关、保险等不同系统的数据交换、信息传输和信息处理等。业务交易和政府监管平台为供需双方提供一个在线的交易市场，通过与工商、金融、海关、保险等系统的互联，相关企业可以发布和查询供需信息，主要包括网上采购招标、电子支付与结算、网上缴税、网上报关、网上出入境商品检验检疫、网上保险等功能。

（5）智能辅助决策平台。

利用智能辅助决策平台可以实现物流大数据的挖掘、神经网络学习、模糊分析和预测等功能，根据国家交通运输物流公共信息平台采集的物流信息、采购信息、配送信息，深层次挖掘隐藏在海量信息中的有价值的信息和规律，并结合数学模型、统计模型生成辅助决策的参考信息，如用于物流数据统计分析、配送路线分析、物流经济发展趋势预测等，为物流的统筹管理、规划和发展等提供辅助决策支持，为物流企业、运输部门和政府部门等制定战略规划和决策提供参考和依据。

2. 国家交通运输物流公共信息平台的主要服务

（1）标准服务。

信息互联标准是物流链互联互通的关键。国家交通运输物流公共信息平台制定物流信息互联标准，为参与方确定统一的语言。在交通运输部科技司的支持下，各省交通运输管理部门、科研机构、行业协会等凝聚合力，成立国家交通运输物流公共信息平台标准工作组，负责平台标准的研究制定和推广实施工作，并确定了平台标准规范体系框架。经过多年建设，平台标准实现了从省内标准到全国标准，再到国际标准的跨越。

（2）交换服务。

基础交换网络是物流信息领域高效、便捷的信息高速公路。基础交换网络为物流的仓储、运输、包装、装卸、加工、配送等各环节提供中立、开放、免费的数据单据和应用服务交互的安全通道。任何一个应用服务，只要遵循基础交换网络标准接入该网络，就可以与平台上任意应用服务进行数据单据和信息服务交互，从而彻底消除信息孤岛现象，为打通整个物流链、价值链、服务链创造条件。国家交通运输物流公共信息平台的服务不仅覆盖全国，还实现国际间服务信息互通，为“一带一路”倡议的实施提供有力的服务支持。基础交换网络包括公路、水路、航空、铁路、邮政货运物流信息 5 个行业交换节点及 32 个区域交换节点。目前，共有 40 万家企业接入国家交通运输物流公共信息平台，日均 2000 万条数据通过国家交通运输物流公共信息平台进行交换。

（3）数据服务。

国家交通运输物流公共信息平台逐步构建了公共信息数据库，提供 4 个方面的公共信息数据服务。

① 物流资讯信息：主要包括行业管理部门发布的物流相关政策法规和标准规范，以及物流行业内的各项行业资讯、统计信息、信息化实践和案例等。

② 物流设施信息：主要是物流基础设施规划与运营单位掌握的信息，包括道路和航道信息，以及港口、园区、航空货站、铁路货站等基础设施的相关信息和服务信息。

③ 物流信用信息：主要包括物流企业、车辆、船舶和从业人员等服务主体的从业资质及诚信经营情况，具体包括交通运输部门的企业经营许可证信息、车辆的道路运输许可证信息、从业人员的从业资格证信息、公安部门的车辆行驶证信息、人员的身份证信息和驾驶证信息、工商部门的企业登记信息等。

④ 物流状态信息：包括运输工具的实时位置信息，如车辆、船舶、列车、飞机的实时位置信息，以及物流节点信息，如港口及园区的进口、出口通关状态、通检状态等信息。

针对物流信用信息和物流状态信息，国家交通运输物流公共信息平台以接口和网页两种方式对外提供服务，社会企业可以根据自身的业务需要，选择合适的方式获取上述服务。

（4）数据展示。

对成本利润等数据进行对比，并将有效信息进行直观展示，供企业经营者应用。现代的多媒体展示更注重对相关制度、概念、文件进行详细的文字表述，进而实现信息的可视化。与此同时，可以依据实际情况进行相关表格的绘制，以更加直观地表达信息。除此之外，还可以在物流配送过程中，进行路线提醒、语音报警等实现动态信息的可视化。

（5）平台建设系统工程。

平台构建一个公益性的物流信息交换基础网络，同时推出若干个物流企业管理通用软件、推进若干个物流公共信息服务平台共享、推动与若干个外部重要信息系统联网。项目主管单位将以上建设模式形象地称为“1+3*N*”，其中，“1”是指构建一个国家物流信息交换基础网络，“3*N*”是指 *N* 个物流企业管理通用软件、*N* 个物流公共信息服务平台、*N* 个外部重要信息系统。

（6）交换基础网络。

交换基础网络由主服务器和若干个交换服务器组成。主服务器负责对标准、用户、路由进行管理，由管理部门建设和维护；交换服务器由管理部门、协会、企业从主服务器上下载交换软件后自行部署，为各环节物流信息系统提供中立、开放、免费的交换服务和数据服务。

3. 国家交通运输物流公共信息平台的主要目标

平台的主要目标是：建成一个公益性的物流信息交换基础网络，制定一套标准体系，在交通运输部和浙江省设立互为镜像的主服务器，在全国部署 31 个数据交换服务器；推出 20 个免费的物流企业管理通用软件，包括通用网络、小件快运、普通运输、物流基地、集装箱、仓储、货代、堆场、配送、水运等管理通用软件；完成 100 个主流物流软件的接口改造，推动物流企业接入交换基础网络；建设及整合 30 个信息发布、信用信息、货物跟踪、车货交易等物流公共信息服务平台，提供物流信息增值服务；完成和 20 个供应链上/下游重要物流及相关信息系统的联网，实现供应链上/下游信息的互联与共享。

第9章

大数据在智能物流园区中的应用

大数据等新技术创新应用模式涌现，为智能物流园区发展奠定了基础，极大地推动了物流行业和电子商务的发展。智能物流的理念开阔了物流行业的视野，将快速发展的现代信息技术和管理方式引入物流行业，推动了中国物流业的变革。物流信息是智能物流园区的重要财富，物流园区智能信息化服务，以及智能交易匹配、电子运单、网上结算等互联网智能服务模式，是实施现代物流发展规划的重要手段，可提供高效的全链式高端服务。

9.1 新基建与国家物流枢纽及智能物流园区

在中国产业转型升级的关键时刻，在数字化时代爆发的初始阶段，我国推出了新型基础设施建设规划——新基建规划，加快信息网、能源网、交通物流网三大信息数字化基础设施产业链的建设。智能物流园区基于智能化、可视化的数字化场景，如智慧管理、智能电力、智慧调度，是信息网、能源网和交通物流网三大数字化基础设施模块的重要组成部分。

9.1.1 国家物流枢纽及重要物流基础设施建设

1. 新基建是参与塑造全球供应链的必然

在当前新基建发展背景下，以国家物流枢纽为载体的重要物流基础设施高质量发展，是中国参与塑造全球供应链的必然结果，也是国家物流枢纽承载城市崛起和突破发展的可行之路。

2018年12月21日，国家发展改革委、交通运输部发布《国家物流枢纽布局和建设规划》，选择127个具备一定基础条件的城市作为国家物流枢纽承载城市，规划建设212个国家物流枢纽，计划到2035年基本形成国家物流枢纽网络。2019年9月11日，国家发展改革委、交通运输部联合印发《关于做好2019年国家物流枢纽建设工作的通知》，共有23个物流枢纽入选2019年国家物流枢纽建设名单。2020年3月12日，国家发展改革委、交通运输部联合正式启动2020年国家物流枢纽建设工作。2020年8月7日，交通运输部印发《推动交通运输领域新型基础设施建设的指导意见》。2020年8月21日，国家发展改革委经贸司介绍推动物流业发展的主要工作要点：一是深入推进物流降本增效，降低制度成本、要素成本、税费成本、信息成本、联运成本、综合成本；二是加快构建国家基础设施网络，建设国家物流枢纽城市；三是布局建设国家骨干冷链物流基地；四是促进物流业、制造业融合发展；五是开展物流园区示范工作；六是研究编制“十四五”物流发展规划。2020年10月28日，国家发展改革委、交通运输部联合印发《关于做好2020年国家物流枢纽建设工作的通知》，共有22个物流枢纽入选2020年国家物流枢纽建设名单。

新基建是以5G、工业互联网、大数据中心、人工智能、新能源汽车充电桩、城际高铁、特高压7个方向为核心的基础设施产业链建设，如图9-1所示，信息网、能源网和交通物流网三大信息数字化基础设施模块是新基建的重要组成部分。国家物流枢纽及重要物流基础设施是集平台数字化、智能物流、智慧供应链于一体的产业载体，是新基建在物流行业最接地气的落地应用场景。

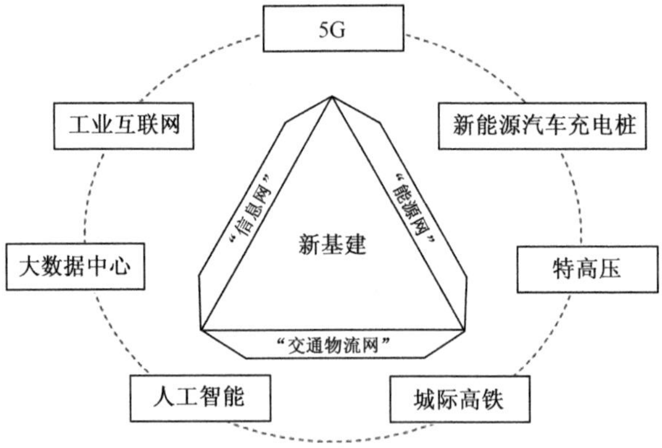

图9-1　新基建核心基础设施产业链建设

5G、互联网、物联网、大数据、人工智能等开启了我国经济高质量发展的新征程，我国步入数字化互联网时代。人工智能技术融入生产制造，释放要素资源的潜能，将重塑物流与供应链。新技术带来经济与产业的飞跃，驱动物流业构建领先地位，使之具有更广阔的视野。从“物流”到“仓库”再到“园区”的智能化，随着信息化技术水平的快速提升，影响着物流业。智能化技术集成一体化，能够模仿人的智慧，从而准确判断或解决物流运作中存在的痛点和问题。根据物流运作的实际水平和客户需求，从“智能物流”到“智能物流园区”再到“智能物流信息化”，不仅是重要物流基础设施向新基建转型升级的方向，也是国家物流枢纽承载城市未来发展的方向。

2. 新基建是国家未来发展的核心

基础设施建设具有“乘数效应”，能够倍增投资效能，产生巨大的带动作用，有利于提升居民收入、促进就业、推动产业发展、拉动国内生产总值，为国民经济高质量发展奠定坚实的基础。新基建是中国经济未来发展的核心，也会对全球供应链体系建设产生重要的影响。大力发展数字经济、枢纽经济，实现产业数据化、智能化，必须有坚实的“地基”，而新基建就是在构筑地基。地基是否牢固，不仅关系到物流业的未来发展，而且直接关系到国家经济的未来发展，因此新基建是国家未来发展的核心。

新基建即将带来的经济、商业和生活方式的改变，将影响每个中国人，每家企业、每个个人都需要为此做好准备。2020 年 4 月 20 日，国家发展改革委首次明确了新基建的内涵和范围，可归纳为七大领域、三大内涵、五新特征、六项原则，即形成“7356”稳增长的方针政策，如图 9-2 所示。

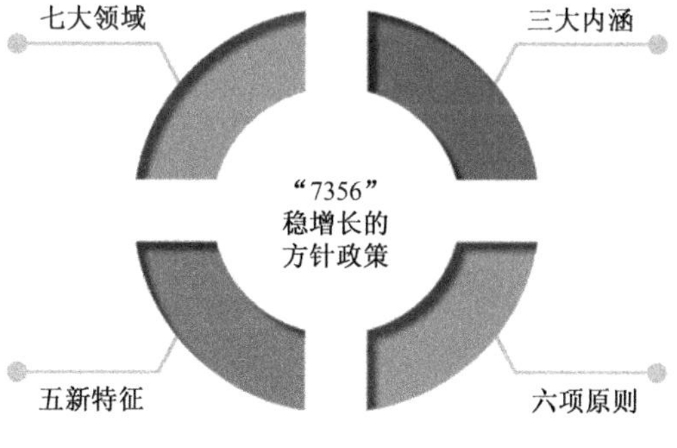

图 9-2　“7356”稳增长的方针政策

1）新基建的概念

新基建指高科技基础设施建设的七大领域。新基建狭义的概念指“重创新”的新基建。新基建广义的概念指“补短板”的新基建。

2）新基建的领域范围

新基建成为我国新一轮经济发展的风向标，主要包括的七大领域是我国未来经济工作的重点。“广义的新基建”不仅包括“狭义的新基建”，还包括存量规模或国家规划布局和基础设施建设，以及未来发展空间增量较大的领域。通过新型物流基础设施建设，带动物流相关产业加快转型升级，抓住“新基建”国家战略机遇，推动交通与物流融合发展。

3）新基建的内涵

新基建的内涵体现在如下 3 个方面，如图 9-3 所示。

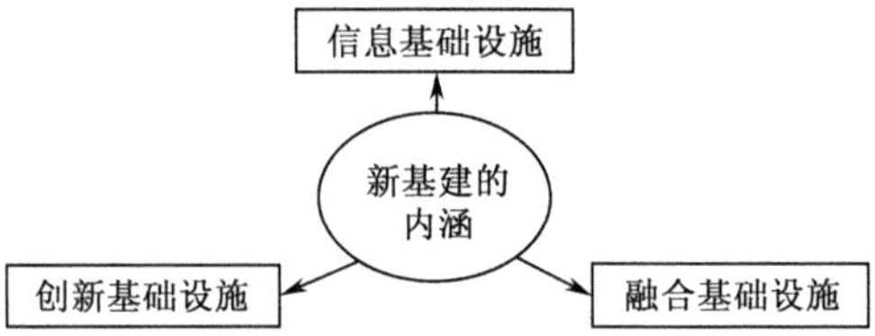

图 9-3　新基建的内涵

（1）信息基础设施：主要包括通信网络、新技术和算力三大重要基础设施，5G 被定调为“经济发展新动能”。

（2）融合基础设施：主要指深度应用新技术，助力有效控制硬件成本，支撑传统基础设施转型升级，使虚拟化和硬件紧密集成，形成一个综合的功能体系，进而形成融合基础设施。

（3）创新基础设施：主要指为创新活动提供便利的基本条件，以及支撑技术创新和科学研究的具有公益属性的基础设施。

新基建对上述三大方面做出全面、深刻的探讨，新技术减弱了传统企业对城市传统基础设施的依赖，增加了信息化与各个行业的融合，发挥了数字化对经济社会建设的带动作用。同时，国家政策扶持，市场需求牵引，营商环境提升，融资环境改善，无论行业还是企业或个人都更容易获得快速高质量发展的机会，这不仅是经济未来发展的内在逻辑，也是中国经济未来发展前行的路径。

创新驱动力的释放，必须有新的或成熟的基础设施作为强大的支撑。因此，以通信网络和新技术为基础设施形成的新基建双驱动力源应运而生。其中，5G、物联网、卫星互联网、产业互联网等，是基于新一代信息技术演化生成的通信网络基础设施（见图 9-4）；伴随着技术革命和产业链变革生成的新技术基础设施

（见图 9-5），则以大数据、人工智能、云计算、区块链等为代表。新基建的双驱动力源外延不断调整、内涵不断深化，将随着创新驱动的持续深入而变得更加精细化、柔性化。

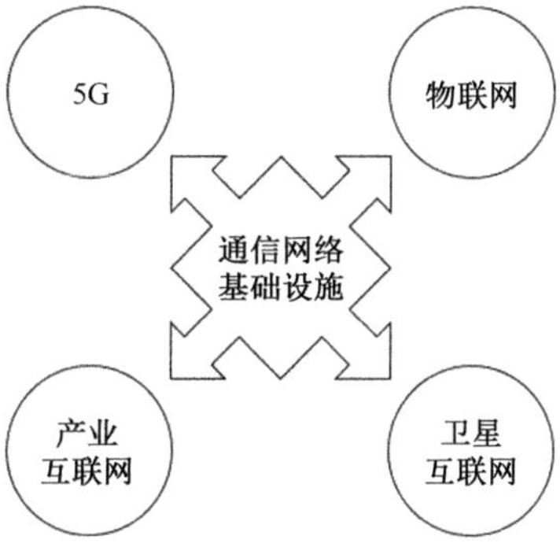

图 9-4 通信网络基础设施的代表

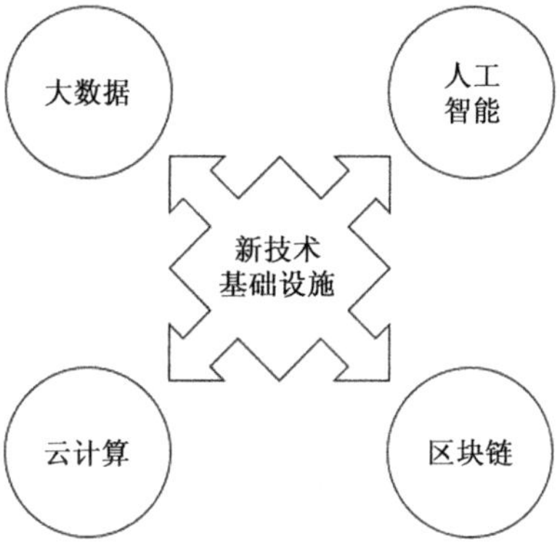

图 9-5 新技术基础设施的代表

4）新基建的特征

新基建有其独特的作用和意义，突出代表“新”的含义，称之为“五新”，具体内容如下（见图 9-6）。

（1）新领域。补齐铁路、公路、机场、水路、港口、口岸等基础设施，大力发展 5G、大数据、人工智能、产业互联网、数字化、智能化的新型物流基础设施建设，以深化创新稳定经济增长。

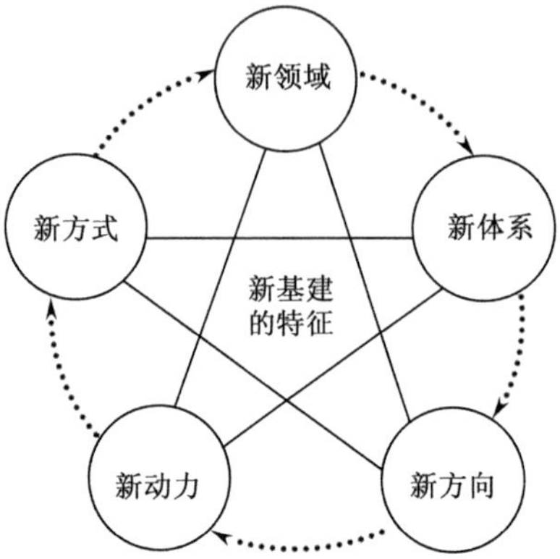

图 9-6 新基建的特征

（2）新体系。新型基础设施的建设，必然与传统基础设施建设大不相同，会产生新模式和新业态，自然也会涌现新技术更广泛的应用，催生新的生态体系，促进生态圈的形成。

（3）新方向。新基建为我国经济发展指明了新的方向，数字化、科技化、信息化、智能化都是大势所趋。无论是新应用场景的产生，还是传统产业的转型升级，都会朝这个方向发展。如果产业缺乏顶层设计和战略规划，则可能会迷失发展方向。

（4）新动力。以通信网络基础设施和新技术基础设施形成的新基建双驱动力源，给中国未来发展带来了巨大的信心。现在，无论是行业还是企业，都希望在新基建领域积极布局，争取搭上国家新基建战略下发展的快车，享受国家新基建战略下产业变革的红利。

（5）新方式。新基建投资方式要规范，应避免明股实债，可引进社会资本拓宽融资来源。发挥好资本市场的作用，让项目能够直接融资以促进更好地发展；扩大投资主体，进一步放开领域市场准入，有一定收益的项目要对民间资本一视同仁。

5）新基建的原则

新基建要遵守以下 6 项原则，具体如下（见图 9-7）。

（1）政府引导的原则。政府引导的原则是指公共政策落实精准到位，以环境建设和区域特色吸引生产要素资源，注重经济、产业和社会发展规律，激活市场一切动力资源。

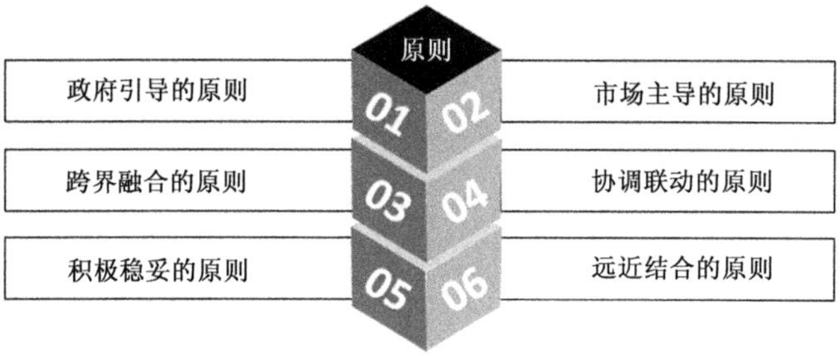

图 9-7　新基建的原则

（2）市场主导的原则。技术跟着市场走，市场本身具有巨大的、长期的需求。中国是最大的消费市场，中国工业总产值相当于美国、德国、日本三国的总和，有足够的市场需求拉动技术走向。在创新基础上捕捉市场需求，市场主导引领效应持续释放需求最大化，借助市场的力量推动创新的后续环节持续深化。

（3）跨界融合的原则。通过跨界方式进行革新，跨越两个以上不同领域分界，实现了资源的融合，相互渗透形成一个新的框架。跨界融合创造了新的发展空间，以创新是灵魂、质量是命根为目标的跨行业融合是未来新的发展方向。

（4）协调联动的原则。协调联动应遵循相互协作原则，工作有侧重并促进有效发挥。在大型项目开展过程中，涉及的具体部门可自行沟通联系，自动联动协调；若涉及内容较为复杂，可由上一级授权，负责相应工作的单位部门统一协调，进行联动。

（5）积极稳妥的原则。为实现物流行业跨越式发展，遵循“一是要积极，二是要稳妥”的原则推进产业创新，促进事业繁荣发展，在关键环节率先突破，循序渐进地推进传统基础设施转型升级。

（6）远近结合的原则。新基建在各领域涉及面广，并且应用领域细化，在这个过程中需要谨慎施策。在探索实施过程中，一方面要加快促进发展近期之需，另一方面要未雨绸缪、长远规划指导发展，因此要按照远近结合的原则来推进相关发展。

3. 新基建是推动国家物流枢纽及重要物流基础设施建设的新支点和新引擎

数字化技术向各领域加速渗透，并赋能各行各业，数字化转型成为各行各业追求的目标，只有把这些方面做好了，数字化才能真正发展起来。新基建正是着眼于这些方面，可以说，新基建就是数字化时代技术性超车的重要抓手。

在国家物流枢纽布局构建过程中，将传统的重要物流基础设施进行整合转型是其中的重要内容。可以说，新基建不仅是国家物流枢纽及重要物流基础设施建设的新支点，以及推动中国经济全面转型升级的新支点，也是推动国家物流枢纽及重要物流基础设施建设，以及推动中国新经济政策及产业全面转型升级的新引擎。

新基建对新业态的发展具有巨大的推动作用，而新业态是国家未来发展的希望。新技术的深度应用，将不断促进产业融合发展，进而催生新的业态。另外，通过数字化和智能化的推进，企业更容易发现客户的潜在需求，为客户创造新的需求，从而形成规模，产生新的业态。可见，新基建既有利于突破产业服务化加速，又可以为经济增长培育新动力、开辟新空间，并为新产业、新业态发展提供驱动力。

新基建是当前经济形势下国家发展的“破局之举”，是未来经济发展的重点，也是投资与财富集聚的“新风口”。无论是对国家，还是对企业和个人，新基建都是非常重要的机遇。从某种角度来说，抓住新基建就等于抓住了未来。新基建来了，中国经济增长的新引擎在轰鸣，国家物流枢纽与重要物流基础设施建设如何在未来数字经济重构的新格局中占据一席之地，是物流行业或物流企业都应该面对的挑战和机遇。

4. 国家物流枢纽与重要物流基础设施向新基建转型升级

1）基础设施发展模式

为实现经济发展总目标，在资源总量有限的情况下，确定计划投资优先次序，安排基础设施建设和直接生产发展顺序。

2）基础设施发展模式类型

基础设施发展模式类型有如下 4 种（见图 9-8）。

（1）超前型：主要指基础设施建设相对于直接生产活动提前一个时期的发展模式。英国是这种发展模式的代表国家。

（2）同步型：主要指基础设施建设与生产消费节奏基本相同，基础设施与直接生产活动的形成和扩大基本上同步发展。这种发展模式的代表国家有美国、瑞典、加拿大。

（3）滞后型：主要指基础设施的建设与发展滞后于直接生产活动。这种发展模式的代表国家有东欧、俄罗斯及大部分发展中国家。

（4）共建共享型：主要指在规划布局下，基础设施呈现网状互联，遵循共建共享、适度超前原则，引导项目开发建设，为新型发展构建强有力的现代化平台。这种发展模式的代表国家为中国。

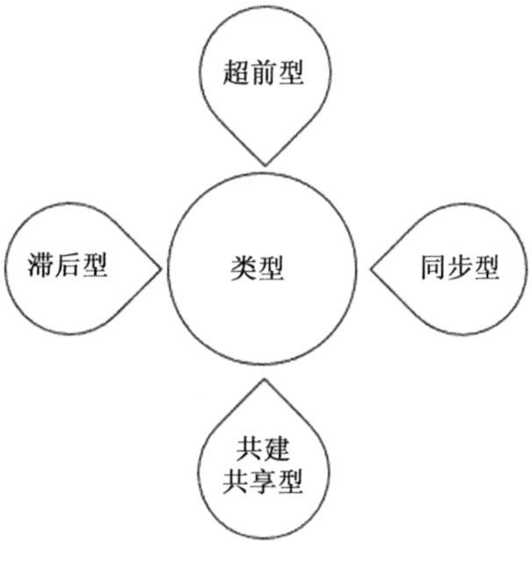

图 9-8 基础设施发展模式类型

3）“新五同”建设

（1）“信息同享”：建成布局合理、融合的信息同享平台，构建安全、可靠的信息体系。

（2）“交通同网”：利用高效的现代化交通物流网络，形成支撑全球供应链的大网络。

（3）“能源同体”：探索区域基础设施共建、能源同体、共享共管模式。

（4）“环境同治”：建设环境共同治理体系和完备的应急设施体系。

（5）“生态同建”：共同建设绿色生态圈，从重要物流基础设施到国家物流枢纽，从“一带一路”倡议到“一带一路”沿线建设都在探索这种国内外合作共赢的创新模式。

5. 协调推进新基建与国家物流枢纽和传统交通物流基础设施建设

1）新基建蕴含商机但应避免产能过剩

深度和广度的拓展。新基建应用在深度和广度方面持续拓展，不应忽视支撑国民经济发展的基础性、战略性、先导性的物流领域；在重点领域要加快进程、精准发力，要打好现代物流产业链的基础，将物流基础设施投资向数字化方向倾斜，提升现代供应链的效率和质量，支撑提高交通物流基础设施竞争能力和发展水平。

不能浪费资源。目前，许多城市已经做好了国家物流枢纽建设规划，但落地过程缓慢，不能真正对接市场需求，最后演变成低效率、高投入的项目，从而造成资源浪费。国家发展改革委强调，在推动国家物流枢纽建设过程中不应拍脑门、不顾一切地往上冲，而要根据市场不同发展阶段的需求，推动基础设施持续健康建设。

不能与产业脱节。国家物流枢纽和物流基础设施建设，是资源要素、产业配套、上下游产业和基础设施等综合因素作用的结果，新基建协调推进才能支撑国家物流枢纽发展，才能支撑全球产业链、供应链格局与环境建设。如果资源要素、产业配套、上下游产业和基础设施应用跟不上，就会空有国家物流枢纽承载城市之名，而不能真正发挥国家物流枢纽城市之承载作用。

总之，新基建与国家物流枢纽和传统交通物流基础设施虽然都是基建，但又完全不同，需要结合自身产业发展情况来实施。

2）国家物流枢纽是新基建的重要组成之一

国家物流枢纽布局建设，高效整合新基建的内容和发展方向，实现以5G、工业互联网、大数据中心、人工智能等方向为核心的联动，推进信息技术在交通物流领域的广泛应用。国家物流枢纽成为产业要素的集聚平台。

3）重要物流基础设施转型也是新基建的重要功能之一

国家发展改革委在界定新基建的范围和内容时，明确了“融合基础设施”是支撑传统基础设施转型的重要途径。也就是说，新基建与重要物流基础设施融合协调，是新基建的重要功能之一。以网络化、数字化、智能化为主线，以扩功能、提效能、增动能为导向，以数字转型、智能升级推动建设物流领域新型基础设施。

4）新技术应用在重要物流基础设施领域

先进的信息技术可以深度赋能交通物流领域新型基础设施建设，促进精准感知、精确分析、精心服务、精细管理能力全面提升，支撑重要物流基础设施建设。目前，我国利用感知设施、北斗时空信息服务、先进传输网络在交通物流领域的覆盖和应用，建立行业数据中心和网络安全体系，这些新技术在智能机器人、智能列车、无人驾驶载重汽车、无人仓储、智能船舶中广泛应用。新技术的支撑能力显著提升，新技术在我国物流领域的应用水平居世界前列。

5）新基建助力物流领域产业结构和创新能力“补短板”

长期以来，我国物流领域产业结构和创新能力存在短板，而新基建能更好地助力发挥“补短板”、促创新的作用。传统意义上的“补短板”，更多面向过去，补传统物流基础设施的不足和弱项，主要目标是补齐发展的短腿。新基建则主要面向未来，补产业基础能力、创新发展能力和新兴产业的短板，侧重于前瞻，抢抓新一轮科技革命和物流与供应链变革的机遇，主要目标是支撑和引领未来物流与供应链升级。新基建与传统物流基础设施一起发力、协调推进，能形成合力，加快推进物流业高质量发展。

6. 国家物流枢纽与物流领域的基础设施建设

物流领域的基础设施是指在物流与供应链的服务功能环节上，组织、管理、集结综合性或单一性的不动产功能场所。国家物流枢纽的布局涵盖了物流领域的基础设施建设，包括物流仓储配送基地、分拨配载货运站场、交通运输网络等功能载体建设，形成互联互通的物流网络。

科技创新实力，借助 5G、人工智能等技术进步，物流要素的数据化变革实现了物流行业信息化、智能化、无人化的转型升级，形成了智慧物流网络生态圈。伴随着重要物流基础设施的完善、技术升级，交通物流融合发展进程加深，物流业正在加速融合发展。

1）国家物流枢纽的概念、特征、内涵

（1）国家物流枢纽的概念。

通过提升城市综合交通枢纽规划设计、建设水平，使大数据等技术融入智能物流，依托以现代信息技术为核心的供应链管理技术和关键物流节点，完善枢纽集散中转功能，优化转运设施和集疏运网络，建设立体化的物流服务通道，提升供应链服务功能和服务质量，实现现代物流业与制造业、商贸业、金融业、信息服务业的融合发展，形成具备多功能的促进协调区域乃至全球互通互融的供应链枢纽。

（2）国家物流枢纽城市的特征。

国家物流枢纽城市是指在国际物流大通道网络和全球供应链体系中发挥关键作用的中心城市。同时，国家物流枢纽城市也在全球范围的产业合作，以及区域协作中发挥着重要作用。

（3）国家物流枢纽的内涵。

国家物流枢纽是集中实现货物集散、整理、存储、分拨、运输、配送等多种功能物流企业聚集活动的物流设施群，具有完备的区域性组织中心功能，是全球供应链体系的重要基础设施，是辐射区域更广、集聚效应更强、服务功能更优、运行效率更高的综合性物流枢纽，是全球供应链中重要的中心或枢纽。

（4）国家物流枢纽城市与物流节点城市的区别。

物流节点城市主要是指在国内物流大通道网络中，以及在国内供应链中能发挥重要功能作用的节点城市，其在区域范围内可以发挥区域枢纽作用，但在更大范围内只能作为一个重要节点。国家物流枢纽城市是指在国际物流大通道网络中，以及在全球供应链体系中的重要节点，其是能发挥关键作用的中心城市或枢纽城市。

2）物流枢纽经济的特征

物流枢纽经济具有以下四大特征（见图 9-9）。

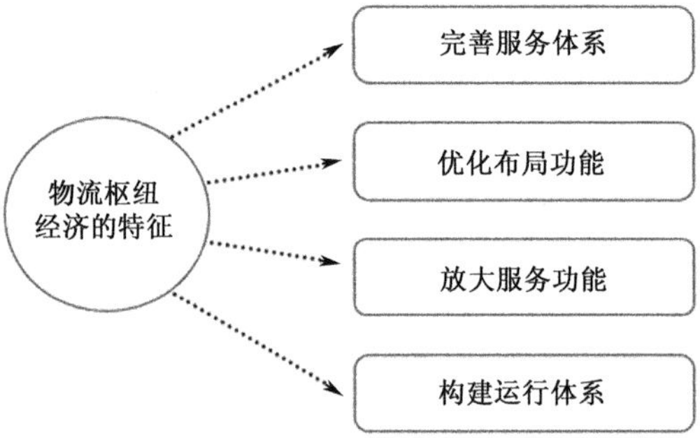

图 9-9　物流枢纽经济的特征

（1）完善服务体系。完善集公路、铁路、水运、空运、多式联运等于一体的现代供应链服务体系，交通运输方式多样。另外，物流基础设施比较发达的城市，配置了地上或地下轨道运输、地下管道运输、长途汽车客运、高速公路休息站网络等相应配套设施，从长远发展来看有条件的话还可以纳入或接驳快递、配送、专项运输，提升与完善服务体系。

（2）优化布局功能。优化国家物流枢纽和物流节点的布局规划、空间设计和建设，不断强化和完善基本功能，积极营造“链”环境，在“延链、补链、强链”方面做文章，有效释放枢纽经济和物流枢纽的新动能。

（3）放大服务功能。加强物流枢纽整体运作，在更大范围、更宽领域、更高层次上促进资源优化配置，以建设物流枢纽综合服务平台为契机，吸引外向型生产制造、国际商贸和物流产业的集聚，以提升和放大服务功能为根本，推动物流枢纽城市经济高质量发展。

（4）构建运行体系。构建国家物流枢纽城市运行体系，打造要素完备、基础设施完备、制度健全、通道顺畅、网络环境优化的物流运行体系，促进城市经济发展，建设“物流强国”。对物流枢纽城市来说，参与区域乃至全球供应链体系既要有竞争能力，又要有合作意识，还要具备敢于担当重要角色的勇气。

3）物流园区的概念、本质

狭义的物流园区是：“用于物流产业的房产和地产，是物流企业财产的重要组成部分。”物流园区的一般概念是：“根据物流市场需求，选择合适位置，利用专业技能开发、建设、运营与管理物流设施设备，与制造商、零售商、物流公司等客户建立密切的合作关系，为其提供合适的现代物流设施和相应的物流服务。”物流园区的广义概念是：“物流园区是能够充分利用物流产业的物业或区域土地，特别强调物流服务、物流信息、物流金融等集成的物流资源平台等资源，通过规划来实现物流产业价值最大化的整合体。”

物流园区的本质是物流基础设施服务和物流服务一体化的产物。物流园区是涵盖物流本身服务和物流基础设施服务，并形成一体化的产物。在物流园区中，通过地产促进物流，反过来服务又对地产进行补充，两者相互促进、互为补充。物流园区是工业地产、产业地产价值链的裂变和延伸，其多方面融入价值创造体系，有利于长期、稳定的战略发展；其整合、优化物流服务与资源，形成了新技术发展背景下的核心竞争力。

7. 新基建下国家物流枢纽及智能物流园区探索新技术落地

在新基建发展背景下，保持物流高质量发展的战略定力，要围绕推进国家物流枢纽及智能物流园区创新，从枢纽经济和城市全面走向数字化的大趋势中找到最大确定性。

1）5G 对国家物流枢纽城市的影响

作为 5G 技术研发应用的先行者、践行者，我国 5G 国家物流枢纽已经踏上新征程，国家物流枢纽期待 5G 技术广泛应用。目前，国家物流枢纽承载城市将加强区域内整合优化，这势必会让新技术得以拓展和普及。可以预见，正在布局规划中的国家物流枢纽城市将会率先应用 5G 技术，在每个独立枢纽平台搭建过程中，5G 技术及其应用是不可或缺的重要一环。5G 技术为国家“十纵十横”交通运输通道和物流大通道发挥了重要保障作用。

智能物流发展迎来新基建的国家发展机遇。万物互联不再遥不可及，畅享 5G 通信只有一步之遥，智能物流在 5G 时代变革创新，将实现物流更加智能的应用、更快的反应速率、更多更大的可能性，这些都是未来可期的场景。5G 无人驾驶技术亮相，体验 5G 智能交通只在弹指之间，5G 智能物流也在着手筹建，打造先进的物流枢纽基地不再是空中楼阁。

随着科技的发展，世界第四次工业革命扑面而来，高速移动通信网络和新一代信息技术产业链普遍应用，从替代人的体力劳动到部分替代人的脑力劳动，使制造形态发生非常大的变革，出现了智能生态系统、智能物流、智能园区、智能工厂、智能车间、智能仓储与作业等。

5G智慧将突破传统物流园区。传统物流园区的发展，导致传统物流模式同质化竞争严重。智能物流上线将产生颠覆传统物流园区的效果，5G智能物流园区自动化、无人化或少人化发挥得淋漓尽致，调动管理全程可控。智能化新型物流基础设施建设与区域经济更加紧密融合，以物流链全环节的智能化推动技术创新，落地到国家物流枢纽集群化建设，带动经济圈和国家物流枢纽承载城市的发展。

2）新基建是驱动国家物流枢纽及智能物流园区集成智能化技术应用的载体

国家物流枢纽和智能物流园区承担社会的基础功能。国家物流枢纽及智能物流园区以产业集聚为中心，通过全球物资的产地、销地、集散地来构建全球供应链网络。信息化、智能化、无人化、少人化，很重要的一个因素就是用新技术手段来解决新出现的问题。数字化，除了园区管理的数字化之外，还包括每件货物、每个设备的数字化。绿色化，智能物流园区基本上用电动车，一个智能物流园区有几百辆电动车，自用、送货、服务的车辆也都是电动车，并引导上下游企业也用电动车。可见，新基建是驱动国家物流枢纽及智能物流园区集成智能化技术应用的载体。

新基建驱动运用新技术。依托5G技术集成智能化新技术、智能物流设施与装备，并和产品融合应用，打造智能化、一体化的国家物流枢纽和智能物流园区。无论是国家物流枢纽，还是智能物流园区，均具备智能化、一体化特征，主要体现在新技术的智能获取、智能传递、智能处理、智能应用，并具有柔性化、层次化、社会化的特点。

新基建驱动集成智能化新技术。物流数字化、智能化模式变革，推进建设智能物流模式生态系统。从智能“物流”到“无人仓”，再到“无人驾驶载重汽车”，新技术水平应用内容与应用范畴不断扩大，实现物流每个环节中的智能服务。新基建驱动集成智能化技术是实施大数据战略的重要手段，可提供全程高效的服务，并逐步影响整个物流行业系统。整合信息资源实现共享，利用集成数据智能化处理解决目前物流行业存在的各种瓶颈，产业数字化、自动化、智能化是物流行业转型升级的一个新方向和发展路径。

新基建驱动新技术应用的特征体现在：仓储管理向自动化、人工智能化发展成为热点。最明显的特征是仓储向无人仓规划设计，仓储大脑和机器人无缝衔接，智能物流设施与装备和产品融合应用，实现智能感知、智能整理、智能分析、智能优化、智能链接、智能修正、智能反馈、智能跟踪定位等场景。5G 技术和数字化将发挥重要作用，实现所有人、机、车、物一体交互，实现自动化全方位调度、监测、控制、预警和智能管理。

新基建驱动国家物流枢纽构建数据交换功能。新基建驱动国家物流枢纽、智能物流园区及仓储、检验等系统管理部门实现信息化及业务电子化作业，实现信息互通和共享。智能化新模式管理功能具有数据交换、存证管理、单证转存、用户管理、统计管理等支持功能。

3）*新基建驱动智能化新模式管理功能*

新基建驱动智能化新模式管理功能如下（见图 9-10）。

（1）智能管理与智能集成模块。利用智能物流系统的智能机理，强调促进经济和资源配置实现社会化。

（2）智能数据模块。利用数据系统获取综合物流管理平台的基础数据源，通过从系统获取的物品到货信息，对物流配送、路线、停车和客服的服务全程进行智能管理。

（3）智能分拣、智能包装和智能配送模块。该模块系统总体功能分为综合物流管理平台和智能仓库两部分，提供智能运营配送及运输状态跟踪信息。

（4）智能订单与电子面单模块。连接线上、线下所有系统，包括线上各种渠道订单来源系统和线下订单流转程序，解决如何与协作系统进行交互的问题；满足所有的业务规则，可快捷地处理大量的订单任务。

（5）智能仓管及智能库存模块。主要依靠智能化物流系统应用集成，使仓储管理、中转、运输、配送、货物处理等物流作业实现机器代替人工，使全仓储流程无人化，使各种物联网技术联动交互，实现仓储降本增效的目标。

（6）数据智能监控模块。数据智能监控和实时监控管理平台构成数据智能监控模块，其深入统计、挖掘、预测和分析集成新技术应用，为物流决策提供更加科学、准确、全面及可预见的技术支持。

（7）智能查询与数据智能分析模块。可以通过数据中心智能管理监控，检查库存物料、物品质量指标，跟踪其使用情况并反馈甚至溯源生产加工企业。

（8）数据电子商务智能支持模块。利用信息管理技术、计算机技术、机器人技术、自动控制技术等，为物品的实物及网上在线展示提供智能支持。

（9）智能数据交换中心模块。互联网业务管理、信息交换和信息共享为智能数据交换中心模块提供支撑，平台智能化运作使信息交换效率更高。

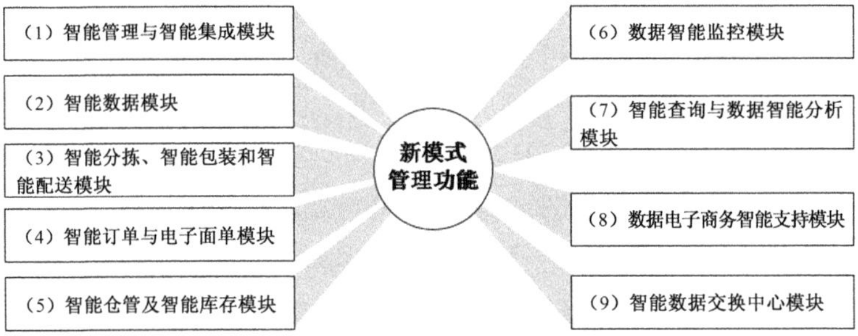

图 9-10　新基建驱动智能化新模式管理功能

人工智能正被越来越多的机构或组织研发着。智能化将覆盖个人、企业、组织、工具、技术、社会、交通、城市等，力图以人类的智慧解决可持续发展的各种难题。人工智能技术的应用，使自动化、可视化、网络化的服务和决策支持方面的获取得到极大加强，提高了智能物流服务水平，大大降低了物流成本。智能化的事物将新技术融为一体，满足了人们不断提升的需求。

9.1.2　国家物流枢纽及智能物流园区统筹运营功能

国家物流枢纽及智能物流园区整合交通、资源、枢纽等优势，以建设“现代物流、智慧物流”为目标，以“互联网+高效物流”为基本要求，有效整合物流市场要素和资源，构建产业集聚服务基地、多式联运节点、集约化物流信息中心，将仓储配送、中转集散、金融服务等相关业务统筹到运营功能区。

1. 国家物流枢纽及智能物流园区完善体系提供一站式服务

（1）多式联运。

以铁路运输为主导，联合其他运输方式，为客户解决“最后一千米”的问题，降低物流成本。

（2）铁路港。

开行国际集装箱快运班列和国内铁路货运班列，提供进出口集装箱、国内集装箱和成件包装货物运输全程物流服务。

（3）内陆港（海关监管场站）。

提供保税仓储、集装箱运输、租船订舱、属地报检报关等门到门服务，降低货物在港口因压港、滞箱、过驳产生的费用，缩短所需时间。

（4）公路港。

提供物流信息交易、联运货运专线、集配货、仓储、甩挂运输、汽车公寓、财务结算、停车修理、保险、税务等综合服务。

（5）水运港。

水运港分为沿海港口和内河港口，对接国际、国内航线和港口集疏运网络，实现水陆联运、水水中转有机衔接，主要为港口腹地及其辐射区域提供货物集散、国际中转、转口贸易、保税监管等物流服务和其他增值服务。

（6）航空港。

航空港是民用航空机场和有关服务设施构成的整体，是保证飞机安全起降的基地，以及空运旅客、货物的集散地，包括飞行区、客货运输服务区和机务维修区 3 个部分。

（7）口岸。

口岸是由国家指定的对外往来的门户，是国际货物运输的枢纽，是一种特殊的国际物流节点。

（8）物流运输。

提供“门到门”一体化配载、分拨、配送服务。

（9）电子商务和城市配送。

提供商品中转分拨和交割服务，打造线上线下互动、商品交易与物流服务一体化衔接的电子商务模式。

（10）仓储配送。

设置现代化智能仓库，建立仓储资源在线开放和实时交易，完善仓单登记、公示及查询体系，提供分拨配送服务。

（11）物流金融。

联合银行、保险等金融机构，提供贷款、结算、信托、保险金融服务，以及存货质押、现货质押、仓单质押等金融物流服务。

（12）供应链管理。

提供物流规划、资源整合、方案设计等供应链优化方案服务。

（13）物流信息平台。

建设现代化物流信息平台，满足物流公司、电子商务企业、商贸企业、生产企业、快递企业等入驻需求，为园区客户提供物流服务，以及工商、税务、银行、公安、交通等一站式服务。

2. 搭建平台提供智能信息化服务

依托网络平台，建立集园区网站、物流公共信息、交易大厅资讯、多式联运管理、资金结算、订单管理于一体的园区物流信息平台，可采集车源信息、货源信息，实现“车找货，货找车”的智能交易匹配。园区应用电子运单、网上结算等互联网服务新模式，可为合作客户提供全程“一次委托”、运单“一单到底”、结算“一次收取”，实现“一票到底”式全程高效联运服务。搭建现代物流、电子商务、供应链金融“三位一体”的交易平台，可为周边区域商品提供现代化的交易服务；通过联合社会分散的运输、仓储、配送等物流资源，搭建无车承运业务平台，让物流更快捷、配送更方便、中间环节更少，节约了运营成本。

9.1.3 智能物流园区及信息平台的功能

智能物流园区平台运营商通过“资源整合、规范管理、服务提升”来创造价值，成就信息一体化平台。其核心就是通过聚集与整合资源，形成盈利模式，产生增值收益。

智能物流园区作为智能化技术、智能物流设施与装备及产品融合应用的一个重要场景，可以实现自动入仓和出仓、交易匹配、实时库存管理、仓储大脑和机器人无缝衔接、AR 作业、包裹跟踪定位等，5G 技术和数字化在其中发挥重要作用。

大数据供应链构建“工业 4.0”时代或 5G 时代物流园区管理智能化新模式，重构大数据技术在智能物流园区运作与管理中的应用新模式。智能物流园区以“平台构造节点化、园区管理智能化、业务服务全程化、行业效益长远化”为特色，集成智能技术感知需求，确定先进性指标来支持并不断完善集成性服务，进而推动智能化技术、电子商务、软件、系统应用、大数据、物联网、5G、区块链等新兴产业的发展，这是整个物流产业经济发展的新引擎。

智能物流园区物流公共信息服务功能主要包括政务信息服务功能、数据交换功能、物流信息发布功能、电子商务功能、企业物流信息管理功能、业务管理与业务跟踪功能，以及征信查询、广告推广、物流解决方案、咨询培训等商务信息功能。

1. 政务信息服务功能

智能物流园区物流公共信息平台是政府与企业间联系的桥梁，从政府组织和支持物流公共信息平台建设的角度，以及从国家及地方正在启动政府上网工程的角度，物流公共信息平台应具有发布政府有关政策信息和宏观经济信息的功能，以便提高物流企业获取信息的效率，从而更好地引导企业的发展，使政府信息服务成为推动和支持物流发展的重要力量。

2. 数据交换功能

物流管理、经营等活动涉及交通运输、仓储、海关、商品检验检疫、税务、保险、金融等多个行业管理部门的信息及业务往来。不同企业之间，以及不同物流管理环节之间，存在大量的信息交换与业务往来，为了提高企业与管理部门、企业与企业之间的数据交换效率，为了使不同数据格式的信息能够实现互通和共享，物流公共信息平台应提供大量的、普遍存在的数据交换服务功能，以及交换信息的翻译、转换及存证管理功能。对于数据交换，必须在物流公共信息平台上开发 EDI 系统；对于存证管理，必须开发基于互联网和 EDI 技术的 Web 查询。

3. 物流信息发布功能

作为物流环境建设的重要组成部分，物流公共信息平台将通过提供企业在物流管理、经营活动中所需要的信息发布功能，为政府主管部门及各类企业提供信息支持。物流公共信息平台发布的物流相关信息包括运输价格信息、货源及运输能力信息、企业广告信息、行业协会公告、培训信息等。

4. 电子商务功能

物流具有连接生产企业、销售企业的作用，物流公共信息平台也是物流企业、工业及商业企业较为关注及利用频率较高的信息发布、收集渠道，因此其商务价值较高。为了充分发挥物流公共信息平台的使用价值，应使其具有电子商务功能。

5. 企业物流信息管理功能

物流园区组织建设物流公共信息平台，为适应企业物流信息管理的多样化需求，其功能将采用模块化设计，主要包括系统管理与集成模块、运输配送管理及货物跟踪模块、分拣包装配送模块、订单处理模块等 8 个功能模块，具体如下。

（1）系统管理与集成模块。

维护整个系统的正常运行，保证数据安全；为需要进行多模块信息管理的企业提供系统集成帮助。

（2）运输配送管理及货物跟踪模块。

为进行运输、物流服务及物流管理的工业及商业企业提供运输与配送运价、路线，以及停车场和客户资料的管理。

（3）分拣包装配送模块。

提供信息处理支持，为从事运输业务的企业及其运输活动提供运营组织管理服务，为企业及其客户和合作伙伴提供货物运输状态跟踪信息。

（4）订单处理模块。

为物流服务企业、工业及商业企业提供物流运作指令及相关订单登录、传递和管理服务。

（5）仓储管理及库存水平监控模块。

为中转、运输、配送的物品提供仓储管理、货物处理；对合作企业及客户的库存情况进行实时监控。

（6）综合查询与统计分析模块。

提供跨系统的全方位查询与统计分析，提供企业设施、费用的管理，提供经营企业所需的人事、工资、组织机构等内部事务的管理。

（7）信息发布及电子商务模块。

提供车辆、货物、商品的相关信息及时发布服务，提供商品的实物及网上在线展示功能，为企业电子商务的运作提供支持。

（8）数据交换中心模块。

提供网上数据交换及客户数据存证、查询服务；为企业之间的数据通信提供支持。

6. 物流园区信息平台建设

1）物流园区信息平台的结构

物流园区信息平台在结构上必须充分满足企业对物流管理的需求，以及物流信息管理技术进步的要求，保持服务的适应性和技术的先进性，并使维护的成本更低、方便程度更高。

2）区域性物流园区信息平台的定位

物流园区是一种建设规模巨大、服务功能齐全的现代物流基础设施，兼具经济开发和相关产业的发展功能。考虑物流园区的发展，不能希望直接从物流园区自身的经营中获取利益，而应从“转移获利”的角度，获取经济发展环境改善条件下的整体经济效益，即可持续经济发展效益。对于物流园区的建设，不应孤立地考虑，而应从构筑区域性物流数据网络系统的高度，权衡各种物流基础设施的发展。

以建设物流园区为契机，通过明确物流园区在物流数据网络系统中的中心地位，使以物流园区为中心构建的物流基础设施系统与现代物流发展框架，在物流服务功能和组织上实现合理分工，做到内可高效通畅地进行区域范围内的物流组织，外可与其他经济区域的物流组织系统进行连接和沟通。

3）物流园区信息平台服务

物流园区信息平台主要为物流管理服务，能支持企业物流的经营运作。在现阶段的物流园区建设过程中，制定区域内的物流信息标准是很有必要的。

（1）公共信息平台。

公共信息平台是物流园区内信息综合度最高的管理信息系统，它以网络业务管理、信息交换和信息共享为支撑，以建立一个综合的、开放的 B2B、B2C 电子商务物流平台为目的。

公共信息平台总体功能为：公共信息的及时交换和共享，为用户提供在线物流交易环境（虚拟交易大厅）及政府各职能部门“一站式”服务的集成环境，实现智能化实时事务处理、安全认证支持；是供应链管理中的信息交换枢纽，为政府提供行业管理决策支持，进行各系统平台之间的接口建设。编制数据规范和通信协议，为中小企业提供高效、低成本的物流管理专业工具，具有物流园区内物流活动的全面监督、协调与信息沟通功能。

公共信息平台需要为物流园区内各企业的基础数据管理、业务过程管理、辅助决策、财务管理等提供公共信息支持，并能够通过互联网为企业提供区域范围内的数据传输、数据汇总、异地出货、异地签单、分支财务处理、财务结算等功能；同时，为货主提供基于互联网的询价、订舱、车货跟踪、提单查询、报表生成、打印等 24 小时自助服务功能。

（2）物流业务信息平台。

物流业务信息平台为入驻物流园区的客户（如物流服务提供商、货主、制造商、批发商、零售商等）提供统一、高效的沟通界面，对其所涉及范围内的需求信息和物流源进行全面整合，以最优的资源配置、最佳路线和最佳方案的选择来满足一体化物流的需要。

9.1.4　智能物流园区信息平台的建设与逻辑架构

智能物流成为物流发展的新趋势，智能物流园区的发展成为战略新定位，智能物流园区信息化规划整体架构成为智能物流园区发展的方向。智能物流园区可实现“智能感知、智能分析、优化决策、高效执行”的循环控制模式，智能物流园区以“平台构造节点化、园区管理智能化、业务服务全程化、行业效益长远化”为特色，进行基于大数据的智能物流园区信息平台建设。

1. 智能物流园区信息平台

智能物流系统对物流循环进行控制的最终目标是实现智能化。运用大数据技术构建智能物流园区信息平台。在智能物流园区信息平台中，通过互联网技术和移动通信技术对物流业务产生的数据实现智能感知采集，通过建立数学模型对历史数据进行挖掘来实现智能分析，应用大数据技术提取辅助用户优化决策的信息支持用户做出决策，从而采取有效措施、高效执行，并作用于感知数据，实现循环控制的功能。面向物流产业链，通过系统集成、平台整合，配以传感器、RFID、无线视频传送、GIS、GPS 等移动通信技术，将智能物流园区相应的控制点与政府部门、供应链上下游企业、物流企业、金融机构等互联互通，实现物流数据交换和物流服务整合，对现有物流状况进行评价，对未来物流趋势进行有效预测，并输出优化方案，实现智能物流园区真正意义上的智能化。

2. 智能物流园区信息平台建设的特色需求

智能物流园区的核心是信息平台，其建设重点是不断扩展信息平台的适用范围，提升与外界数据的共享程度，实现物流的全面整合。

智能物流园区信息平台需求可分为 4 个层面，即物流园区企业、物流企业、会员客户、服务机构。物流园区企业为入驻的物流企业提供平台服务，负责对物流园区的资源进行整合、统筹、调度等。物流企业作为执行方为客户提供物流及相关服务。会员客户作为需求方或货物接收方，向智能物流园区信息平台索求物流服务。服务机构则提供检验、税收、金融等服务。整个物流服务流程的所有数据信息被感知采集，并通过互联网技术、移动通信技术传到智能物流园区信息平台的数据处理中心，在数据处理中心进行数据过滤与交换、数据挖掘、数据分析等自配置处理，对业务流程提供可靠的决策支持。在物流服务过程中，基于 Web、物联网等技术，结合全球卫星定位系统、地理信息系统和移动监控平台等，实现车辆定位跟踪、实时路线选择、远程监控调度、仓储智能管理等功能，提高资源利用效率、出行安全性和突发事件的处理能力。

1）保证系统先进性

智能物流园区信息平台应用范围广泛、服务对象众多、技术更新快速，是智能物流园区核心竞争力的体现。因此，在规划智能物流园区信息平台时起点要高，应以先进性为原则，采用符合国际标准、发展前景好的新技术与新产品，如大数据技术、物联网技术、云计算技术等，用领先的技术来引导、规范、创新智能物流园区的业务发展。

2）保证系统可拓展性

智能物流园区的建设是一个动态过程，不断变化的用户需求及快速更新的技术对智能物流园区信息平台的可拓展性提出了更高的要求。可拓展性包括两个方面：一是内部的可拓展性，即智能物流园区信息平台系统功能的增加及自我完善更新；二是外部的可拓展性，即与外部信息的对接交换。无论是内部的可拓展性，还是外部的可拓展性，都需要信息平台前期建设的标准化和规范化。只有在信息平台建设初期就为后期各类技术设备的连接和嵌入奠定基础，才能实现系统内外部数据的顺畅交换，从而提高智能物流园区信息平台的通用性、互换性和可拓展性。

3）提高信息平台分析决策能力

智能分析、智能决策是智能物流园区的重要特色。首先，分析决策能力的提升，要依靠海量数据的支撑，因此应加大信息存储能力，使物流、信息流和资金流等得到有效收集、存储，这是提升分析决策能力的第一步。其次，分析决策能力的提升，要构建包含各业务环节、全面覆盖智能物流园区的数据管理平台及信息公用模型，使智能物流园区数据实现无缝流转，提高数据处理中心对结构化数据、空间数据、非结构化数据、实时流数据的计算能力，提高平台的数据集成管控能力。运用先进的数据分析挖掘技术实现数据的使用价值，这既是建设目标，也是建设难点。一个成功的智能物流园区信息平台，必须将人工的、延时的、碎片化的数据分析转化成智能的、即时的、大数据的分析，为园区的问题分析和回应能力、运营优化、设备评估等提供稳定的、客观的依据。

4）保障信息安全

随着智能物流园区管理的智能化、信息化程度进一步提高，智能物流园区企业与智能物流园区的互动增多，网络边界开始向用户和智能设备延伸。因此，智能物流园区不但要设置防火墙，还应及时构建一套全面覆盖智能物流园区信息及智能物流园区控制范围的智能安全防护体系，从根本上保证信息安全。

3. 智能物流园区信息平台的逻辑架构

构建智能物流园区信息平台的逻辑架构，结合大数据技术等，实现智能物流园区感知层、数据层、应用支持层、表现层、用户层的相关功能，以及优化决策、高效执行等功能，为智能物流园区信息平台建设提供先进的、可行的蓝本，为物流产业的转型升级提供技术方面的指引。

智能物流园区信息平台建设的关键着力点如下。

（1）感知层：数据采集。

感知层是智能物流园区信息平台的数据采集层，依靠先进的物联网技术，通过各种类型的信息采集装置，利用 RFID、条形码、传感器、GIS、GPS 等先进的信息技术，完成初始数据的采集，并实时跟踪物流动态、及时反馈数据，实现初步的智能感知，为高层级的大数据应用积累原始数据。

（2）数据层：大数据分析。

在大数据技术快速发展的今天，数据采集已经被广泛应用于互联网及分布式领域，数据采集领域也发生了重要的变化。分布式控制应用场合中的智能数据采集系统在国内外已经取得了长足的发展。总兼容性型数据采集插件的数量不断增加，与个人计算机兼容的数据采集系统的数量也在增加。国内外各种数据采集机先后问世，将数据采集带入了一个全新的时代。

数据层的核心是运用大数据技术进行数据分析，并对感知层传输过来的数据进行过滤和存储。感知层将采集到的结构化数据、非结构化数据、实时流数据及其他数据源传输到数据层。同时，通过开放式的接口，从企业、政府、金融机构、园区管理部门等外部实体获取有关信息，使所有数据汇集于此，形成庞大的数据源，为数据分析、数据挖掘提供多元、丰富的样本，以保障数据分析结果的有效性。数据层通过电子数据交换技术、云计算技术、数据挖掘技术、数据仓库技术等，对海量信息进行存储、管理，并利用虚拟化技术、分布式处理技术、SQL、实时流数据处理技术、智能分析技术等为数据的分析挖掘提供强大、快速的技术支持。

（3）应用支持层：核心数据处理。

数据处理是指对数据的采集、存储、检索、加工、变换和传输。数据处理的基本目的是，从大量杂乱无章的、难以理解的数据中抽取、推导出对于某些特定的人们来说有价值的、有意义的数据。数据处理是系统工程和自动控制的基本环节。数据处理技术的发展及其应用的广度和深度，极大地影响着智能物流园区发展的进程。

（4）数据传送处理调用及挖掘。

应用支持层的核心是数据处理，其主要由自配置处理、决策支持处理两大部分组成。感知层将采集到的 GPS、GIS、运单、环境等数据，处理后存储到 Hadoop、MySQL 等数据库中，传输到数据处理中心自动进行数据过滤、数据交换、数据挖掘、数据分析等自配置处理，在此形成具有一定指向意义的结果，并输出可视化的结果进行展示。而从分布式数据库、数据仓库中接收到的供应链、质押、财务等数据经过分布式计算框架处理，传输到数据处理中心，可供人为调用，以及通过数据挖掘进行决策支持处理。通过应用支持层中的自配置处理及决策支持处理对物流业务中产生的海量数据进行运输分析、仓储分析、交易分析、金融分析、管理分析，可以直观地获得路线、拼车、库存、自动分拣等优化方案。

4. 对物流信息管理产生直观的指示作用

1）*应用层：应用服务的重要窗口*

应用层是信息平台可向最终用户提供应用服务的重要窗口，其目的是支持用户联网的应用需求，其中包括物流交易中心、园区管理中心、金融服务中心、公共信息中心四大模块。

（1）物流交易中心是信息平台的核心功能区。

物流交易中心主要涵盖招投标平台、电子商务平台、一体化物流平台三大电子门户平台，以及一个 SaaS 业务平台。其中，SaaS 业务平台接收三大电子门户平台的订单任务，根据订单的物流业务特点，实现运输、仓储等业务的智能管理及控制，并提供后期服务管理。

（2）园区管理中心是信息平台的辅助功能区。

园区管理中心主要对智能物流园区进行信息化、智能化管理，对贯穿智能物流园区的各个环节进行管理。

（3）金融服务中心是信息平台的增值功能区。

金融服务中心根据新型的金融服务逻辑架构及物流金融模式，实现物流金融业务的智能化分析与管理。

（4）公共信息中心是信息平台的拓展功能区。

公共信息中心主要实现智能物流园区内系统与智能物流园区外各公共信息系统的无缝衔接。应用层从应用支持层调取数据，并从表现层输出，为用户提供有价值的数据、信息。

2）表现层：数据输出与展示端

表现层既是提供解决方案的场所，也是用户与信息平台进行信息交互、使用大数据资源的直接界面。前端的数据展示直接在后台输出，或者后端提供数据接口给前端供数据结果调用；后端获取数据，前端也可以刷新请求后端的数据；前端、后端做长链接，等端口通知。通过计算机客户端、手机客户端、短信、电子屏幕及其他终端访问智能物流园区门户、交易平台门户、业务服务门户、公共信息平台，提供信息获取、辅助决策、业务办理、定制服务等业务。

（1）数据输出。

系统对各类输入数据进行加工处理后，将结果以要求的形式输出。输出设备一般有行式打印机、数控绘图仪及其他扫描装置（如激光扫描器等）。地理数据除用表格形式输出外，更多的是以图形方式输出，即计算机按照制图要求绘制各种专题图。有时为了对数据进行进一步处理或扫描存储，也可以一定格式记录在磁带上，如数字地图等。

（2）公开展示端。

公开展示端对需要展示的数据进行展示，具体为：将数据分配到对应单元中；在该单元中，根据数据计算结果创建视图，并对视图进行渲染；将渲染后的视图进行展示。

3）用户层：使用者集群

用户层是信息平台的使用者集群，智能物流园区的使用者不再局限于园区的管理者或园区企业，而是通过构建开放式的环境，将物流企业、物流企业客户、运输企业、金融机构及政府职能部门集结在一起，贯穿供应链始终，打通业务流程，实现数据共享，使决策更加科学，创造共赢局面。

信息平台的使用者集群是指一群能够进行数据共享、呈送的相互关联的使用者集合。当前，很多门户网站在建立时相互独立，采用的是各自不同的技术架构体系，在建立门户网站消除信息小孤岛的同时，也在不断建立新的信息大孤岛，实现部署在不同服务器上的、相互独立的网站之间的互联互通。这是目前用户层建设的难点，但也是最迫切需要解决的方案。

5. 智能物流园区信息平台的基础功能

智能物流园区信息平台的核心，就是公用信息平台和物流业务信息平台；政府管理部门信息平台和政府职能部门支撑信息平台一般作为其辅助功能平台，以及和其他相关信息平台进行交互的接口。

智能物流园区信息平台包括以计算机为基本信息处理手段，以现代通信设备为基本传输工具，并且能为管理决策提供信息服务的人机系统，以及能进行管理信息的收集、传输、存储、加工、维护和使用的系统。智能物流园区信息平台的基础功能形成的全局性的、整体性的应用，强调以管理系统为背景、以基层业务系统为基础，强调各业务系统之间的信息联系，以完成智能物流园区的总体任务为目标。

（1）数据处理功能。

数据是智能物流园区信息平台的基本构成部分，因此，数据处理功能主要是指运用大数据技术对智能物流园区信息平台中的海量数据进行数据分析、数据挖掘，并对感知层传入的数据进行过滤、存储。

（2）安防电子监控。

应用视频监控技术等，由摄像到图像显示和记录构成独立完整的系统，其能实时、形象、真实、智能地反映智能物流园区移动资产、固定资产的情况，为信息安全防护提供有效保障。

（3）信息发布服务功能。

信息发布服务功能主要是指人为操作或自动地发布智能物流园区及行业动态、招投标、物流培训、自适应决策方案等信息。

（4）园区资产管理。

借助大数据技术、物联网技术，实现智能物流园区物业收费、停车管理、档口出租等财物资源的现代化、信息化、智能化管理。

（5）会员服务功能。

为注册会员提供个性化定制服务，包括会员单证管理、库存运输管理、订单追踪、交易统计、信用评估等服务。

6. 智能物流园区信息平台的核心功能

智能物流园区信息平台应用的实施策略是，实现智能物流园区各主体的接入注册和管理功能，统一外网的网络资源，整合园区各主体的切实需求，建立外网标准规范体系，统一规划并组建政务外网体系和网络服务中心，对业务系统和数据进行统一，建立网络接入平台，实现系统间资源共享，促进业务发展。

（1）智能运输管理。

对订单信息及货物实时位置信息进行分析，给出最优配送方案，解决路线的选择、配送的顺序等问题，实现运输资源的利用最大化。

（2）智能仓储管理。

利用智能物流园区信息平台对整个供应链进行整合，对大量库存历史数据进行分析，在考虑客户服务水平、库存成本、运输成本等因素的情况下，使智能物流园区内物流企业的库存达到最优。

（3）在线交易功能。

在线交易功能为用户提供了线上交易平台，交易双方利用平台发布供求资讯，实现信息的及时更新。同时，用户可以在系统上直接完成下单、付款、退订等简单行为，大大提高了交易效率。

（4）交易撮合推荐。

根据客户需求、浏览记录、历史交易记录等在用户页面上为其推送相关资讯、个性化产品、物流企业、物流方案等，以提高交易效率，为客户节约搜寻时间。

（5）决策分析功能。

建立数学模型，分析数据，并在控制变量条件下比较不同策略的优劣，提供不同方案的预测结果，辅助管理人员制定决策。

7. 智能物流园区信息平台的拓展功能

（1）金融服务功能。

物流的高效运转离不开金融服务的紧密配合，智能物流园区建立完善、安全的金融服务系统，可以对供应链金融数据、企业信用数据进行分析、评估，并通过智能物流园区信息平台为园区内物流企业提供金融服务，如金融决策分析、保险、融资、质押业务等。

（2）政府监控功能。

政府部门通过监管信息系统对智能物流园区物流企业的情况进行监管，并提供政策法规、行业标准等资讯服务，包括网上报关、报检、许可证申请、结算、缴（退）税等政策。通过与政府部门的无缝对接，可以大大简化行政手续，缩短业务办理时间。

（3）环境实况识别。

通过使用各种传感器连接到运载工具、物流供应链等，可以收集丰富的环境统计数据，其数据集中可能包含臭氧含量、粉尘污染、温度、湿度、交通密度、噪声及道路停车位利用率等。通过大数据技术，对实时的传感器数据和录像等结构化数据、非结构化数据进行分析，不仅可以向物流供应商提供有价值的数据服务，而且可以让环境机构和房地产开发商获得收入补贴，从而形成新的数据驱动商业模式。

（4）其他平台服务。

通过与其他智能物流园区或平台的联动，使基于大数据的智能物流园区之间能够更方便、更快捷、更高效地进行信息互通，实现智能物流园区之间的资源共享、业务协作，构建智能物流网。

（5）数据接口服务。

在智能物流园区信息平台成长维度的基础上，为其后期建设提供标准化的、可拓展的数据接口服务，如政府、金融、智能物流园区等信息系统接口。

9.1.5　智能物流园区的建设发展

1. 构建全球智能物流供应链基础网络

全球智能物流供应链是在全球范围内对采购、生产、设计、物流等全链条的优化，依靠数据技术和模式创新贯通商流、物流、资金流、信息流等，携手更多伙伴致力于提升整个社会的供应链效率，节约供应链成本。

智能物流是供应链最核心的承载点，所以从成本、效率、体验的角度出发，对供应链的从业者来说，从以往减少货物搬运次数变为对供应链的思考，从原来货物的搬运变为对预测、采购、生产、交付全链条的优化。这种能力总结为以下几点：首先，分布全国各地的仓库和智能物流中心，使仓库运营成本控制到最低；其次，训练有素的物流服务人员，使用户拥有更好的体验；再次，通过供应链预测系统，使企业更懂商品，准确地说更懂供应链管理，即使企业可以更高效地管理商品、降低库存、减少搬运次数；最后，更懂用户需求，拥有更多用户和商家数据，能够更好地匹配两者的需求。基于这一系列的基础能力，智能物流从早期只给自营业务配送，到开放给平台商家，再到赋能给传统品牌及零售商、物流行业伙伴以优化供应链，提供供应链一体化解决方案。

（1）搭建了全面开放的平台。

搭建了全面开放的平台，致力于成为高效连接人、货、场的基础设施，通过减少搬运次数，降低全链条运营成本，降低库存成本；通过渠道下沉，在全国多个地区实现最快送货和以最低成本送货，能够通过积累的供应链管理经验赋能传统品牌商，帮助其降低库存风险。全球智能物流供应链与传统物流的核心竞争力和壁垒不在一个维度上，两者的商业价值也完全不在一个维度上。

智能平台—数字供应链是共建全球智能物流供应链基础网络的核心基础设施。智能平台—数字供应链具有匹配 C 端与 B 端供求关系的优势，包括消费洞察、智能补货、智能分仓、智能制造，能够有效地满足消费者的消费需求，提高用户的体验。与此同时，企业也可以降低库存需求和物流成本，形成共生的战略伙伴关系，很好地实现了优势互补，使多方合作深度和场景不断加深和拓展。同时，通过智能平台的应用，协同降低物流成本，提高企业效率。

（2）供应链的能力推广到全球。

当下，中国可以与合作伙伴一起把供应链的能力推广到全球，在全球提升供应链的用户体验。从消费者、全球商家、全球供应链的体验者、生产制造商的角度来看，供应链“质变”的时代已经到来。设立海外仓、开通跨境专线、智慧化多式联运等方式，可以缩短全球商品的“距离”。此外，中国过去积累的基础设施建设经验与科技成果，在全球落地开花。智能仓储物流中心在国外建成，集成了仓储、分拣、运输、配送在内的一整套供应链服务体系，当地消费者也可以享受到“上午下单，下午送达”的极致物流体验。通过建立 GSSC 全通路网络，实现全网的覆盖、全通路的覆盖，让合作伙伴能获得全球客户和消费者充分的信任，完成从 Copy to China 到 Leading the Change 的改变。企业之间多方协同共同推动供应链基础网络的发展已成必然趋势，唯有如此，才能加速供应链网络的通达，完成其从速度到质量的转变。

2. 智能物流在快递产业链中的应用

在物流云、智能园区、IT 服务治理三大领域进行深入合作，让快递服务场景融合科技的力量，全面升级快递服务体验，探索人工智能在快递业全产业链中的应用；构建了智能物流园区人员管理子系统、访客管理子系统、企业文化管理子系统、移动办公智能园区子系统等多套信息系统，通过华为云 ROMA 企业集成平台统一集成，打造云上的智能物流园区。以数字化技术为基础，共同探索新型智能物流园区的建设，在让园区更安全、更高效的同时，降低了运营成本。

案例 9-1　京东智能物流园

目前，京东物流已经投入使用“亚洲一号”智能物流中心 15 个，主要用到的设备包括一些自动化仓库（AS/RS）、自动输送设备、自动分拣设备等。每个

"亚洲一号"智能物流中心的规模都很大，还大量使用了机器人。京东智能物流园使用的很多机器人都是自己研发的。

京东物流全面投用亚洲目前规模最大的一体化智能物流中心——东莞"亚洲一号"。据了解，东莞"亚洲一号"建筑面积近 50 万平方米，其核心功能是处理中件、小件商品，单日订单处理能力达到 160 万单，自动立体仓库可同时存储超过 2000 万件中件商品。东莞"亚洲一号"集自动入库、存货、打包、分拣、出库等全流程作业于一体，同时配备现代化生活配套设施。此外，黑灯仓库、人机 CP、减量包装、新能源车等环保举措和创新模式也成为标配。

位于西安国际港务区的西安"亚洲一号"智能物流中心也已正式投用。西安"亚洲一号"是西北地区规模最大、自动化程度最高的智能物流中心，其立体堆垛存储技术、自动化分拣系统和无人仓技术国内领先。

西安"亚洲一号"智能物流中心通过在货物存储、拣选、包装、输送等环节大规模应用自动化设备、机器人、智能管理系统，实现降成本、提效率。西安"亚洲一号"智能物流中心建筑面积近 30 万平方米，日均处理订单能力超过 50 万单，拥有两套大型自动化立体存储系统，存储效率是普通存储系统存储效率的 3 倍，商品品类包括 3C 产品、图书、母婴用品等。

在存货能力达 25 万件的西安"亚洲一号"1 号自动化立体存储仓库可以看到，堆垛机按照计算机指令在轨道间自动穿梭，数秒内即可完成货物存储，拣选通道仅有 3 名工作人员。在分拣中心，除了分拣机旁边有几名工作人员，其余环节均实现自动化。

西安"亚洲一号"智能物流中心提高了物流运营效率，降低了储运成本。西安"亚洲一号"未来将与北京、上海、广州等地的"亚洲一号"智能物流中心联动，形成亚洲电子商务物流领域规模最大的智能物流仓群，实现物流综合处理能力的全面提升。

9.1.6　探索人工智能在全产业链中的应用

目前，我国在自动化仓库部分设备方面不断研发核心技术，研制了全流程的无人仓、无人重卡、无人机和配送机器人。无人仓已全流程实现无人操作，目前京东物流共有十几个仓库实现无人化。无人机的研发基地在西安，无人机的货物载重可达 40～60 吨。配送机器人已在几个城市投入运营，不是在校园或办公园区内，而是在城市道路上。

1. 无界物流“短链、智慧、共生”

（1）短链。

电子商务行业90%以上包裹的平均运输距离超过了1000千米，基于大数据技术进行市场预测，将货物提前放到就近仓库里。

（2）智慧。

操作无人化，建设专门安置机器人的库房。

（3）共生。

京东物流是一体化开放的，除传统物流服务外，也进行物流策划、智能物流装备研发等。现在很多公司都到京东物流买机器人，因为300台、500台机器人的后台调度算法要求很高，而京东物流机器人的后台算法在行业中数一数二。

2. 智能物流园区探索

智能物流园区的建设越来越多不是为企业服务，而是更多地分担政府部门的职能。智能物流园区的仓储在升级换代，智能物流园区也在转型升级。

（1）从规模来看。

智能物流园区的规模越来越大。智能物流园区的规模，其实是一把“双刃剑”，规模到了一定程度，如果科技水平没有相应跟上，就会造成规模大但不经济。这就要求在物流科技上花大力气，不但要确保规模大，还要保持其经济性。

（2）从分布来看。

智能物流园区往往在经济发达地区聚集，我国智能物流园区基本上聚集在东部或沿海地区，物流地产商也基本往这片区域扎堆。从企业角度来说，这些智能物流园区在核心城市扎堆确实是合理的。

（3）从长远来看。

京东物流“亚洲一号”每落地到一个地方，没有多久就会被物流供应商“包围”。这就形成了产业聚集，相关优势明显，一是资源共享，二是配套自然而然形成，三是“亚洲一号”可以放到工业观光旅游范畴。

（4）以人为中心。

建设智能物流园区要考虑的因素包括：注重环境的要求，注重购物是否方便，注重休闲、娱乐、文化活动的需求。这些需要投入大量资金，因为娱乐设施造价肯定比库房造价高很多。当前，在建设智能物流园区时，都应配套先行，即购物、休闲、娱乐设施先行，一定要先把配套设施建好智能物流园区才能投入使用，以保证员工生活的便利性。

（5）绿色发展。

智能物流园区策划设计要考虑到低能耗。智能物流园区内使用电动车，并引导上下游企业使用电动车；积极利用太阳能、风能。风能虽然在智能物流园区应用不太多，但已经在逐步落地；智能物流园区也都在自觉地建设光伏电站。

（6）少人化和无人化。

用工成本不断上升，这个问题可以用科技手段来解决，即发展物流过程的少人化、无人化；实现智能物流园区管理的数字化，即对每件货物、每台设备，甚至每个环节进行数字化优化。

9.2　智能物流中心数字化建设

大数据、互联网、物联网、5G、人工智能技术等开启了新时代物流行业高质量发展的新征程。当今，新技术的发展趋势不断扩大，物流与供应链模式将发生巨大变革。新技术的应用使物流行业得到充分提升，数据成为能源、土地之后的新型经济驱动要素。利用数字挖掘与价值创新，面对高质量发展，基于智能化、数字化转变，帮助物流行业拓展新领域；在战略规划和商业运营创新模式等方面做出全方位部署，避免同质化竞争，并开创智能化、数字化等新技术在物流领域的应用。

9.2.1　智能物流中心产业通用领域

大数据应用全面铺开尚存在较大难度，但是集中应用于智能物流中心和智能物流园区较为实际。智能物流上升为智能供应链，抓手之一就是大数据的应用。

1. 物流配送中心智能控制

基于先进技术建立全自动化物流配送中心（园区），使智能管理控制实现“四流合一”的全面协调。例如，先进的自动化物流配送中心，可实现机器人装卸与堆垛，自动导向车（AGV）进行物料的搬运，自动化的堆垛机操作，自动化的传输与拣选，自动出入库。智能物流中心（园区）信息与 ERP 系统无缝对接，整个物流配送中心（园区）与生产制造等各环节实现全自动化，这也是物联网的基本应用模式。

2. 智能物流供应链

（1）构建智能物流供应链体系。

目前，供应链中大量的大数据技术正在使用，利用计算机技术、传感技术、RFID 技术、条形码技术、视频监控技术、无线网络传输技术、物联网技术等现代信息技术，构建完善的采购需求子系统、物料需求计划子系统、配送管理子系统、仓库管理子系统。这些子系统的数据经过一系列整理后，在大数据技术的支持下可以很好地实现产品生产、供应全流程的可追溯；基于大数据技术构建数据交换平台、物流信息共享平台、财务管理和结算系统、决策支持分析系统，实现物流企业的信息化、整体供应链的信息化，构建智能物流供应链体系。

（2）智能物流供应链管理。

在大数据背景下，智能物流联合云制造、云销售等技术，对采购物流数据、生产物流数据、销售物流数据及客户数据进行采集与分析，实现智能物流供应链一体化运营管理。

3. 物流企业新技术发展趋势

（1）构建以信息技术为核心的现代化企业内部物流体系。

以信息技术为核心，以信息技术、运输技术、配送技术、装卸搬运技术、自动化仓储技术、库存控制技术、包装技术等专业技术为支撑的现代化装备技术格局，体现了信息技术对挖掘物流数据信息价值的重要性。

（2）智能物流引领全球供应链的浪潮必将来临。

现代物流与供应链的创新和应用被提升到了智能化层面，现代物流与供应链变革和创新已经来临。有理由相信，在不久的将来，会有越来越多的企业探索以集成化和智能化为特征的智能物流系统，智能物流行业的浪潮必将来临。

4. 新技术影响物流行业的发展

1）新技术对推动物流行业发展产生了影响

改善物流行业运营效率是实施大数据、互联网、物联网、人工智能等新技术的主要原因，次要原因是改善客户服务体验和结果可视性。

2）新技术在降低物流成本方面发挥至关重要的作用

流程数字化技术是商业模式中固有的标准程序。大数据、互联网、物联网、人工智能等前沿技术将引领物流行业变革，降低物流成本，同时提高物流服务的可靠性。

3）新技术重新定义核心竞争力

在新技术快速发展的背景下，企业应重新审视原有核心能力的现状与未来，重新定义核心竞争力。

大数据、互联网、物联网、人工智能等前沿技术的发展，包括数据库、阅读器、芯片、GPS、北斗卫星导航系统、射频识别、可视化、5G、智能物流、区块链、数字化供应链等的应用，使成本分析、绩效监测、货运可视化、需求预测 4 项能力备受关注。

高级机器学习作为最新技术之一，可通过分析数据改善业务决策模式，使物流行业更高效地运营。一台机器人可以完成 10 名录单员或销售文员的工作，应推动供应链数字化。通过机器学习可以推荐哪些路线更高效，哪些条件会产生问题。

5. 从传统供应链管理向智能化、数字化供应链转化

1）从传统供应链管理向数字化供应链转化

（1）由"链式"供应链向"网状"数字化供应链转型。

物联网、大数据、云计算、人工智能等前沿技术的发展，推动传统"链式"供应链向"网状"数字化供应链转型。这给全球范围内的企业带来了新一轮的发展机遇，促进传统供应链改造升级，并向数字化供应链转型。在数字经济时代，传统业务模式正在被彻底颠覆，创新型技术能推动数字化转型。

（2）全方位的转型实现商业模式的创新。

传统供应链向数字化供应链转型，并非简单地在企业内部引入智能化、数字化的高新技术、信息系统，而需要企业从供应链的各个环节，对企业管理、人力资源管理、客户管理、市场管理、运输和仓储管理等各个方面进行全方位的转型，最终实现整个商业模式的创新。

（3）预测个性需求。

利用大数据预测市场供需方面的变化与个性需求。

（4）共享共赢。

带动上下游合作伙伴打通数据信息，建设数字化供应链，这需要获取供应链中不同参与者的数据，仅靠供应链自身的运作是无法向数字化供应链转型的。

（5）流程设计合理化。

利用大数据技术，通过改善库存管理、质量管理、员工管理，使流程设计合理化。

2）实施路径和行业经验

（1）产业智能化升级。

产业智能化升级有利于整个物流行业的技术提升，在整合物联网的同时可以提高产业数字化管理能力，推动物流行业从数字化向智能化转型。产业智能化升级是我国物流行业的发展方向和发展路径。

智能物流与传统物流业有 7 点不同，分别是智能感知、智能整理、智能分析、智能优化、智能链接、智能修正、智能反馈。

（2）产业价值链之根。

大数据思维是“链”式数字产业价值链之根，这个前沿理念正在引领物流行业的新未来。

3）智能供应链建设的三大趋势

一是物流与供应链生态整合；二是以需求驱动为价值导向；三是智能的物流与信息流协同互动。

9.2.2 智能物流中心技术应用领域

1. 建立需求预测算法模型库，实现物资需求自动化预测

需求预测算法需要跨职能参与，经过前后多轮预测，外加基本信息的准备，其对资源的要求较多。没有反馈就看不出预测水平，没有闭环也不可能形成生态，通过数据挖掘深挖本质和规律才能进行科学决策。

（1）促进供需平衡。

大数据技术在各行业得到了广泛应用，被称为需求侧管理。智能化建设有效降低了能源、资源损耗，提高了物资需求侧管理质量，同时也为需求侧管理工作的开展创造了有利条件。数据采集与设施控制，是物联网的重要基础，依靠物联网建立的数量庞大的终端扩展，实现能效监测与管理、需求侧管理及与信息化网络的融合，降低线损、节能降耗。将智能控制策略与在线监控技术结合应用，一方面优化用户服务体验；另一方面降低能源损耗，提高资源利用率。

（2）多个维度变量的算法模型。

智能模型采用机器学习方法，对项目物资进行编码，对物流供应商的数据进行创建、修改，对相关数据进行统计，对需求侧进行管理，对负荷及分布式能

源进行预测。另外，基于物资需求、货品类别、距离、天气、时间、位置、油价、过路费、货品使用情况、维护情况、历史记录、寿命周期、货源属性等多个维度的 N 个变量，结合业务的各类算法模型，从不同角度对物资需求进行自动预测。

（3）建立主要模型库。

利用大数据分析、物资需求估算、物资调配、空间配置，建立主要模型库，其支柱是准时化、自动化与智能物流思维。通过建立需求预测模型，并与实际需求历史数据进行比较，对需求预测模型进行修正，以满足需求侧管理要求。

（4）安全管理与保障。

贯彻“安全第一、预防为主”的方针和规范，通过大数据监控分析物资，对安全问题提前预警。利用大数据技术综合分析各方面，挖掘安全事故的深层次原因。安全防范任重道远，只有通过大数据技术手段和相关管理措施，才能从根本上解决安全预警的问题；只有不断进行技术创新、管理创新，才能最终有效进行安全管理与保障。

2. 为资产全生命周期管理打好智能维护基础

（1）资产全生命周期管理→理财→财富管理。

资产全生命周期管理包括固定资产、无形资产和金融资产的数字化全生命周期管理，以及物流设备维护预测。其主要通过物联网的应用实现，即在设备上安装芯片，实时监控设备运行数据，并通过大数据分析做到预先维护，延长设备使用寿命。简单来讲，供应链全过程管理数据的传递，即资产全生命周期管理，其实就是财富管理。随着机器人在物流环节的使用，这将是未来应用非常广泛的一个方向。

（2）生命周期智能辅助系统。

生命周期智能辅助系统包括资质评审、价格评审、参数评审、投标文件编制、资格预审等 16 件智能辅助工具，涵盖计划审查、投标、评标、授标、定标五大关键环节，涉及招标人、投标人、评审专家三大参与方。生命周期智能辅助系统实现了全流程的智能化，为资产全生命周期管理打好了智能维护基础。

3. 智能系统采购流程单据的自动化审核

（1）定式自动化审核。

采购部门按需求汇集设备采购、材料采购等需求单，以及采购方案、招标文件等，制订招标计划，形成招标文件，并将相关文本型单据自动、同步推送和归集。流程为招标采购方式选择→市场调查→资格审查→供应商选择→结果确定。供应商在报价前完成注册程序，在提交报价文件的同时提供注册编码，自动、同步推送和归集基于大数据技术的评标结果表，涵盖报价、商务、技术、信用、合同、风控、线路规划、运输能力规划、智能调度、智能匹配、商品流向、智能定价等多个环节，以及需求采购流程单据的自动化审核，基本涵盖物流的各个环节。

（2）智能系统智能选优。

具有资质业绩智能比对、技术参数智能选优、投标报价智能评审功能，自动筛除不满足要求的供应商，实现物资选优选强；支持海量投标信息自动读取、投标响应自动比对、评标结果自动输出，可显著提高评标工作效率。该系统通过客观量化评审，进一步降低专家的自由裁判权，确保阳光采购；投标价格偏离度分析功能，可实现报价围串标智能预警；分析历史采购规律，实现招标策略动态优化、智慧采购。

（3）智能物流中心“四个一”管理目标。

一优：优化库存结构，调整库存规模，减少积压库存。

一提：提高供应效益，提高采购资金节约率，提高供应链效率。

一升：升级采购管理，提升招标采购率、框架协议采购率。

一稳：管理工作满足健康（H）、安全（S）、安保（S）和环境（E）体系要求，采取系列管理措施使职工队伍保持稳定。

（4）趋利避害，做好权衡。

事实证明，一套招标过程顺利完成至少要 50 天。采用竞争性磋商谈判的方式，可以在信息的公布、谈判文件的发放等环节节省一些时间。公开招标是指由招标单位分析采购方式的优缺点，在进行采购时趋利避害，最好地权衡做好竞争性招标。

（5）“定向采购”智慧决策。

公开招标往往流程烦琐，在时间、程序、流程、精力方面耗费较多，因此出现了“定向采购”智慧决策。目前普遍也赞成这种做法，选择有案例、有经验、有专长、最适合的供应商。

4. 利用大数据为招标采购、合同履行、质量管控提供决策依据

1）智能监控技术与智能分析目的

（1）智能采购业务链。

智能采购业务链包括主场景和业务场景，将大数据、人工智能、移动互联

网、物联网等技术手段，应用于采购计划及招标文件审查、辅助评标、专家库资源配置、抽取方案校验、评审现场管理等方面，提高采购评审效率，减轻评审工作量，做到评审过程风险可控、能控、在控，实现采购评标智能化。

（2）监管系统。

建立监管系统，并应用于市场调查、供应商选择、招标安排、合同签订、履约过程、质量评估等环节，进一步明确各归口管理部门和业务主管部门的监管职责。

（3）采购管理系统。

采购管理系统具有全面的供应商信息库管理、外包管理、供应商关系管理、采购管理、履行管理、完整的订单与合约管理、端到端的招标管理等功能，具体由企业根据自身实际实施。

（4）智能分析。

智能分析主要包括身份识别、轨迹识别。身份识别包括人脸识别、车牌号识别、车辆类型识别。识别主要用到智能监控技术，最关键的要求就是识别的准确率，最好保证在 98%以上，这样就能够较好地满足绝大多数监控需求，这是比较常见的智能分析目的。

2）评标关键参数自动化比对

（1）自动售标，自动评标。

利用在线自动售标，最终实现自动评标、阳光采购。通过结构化采购标准，推进评标关键参数自动化比对，同时加强供应链全方位评价，实现优选供应商，确保采购产品和服务的质量。

（2）数字业务链。

以物资供应链全过程为主线，整合仓储、配送、应急、废旧、合同、供应结算等业务创新，重点应用物联网、移动互联网等技术，智能开展供应链精准匹配、计划滚动编制、物流全程可视、标准动态优化、资源全局调配等业务创新，使物资供应可视化更全、精准度更高、敏捷性更强，达到智慧物资自动调配、供需便捷履约的目标。

（3）改善企业价值的途径。

有效利用历史运维数据分析趋势，为企业信息化管理决策提供依据。拓宽收集合同数据信息的渠道，确保合同数据的真实性、有效性，为招标及成本预算提供详细数据，为企业提升决策水平提供数据平台。

3）智能监管

利用新技术实现在动态环境下的监管功能。尽早发现变化，提高质量监管的适应性，明确各归口管理部门和业务主管部门的监管职责。

5. 在线监控物资生产进度、智能远程物资监造、智慧检储一体化

1）智能采购业务模式

加强物资质量管理，基于“智能设备+系统管理”模式，使用定制智能终端设备，实时监测评标专家体征数据，提供体征异常报警服务；监控评标专家活动轨迹，预警并记录违规行为，实现“智能设备管人”；自动记录工作时间，配置专家人数数据，实现评标精益化；运用识别技术核验评标专家身份信息，通过人机交互简化入场手续，实现专家报到智能管理。有效解决评标期间专家违规“串门”取证难、专家工作时间长度缺乏科学统计、专家报到入场效率低、专家健康生活保障不足等问题，提升采购设备质量。

2）采购物资质量提升

采用智能监造移动作业模式，基于大数据和人工智能技术，实现对监造工作的全过程智能管控。引入人工智能技术，通过专家指导模块的人工智能，调用监造经验数据和事故案例，解决现场实际困难；引入菜单式监造模式，实现监造工作的远程监督考评、质量实时复核、进度及时纠偏，以及监造资料的电子化管理。

（1）监造移动设备的监造管理。

借助工业 CT 成像技术透视验证，使经济性、安全性达到最优级；应用转台切换装置，实现对不同类别物资检测的全面兼容。

（2）智能检测系统。

智能检测系统让整个检测过程更加安全、高效。通过信息管理系统，智能分析试验数据，自动生成检测报告。

（3）退役资产全链条可视化。

退役资产全链条可视化管控平台贯通 ERP 等系统，解决项目、资产、物资、财务等管理部门之间的信息交流不畅通问题，实现退役资产业务全流程贯通、系统多节点管控、数据全过程分析，促进提质增效。

（4）单据电子化。

实现多方单据在线签署流转，解决传统办单的诸多问题。与银行系统接轨，实现信用结算信息的即时传递；与税务系统接轨，实现电子发票的自动验证。填写实际拆除和移交信息，实现应拆量、实拆量、实交量一目了然，所有数量和外观差异在清单中备注说明，防止回收过程中的“跑、冒、漏、滴”，提升采购设备质量，推进智慧供应链体系建设向更高质量发展。

3）产品市场预测

进入市场的商品随着时间和需求的变化而变化。商品销量变化的模式经历导入、增长、成熟和衰退 4 个阶段，因而产品和实物分拨措施不尽相同。过去习惯于通过问卷和经验寻找市场要求，当动态结果出来时已时过境迁，往往会对市场需求做出误判；而大数据能够勾勒需求信息，通过数据反映市场的需求与变化，从而对产品销售市场做出预测，进而合理地编制物流运营方案。

4）供应链预测

发现、认识和利用“规律”（包括市场的、用户的、技术的、企业发展的），应该是对物流行业的发展与空间认识有必定把握的前提。对市场未来的商品供求趋势、影响因素及其变化规律进行分析和推断，并引入菜单式监造模式，实现了监造工作的远程监督考评。

5）优化算法

通过大数据技术提前预测用户需求，并前置仓储与运输环节。另外，通过对异常数据的收集，对不可抗因素造成的货物损坏等进行预测。目前，优化算法已经有了一些应用，但预测精度仍有很大的提升空间，需要扩充数据量，进一步优化算法。

6. 仓库可视化、智能化管理

利用物联网技术，结合仓库管理系统，替代在纸质时代账、卡、物的仓库管理模式，实现入库物资账目、储存货位、货物状况、货物标识的数字化，并实现这些数据信息的实时匹配；实现自动库存管理、自动巡检、自动盘点、物资快速出入库、配送过程可视化，实现货物的实时可看、可查、可验证。

（1）“一目了然”数据可视化。

物流大数据应用服务的需求，从掌握信息上升为“一目了然”，即数据可视化需求。当前，对大数据分析结果的可视化需求不断提升：一方面，需要大数据可视化平台集成不同物流方式的信息和服务；另一方面，需要大数据可视化平台提供动态实时查询、订单服务跟踪环节链式化，强大科技优势，极大地推动智能物流可视化的发展。

（2）关联分析。

在大数据环境下，利用数据挖掘技术对海量货品信息之间的联系进行关联分析，进而合理安排货架，有效提高分拣效率，同时有助于企业制定物流规划。物流市场的动态性和随机性很强，从大数据中可以获取市场变化、物流需求等信息，及时规划和调整仓储配置，同时可通过预判结果实施仓储、入仓、出仓、分仓、转仓、调仓等操作，降低物流成本，提高物流时效。

（3）优秀仓管。

重视仓库数据分析，需要经常分析库存数据、进出库数据。哪些货品发货频率高，每天发多少量、多少次？目前的库存位置是否方便拣货？是否需要移到方便拣货的位置？哪些库存和货品很久没有动了？是否需要移到货架上层，或者放到呆滞库存区域？

（4）核心数据——位置和时间。

仓储管理系统带来很多价值。在客户端，系统负责具体出入库扫描核对，并将记录传输给中间件服务端系统处理进行基础信息维护、系统管理、用户权限管理、报表查询等；在中间件服务端，系统负责业务逻辑处理，基于快消品仓储管理系统，接受客户端请求、访问数据库，并通过 SAP 接口读写数据；在数据库服务端，系统负责数据存储及部分热点业务逻辑的存储过程执行。

在物流行业，系统更多的是对数据的描述，将数据图形化的过程称为数据可视化。物流的核心数据是位置和时间，大数据技术为基于位置数据的可视化和智能化提供了手段。

（5）数据可视化的目的。

数据可视化有两个目的：一是可以更好地分享和传达数据信息；二是通过设计有效地缩短信息传达时间，这是可视化最根本的目的。

（6）全网络化的可视网络。

目前，全网络化与智能化的可视网络还没有广泛应用，比较普遍的是一些初级应用。

（7）深度神经网络——“黑盒”模型。

深度神经网络又被称为“黑盒”模型，其具有多层隐藏结构、数据特征量化、海量决策关键元等特征。可视化是一个由来已久且宽泛的话题，模型可视化与数据可视化属于不同的范畴，数据可视化通过降维、主成分分析等技术来分析数据的结构，模型可视化针对的是对模型本身的理解。

（8）可视化面临挑战。

深度神经网络的可视化具有 4 点挑战，分别是平台化、数据、计算、可解释性。人工智能深度学习已经在图像、语音、大数据、自动驾驶等诸多领域占绝对优势，可视化技术应用的推广与落地，推动了智能网络系统可视化的发展进程。

7. 供应链运营监控系统化建设

开展供应链运营监控系统化建设，实现对业务流程、仓储配送作业、智能调配等的监控功能，实现对物资需求、采购、履约、付款、仓库现场作业等供应链全业务节点的监控，为优化库存品类、定额编制车辆调度计划、跟踪监测、库存监控提供数据支撑。

1）构建智慧网络体系

实现物流需求、库存和物流实时共享可视化，引导生产端优化配置生产资料，加速技术和产品创新，按需组织生产，合理安排库存。推动集成服务商、供应链服务商、定制化服务商等转型，开展精准服务和定制化服务，提升商品质量和服务供给效率。推广应用区块链技术，保证上链后的数据是难以篡改的，培育形成整合供应链各环节、掌握行业大数据的智慧供应链生态圈，构建智慧网络体系。

2）智能物流上升为智能供应链的抓手

大数据技术应用全面铺开尚存在较大难度，但集中应用于智能物流中心较为现实。智能物流上升为智能供应链，抓手之一就是大数据技术的应用。

3）智能物流中心仓储管理

（1）“仓”也称为仓库，“储”表示收存以备使用，具有收存、保管、交付使用的意思，当使用有形物品时也称为储存。仓储就是在特定的场所储存物品的行为。智能物流中心结合仓库管理，实现入库物资账目、储存货位、货物状况、货物标识的数字化，并实现数据信息的实时匹配。仓库管理模式更能实现货物的实时可看、可查、可验证。

（2）现代仓储的作用不仅是保管，更多的是物资流转中心。现代仓储对仓储管理的重点也不仅着眼于物资保管的安全性，更多关注如何运用现代技术，如信息技术、自动化技术来提高仓储运作的速度和效益，这也是自动化立体仓库广泛应用的原因。自动化立体仓库大量采用大型的储货设备（如高位货架）、搬运械具（如托盘、叉车、升降机）、自动传输轨道和信息管理系统，实现仓储企业作业的自动化。

（3）智能输送分拣系统具有快速、多地、高效率、低差错率，以及基本实现智能化、无人化作业的优势，已在大多数大型配送中心应用。智能输送分拣系统能在最短的时间内从指定地点精准、迅速地找到所需商品，从库位上取出商品按配送信息打包或运送到不同目的地。其中，智能输送分拣系统的运行效率、准确率、可用度等，是决定物流系统的作业效率、作业成本、作业质量和用户满意度的重要因素。

4）配送路线优化

物流配送路线优化问题具有很高的计算复杂性。实现合理的路线运输，可以有效地缩短运输时间、提高车辆利用率，从而降低物流成本，并提高经济效益与客户服务水平，实现科学化的物流管理。这也是物流行业提高自身竞争力的有效途径之一。

配送路线优化影响物流效率和成本。运用大数据技术来分析配送路线问题，用速度对配送计划做出反应，优化获得最合理的配送路线。通过配送过程中的实时数据，分析交通状况做出提前预告和预警。分析全过程的信息，使物流配送智能化、信息化及具有可预见性。

5）仓储业务核心内容

（1）库存管理。

通过对上下游客户历史行为、订单及库存情况的实时监控数据分析，合理安排库存容量，在满足客户需求的同时保持最低库存。

（2）智能云仓管理。

通过实时采集分析货物出仓、入仓、堆垛及财务进账等数据，动态分析得出客户货物进出仓规律、销售规律、资金规律、现金流规律，实现货物最近仓储、最佳中转、最优配送，最大限度地降低库存成本。

（3）优化决策方案。

优化配送车辆调度，使运输费少、风险小、时间短、车辆少、空载率最小等。对仓储系统货位的分配决策进行优化，先根据物料的存储原则进行数学建模，然后运用变邻域搜索算法的思想，对货位分配进行优化，并给出优化决策方案。

（4）仓内技术。

仓内技术主要是机器人技术，包括 AGV（自动导引运输车）、无人叉车、货架穿梭车、分拣机器人等，主要用于仓内搬运、上架、分拣操作，可有效提升仓内的操作效率，降低物流成本。例如，亚马逊在 13 个分拣中心布局超过 30000 台 KIVA 机器人。

（5）仓库储位优化。

在大数据环境下，利用数据挖掘技术对海量货品信息之间的联系进行关联分析，进而合理安排货架，能够有效提高分拣效率，同时有助于企业制定物流规划。物流市场的动态性和随机性很强，从大数据中可以获取市场变化、物流需求等信息，及时规划和调整仓储配置，同时通过预判结果实施分仓、转仓、调仓等操作，降低物流成本，提高配送时效。订单增多催生智能物流需求，布局大型仓储配送中心，这种基于大数据的智能物流组合将成为抢占智能物流市场份额的重要抓手。

（6）智能数据底盘。

通过大数据分析技术对商流、物流等数据进行收集、分析，主要应用于需求预测、仓储网络、路线优化、设备维修预警等方面。例如，京东采用数据预测方式，提前洞察消费者需求，并预先分仓备货。

（7）运输车辆运营管理。

数据驱动车辆管理系统对车辆的出动、加油、维修、规费、保养、违章、事故、年检、保险、收入等进行监控，以实现高效的车辆运营管理。随着物流车辆的运营时间增长，车辆开始出现"疲劳"，油耗会随之上升，维修频次也会增多，这更需要数据驱动车辆管理系统对车辆进行管理。

（8）配送车辆的调度。

在满足一定约束的条件下，根据待发货客户节点分布网络、物流配送中心仓库、车辆等资源信息，为运输车辆制定合理的行车路线，在满足客户需求的同时，实现成本最小、路程最短、耗费时间最少等目标。

8. 分布式仓库集中化智能管理

（1）运用智能技术。

运用人工智能技术、自动化技术、网络信息技术、远程监控技术，自动对货物进行跟踪记录，对货物的自动存储、自动分拣，以及管理人员对货物的管理进行优化，降低了货物运输成本，提高了物流效率，增加了物流企业的利润，提高了管理人员的管理水平，促进了物流企业的快速发展。

（2）分布式库存调拨模型。

在物流管理系统中，针对分布式库存调拨建立一种数学模型或仿真模型，称为分布式库存调拨模型。它是由多个仓库和一个仓储信息中心构成的调拨系统。多个仓库在地理位置上可以位于同一个区域，也可以位于不同的区域；多个仓库可以属于同一家企业，也可以属于不同企业。仓储信息中心根据市场需求和各个仓库的库存情况，指派相应的仓库进行进货和出货操作。

（3）分布式库存调拨系统。

仓库不再直接向供应商申请货物，而是改为直接向仓储信息中心提交申请。

仓储信息中心收到申请后会按照合适的仓储管理策略在各个仓库与供应商之间进行货物调拨。相对于传统的独立式库存调拨，分布式库存调拨很好地运用了网络信息时代的技术，降低了库存管理的成本，缩短了市场响应时间，是目前广泛应用的库存管理技术。

（4）多分布式库存调拨模型。

库存调拨模型的发展已经由传统的定量订货与定期订货模型发展出了多种现代物流的库存调拨管理模型，如 MRP（物料需求计划）、MRP2（制造资源计划）、VMI（供应商管理库存）、CMI（客户管理库存）、JMI（联合库存管理）等，物流仓库的设计与部署越来越分散化、小型化，分布式库存调拨开始逐渐普及。近年来，国内外学者对其进行了广泛研究，提出了多分布式库存调拨模型。

（5）分布策略。

为了避免企业由于库存积压而导致资金紧张，应对企业的库存进行分类及管理，以此来确定订货时间和订货批量。然而，在现实中客户需求的发货时间都是随机的，因此如何通过这些随机量来确定库存、订货时间及订货批量成为云物流库存管理的难点。

9. 5G 技术在物流管理中的应用

（1）5G 对物流行业产生的影响。

网速变快只是 5G 的优点之一，支持更多设备才是 5G 的真正实力。随着物联网时代的到来，人与物、物与物实时通信，实现万物互联，大大加快经济社会发展步伐。简单来说，就是什么都能联网。5G 将改变时代，肯定会颠覆传统物流行业，打破传统物流困境，带动传统物流与供应链走上降本增效、转型升级之路。

（2）物联网+5G+人工智能。

5G 主要解决数据的实时上传及交互问题，人工智能则在大数据的基础上实现深度分析与有效应用，指导流程优化、效率提升。物联网+5G+人工智能，将帮助实现从数据采集到数据传输，再到数据应用的完整数据链条，更好地发挥数字化供应链的效用。

（3）5G 智能物流园区应用商业场景。

随着技术不断突破，智能物流成为 5G 率先覆盖的又一个商业场景。5G 智能物流园区依托 5G 技术，通过 AI、IoT、自动驾驶、机器人等智能物流技术和产品融合应用，打造高智能、自决策、一体化的智能物流示范园区，逐步建成并落地运营。除此之外，物流全程可视化监控、机器人智能配送等多个物流场景进行 5G 应用部署。

（4）5G 虽在起步阶段，但未来前景可期。

5G 虽然处于起步阶段，但是进入物流枢纽发展前景可观。目前，国内物流与供应链标杆企业和技术龙头企业已经踏足这片空白区域。例如，京东已经宣布开始筹建旗下首个 5G 智能物流园区，华为正在打造省级示范样板智能物流与供应链基地。建设 5G 国家物流枢纽将是一项软硬件要求超高的长线工程，投入产出肯定是长线过程，只有技术和资本强势合作，全力驱动并借助政策强大后援保障，5G 国家物流枢纽的构造才能普及。“5G+北斗”赋能颠覆性的技术将成为智能时代最重要的基础设施，能创造跨世纪的辉煌。在 5G 及后 5G 时代，更高速的移动互联网布局研发项目和基础能力建设，将推动科技成果转化和现代供应链转型同步进行，支撑智能物流高质量发展。

10. 区块链技术在物流行业的应用方向

（1）以区块链为代表的新技术正推动我国数字经济的发展。

随着新技术的发展，区块链有望成为数字化供应链变革一把破题的钥匙。区块链的核心是在没有中心化中介介入的情况下，实现数据的高安全性和高可靠性。区块链技术应用衍生的区块链+大数据解决方案，解决了在物流产业中存在的几个根本性问题，即用户数量的拓展、基础建设的完善、交易的便利程度问题。从大数据到区块链，当今时代技术变化的潮流势不可挡，借助区块链技术可以实现物流智能化管理。

（2）区块链实现规模化应用，并且将产生变革性影响。

区块链被认为将在 5 年内实现规模化应用，并且将产生变革性影响。区块链技术是一种分布式、共享式的账本，用于存储数字交易的记录。区块链由于有去中心、公开、透明、不可篡改等特点，有助于解决供应链中信息不对称、数据信任等问题，尤其是在供应链金融、跨境长途或远洋运输、食品与药品安全溯源等领域，正在被逐渐应用。

（3）区块链技术目前在物流行业形成聚焦应用方向。

区块链最核心的价值，是给出了一个革命性思维，破除了效率的本质障碍——信任问题，促进物流效率提升。通过区块链和供应链的创新结合，流程优化、物流追踪、物流征信和物流金融正在助力物流行业朝着更高效、更协同、更智能的方向发展。此外，区块链和物联网、大数据、人工智能等技术深度结合，推动建立多方信任的智能物流生态系统，促进整个物流行业转型升级。

（4）区块链技术推进物流行业创新发展。

物流行业已成为支撑国民经济和社会发展的基础性产业，供应链创新与应用也被上升为国家战略，用区块链技术推进物流行业创新发展成为共识。物流行业因链条长、环节多的行业特性，长期以来存在协同难、追溯难、征信难、融资难等痛点，而区块链技术作为创造信任的新模式，其分布式、不可篡改、可追溯的技术特性恰好为解决这些痛点提供了解决技术方案。

（5）区块链在物流行业落地应用。

京东物流主导成立国内首个“物流+区块链技术应用联盟”，推动利用区块链技术解决物流行业中存在的实际问题，并联合发布了《中国物流与区块链融合创新应用蓝皮书》。区块链在物流行业的应用蓬勃发展，在金融、溯源、存证、征信、电子化、联盟化等领域都有落地应用。

区块链技术聚焦于物流行业四大方向：一是流程优化；二是物流追踪；三是物流征信；四是物流金融。

（6）运用区块链技术的特征。

使用区块链技术解决跨境物流问题，将区块链技术融入智能物流建设；打造快运对账区块链解决方案，成为用技术解决物流对账业务的典型案例；以电子签名实现结算运输凭证的无纸化，确保物流配送过程中数据收集的真实性，实现交易数据实时上链结算，大大缩短交易时间，降低整个对账成本。

11. 提升第三方物流监管方的监管能力

（1）第三方物流企业应具备现代物流条件。

第三方物流企业应具备的现代物流条件：整合储存、运输和配送资源，实现多仓协同；签订物流质量协议，制定告知承诺规程，要求企业实行承诺告知制度，建立第三方物流质量体系，保证物流过程可追溯。

（2）加快延伸第三方物流网络。

物流中心加快延伸第三方物流网络，强调与预期储存条件、业务规模、业务结构特点、配送能力相适应等要求。

（3）违规处理。

第三方物流企业如有严重违规违法行为，将被纳入黑名单并公开信息，被纳入黑名单的物流企业不得承接委托业务。

（4）第三方信用服务机构出具信用报告。

通过招标文件约定供应商可提供由第三方信用服务机构（具有相关资质）出具的信用报告，并作为评标的重要依据之一。供应商具有 AAA 级信用等级认证证书的得 3 分，具有 AA 级信用等级认证证书的得 2 分，具有 A 级信用等级认证证书的得 1 分。

（5）充分发挥第三方信用服务机构的作用。

充分发挥第三方信用服务机构的作用，在管理事项中积极使用信用记录和信用报告，借助大数据为企业全面画像，从企业基础信息、奖惩信息、银行资信、债务情况、纳税记录等方面给予严谨的大数据评价，用大数据提升管理规范化、科学化水平。

12. 仓库无人化、智能化、数字化应用管理

仓库的数字化改造体现在数据与物理场景的融合方面。利用移动感知视频、电子围栏、卫星定位、无线射频识别等技术，对物流及库存商品实施远程监测，提升智能风控水平；利用 AI 技术可以实现货物管理和物流调度。一系列科技企业开发出相应的"黑科技"，如能够反映状态的传感装置，实时追踪货品的性状；引进 3D 激光扫描堆位体积的方式，实时采集质量信息，针对食品物资，引进了用于质检的传感设备，监视仓库环境的温度、湿度。全部数据将通过物联网系统实时上传至云端，货物进入仓库后的一切行为，包括到货、入库、看货、出库、离场，以及盘库、移库、过户等变动将实时呈现。

（1）库存管理。

传统的库存管理实践效率较低，根据需求预测结果来预先判断库存是否合理具有先进性，可降低库存、减少资金占用。

（2）物资配送。

物资配送面临的挑战包括运输组织满足时间要求和交付标准、交付数据完整等。

（3）物资可视性。

利用射频识别信息，跟踪所有货物运输环节。

（4）设备保护猜测。

运用物联网技术，在设备上安装芯片，可实时监控设备运转数据，并经过大数据剖析做到预先保护，延长设备使用寿命。随着机器人在物流环节的应用，设备保护猜测将是未来应用十分广泛的一个方向。

（5）评估指标及结果。

针对供应链管理的评估维度，采用以下指标进行评估：①决策；②能力；③预测；④行动；⑤计划；⑥监控；⑦效果；⑧展示。

多个维度各项指标的评价结果，是企业供应链运营能力的一个客观评定。

9.2.3 中国智能物流在创新中前行

大数据的产业链和智能物流是紧密相关的，大数据是当今世界最有价值的资源。简单来说，中国智能物流在创新中前行是指运用大数据技术建设智能物流，并在相应过程中聚合数据资源，实现数据增值。深入推动大数据与智能物流融合发展，加快发展壮大以大数据为要素的智能物流，为促进我国经济高质量发展提供重要支撑和保障。

1. 智能物流在发展中不断拓展

目前，我国正在研究高质量发展的指标体系，物流是其中的重要内容。在2018全球智慧物流峰会上，阿里巴巴宣布菜鸟将全力以赴建设国家智能物流骨干网。这被视为菜鸟从解决电子商务物流问题，迈向解决世界、国家、社会和行业问题的一大步，引发国内外广泛关注。

智能物流骨干网是全国的，也是全球的，将实现“国内24小时达、全球72小时达”。开放、协作、共享是智能物流骨干网的关键词。智能物流骨干网是一个智能物流服务多边平台，是重要的基础设施，可促进物流行业数字化、智能化发展，同时推动新零售、新制造发展。智能物流骨干网架构在互联网基础设施之上，虚实结合、软硬一体，具有公共基础设施属性，服务于全社会。当前，我国物流成本高、效率低、服务水平参差不齐，智能物流骨干网打造的规模化、高效化运行的平台，不仅整合物流资源，而且整合生产和消费资源，不仅关注技术发展，而且关注经济格局、生产模式、消费形态及国际化发展。目前，中国是全球物流资源最多的国家，但多数资源是分散的、分割的，需要推进资源与要素的互联互通、连接联动、互利共赢，实现大规模协同，通过建设国家智能物流骨干网，提供强大、灵活、定制的物流服务。智能物流骨干网建设可引入多种投资方式，由政府、企业携手共建，加快进程。建设智能物流骨干网，是实现物流、信息流、资金流“三流合一”的巨型系统工程，需要国家扶持，并制定相关的标准体系。

未来5年，中国将进口超过10万亿美元的商品和服务，这不仅为世界好货

“引进来”、我国物流产业“走出去”提供了机遇，而且为智能物流骨干网建设提供了有利契机。大数据这个全新环境在方便人们生活、工作的同时，也在不断拓展人类对这个世界的认知。大数据是网络得到全新发展之后的产物，也是人类为自己创造的全新环境。

2．大数据技术对物流行业的深刻影响

科学技术与信息的快速发展，给我们带来的是完全不同的数字化概念。各行业在发展过程中都离不开大数据，大数据作为当前物流企业增强自身实力及市场竞争力的关键手段，已经进入物流企业的各环节，不仅促进了物流企业的改革，也给物流企业带来了未知的挑战和机遇。基于物联网管理模式，构建智能物流模式及物流信息平台是未来发展趋势。

（1）技术方面。

物流管理信息化技术是物流管理的关键，大数据提供的既是技术也是思路，物流行业应用大数据技术已经走在信息技术应用的前端。智能物流管理模式的构建基础在于“四端”联动。“四端”既是数据“生产者”，也是数据“使用者”，而“四端”在于各种物联网技术的支撑。例如，在感知端传感技术的使用，在云端大数据技术的使用。

智能物流给传统物流技术的使用带来改革的方向，广泛应用物联网技术，例如，在运输环节应用 GPS 技术，帮助企业实现智能化调度，提前预测和安排最优的行车路线，缩短运输时间，提高运输效率。智能物流应用建立在传统物流已有技术设备的基础上，并向物联网技术设备发展。

传统物流的信息设备是构建智能物流管理模式的基础，但这些设备的应用远远没有达到智能物流全面感知、实时传输、智能处理等要求。智能物流管理模式必然给传统物流技术的使用带来改变，通过大数据技术分析利用各类信息，实现对物流的有效控制和管理，提高物流运作效率。

（2）管理方面。

智能物流管理模式的构建，为物流管理提供管理方面的改变，其中大数据技术是管理工具。

在管理手段上，管理者改变过去“面对面”的交流模式，运用物联网技术，在应用端搭建决策管理模块，为管理者提供决策支撑，运筹帷幄于千里之外。例如，在仓储环节，加强对分销管理系统的建设，建立库存管理系统，将全国各地的库存在逻辑上拿到公司总部进行管理，可以充分发挥计算机网络的优势，实

现管理“零距离”。

在管理对象上，对物流的管理不局限于货物、设备、人员的简单管理，智能物流管理模式侧重于对专业人才的聘用、管理，以及相关信息技术、信息的管理。

（3）制度方面。

构建智能物流管理模式，在一定程度上解决企业管理制度方面存在的问题，为企业管理提供新的方法。在物流成本管理制度方面，为进行有效的物流成本控制，通过云计算专业团队对整个物流运行过程进行成本预测、分析、计算，支持管理者进行有效的决策，实现综合成本控制。

在智能物流管理模式下，在生产环节通过感知端感知收集信息，并实时传输到云端，减少人力信息传递、人工识别成本和出错率，并能自动预先形成详细的补货信息，从而实现流水线均衡、稳步生产，并节约人力挑拣成本、信息统计成本等，形成成本控制信息化制度。

3. 智能物流中的大数据

大数据非常重要，数据就是资源，但是没有物联网和互联网，难以产生真正的大数据；没有云计算和数据挖掘，没有5G，就难以充分利用大数据。速度快是智能物流系统决策最大的优点，但具有一定的局限性、不稳定性，在决策方面需要人工辅助等。

鼓励基于大数据的智能物流创新，让更多的大数据思维实践能够落地。从物流大数据共享共用的角度，为实现平台基础数据交换和公共信息服务功能，各方应遵循统一标准和规范。应用标准与服务规范是区域交换节点与国家物流平台互联，以及外部应用系统及平台用户在接入平台后调用各类服务功能必须遵循的标准和规范。国家物流平台互联与交换标准为各省市的区域交换节点、外部应用系统及平台用户接入平台提供统一接口技术规范，是实现数据交换和应用平台各项服务的前提条件。

（1）扩大数据的收集范围。

在大数据时代，物流信息平台构建与建设进入加速发展阶段。一直以来，大数据以拥有海量信息著称，大数据平台、物流信息平台产生数据具有海量性、复杂性、多变性等特点。物流大数据主要来源于互联网、物联网、传感器、移动设备等，即可以通过多种渠道进行相关数据的收集。对这些数据进行实时分析，并有效运用其中有利的知识，对于产业发展具有积极促进作用。互联网日志在进行数据收集时，主要通过对相关平台产生的日志信息数据进行分析获得。社交网络每分钟都会产生大量的文字、图片等数据。另外，用户在电子商务平台上进行消费操作时，也会产生一定的浏览、购买记录，甚至会留下商品的评价信息等。传感器在进行数据收集时，通过对相应传感器上的时间、地点、环境等进行实时收集与获取，能够实现大数据在物流配送中的智能监控。而 Web 数据收集就是计算机用户对其中的数据进行归纳、整理过程中获得的有一定价值的数据。

（2）面对庞杂信息的科学解读与运用。

物流企业能否从物流大数据中提炼出对自己有益的信息非常重要，然而各物流企业因规模、投入成本等不同，对物流大数据的有效地识别和利用程度不同，所提炼出来的信息成分和类别也不尽相同。物流大数据只有得到科学的解读才能被充分利用，因此，大数据时代的物流信息平台需要用科学的方法、系统的工序将大数据进行整合、分类，使大数据得到最大效用的利用。目前，我国物流行业对大数据的敏感程度，不足以使大数据的效用发挥到最大，急需进一步改进提升。

（3）关注物流大数据的安全防护。

互联网实现了企业之间的互联，网络安全问题不再是一家企业的问题，而变为关系着千万家企业的问题。在大数据时代，物流企业逐渐开展合作，成立共同的科技公司，以弥补地区分布不均衡的问题。这就意味着，大数据物流信息平台的安全防护系统不仅关系着一家企业，而且关系着多家企业，甚至关系着整个物流信息系统的安全。各家物流企业关系紧密，每个工作流程都是相互关联的，一旦有一个环节出现差错，将会产生连带效应，最后甚至波及整个物流行业。面对如此严峻的网络安全问题，政府相关部门目前尚未制定行业级别的标准规范，各家企业也无从下手，这使很多黑客有机可乘。黑客非法侵入物流企业的信息系统，盗用每个客户的信息，包括家庭住址、电话号码、姓名等隐私信息。这些信息被黑客非法贩卖利用，对客户和物流企业都造成了巨大损失。

（4）关注新技术的应用。

智能技术决策的高效性足以弥补其不足，从物流的配送、调度优化、交通路线选择、数据挖掘和预测评估等方面，智能技术高效的决策调度能力让复杂的物流工作变得容易，这是人工操作无法企及的。未来，相信更多的、更新的技术将在物流行业得到广泛的应用。云计算将第三方云端大数据应用于 WMS/TMS/OMS 等信息系统进行 SaaS 化，为更多的物流企业提供更快的、多样化的系统服务及迭代升级。算法服务技术将路线优化、装箱、耗材推荐、车辆调度等优化，为更多物流企业提供单个或组合的算法应用服务。

（5）关注大数据思维创新落地实践。

大数据物流信息平台思维影响决策行为。互联网技术的发展突飞猛进、变幻莫测，如果思维不能及时跟上多变的互联网，那么在大数据时代，生存便成为难题。实现“最后一千米”物流，是创新物流思维的实践。开拓大数据物流平台思维不仅要顺应大数据的发展，更要进行实时创新。物流产业已成为我国的基础性产业，在大数据的支持和配合下，物流产业进步的空间还很大。

（6）关注大数据应用共享。

目前，大数据开放平台相对较少，大多数能查询数据的公共信息平台的搭建往往只简单地设立了一个物流门户网站，不能提供多种形式的、高质量的服务。与此同时，物流信息管理系统的建立在物流企业管理中发挥了巨大的作用，但因建设需求、建设时间、管理体制的不同，各物流企业之间形成了信息孤岛，导致数据资源的巨大浪费。国家和物流行业信息化标准的制修订，对整个平台的建设、开发、运行和维护起到重要的指导和规范作用，主要包括物流资源共享、车货跟踪、船舶跟踪、集装箱跟踪等应用服务。解决问题的思路是，政府牵头搭建基于数据挖掘技术的城市物流资源共享平台，对城市物流进行有效监督，实现一体化规划管理；行业牵头搭建基于数据挖掘技术的行业物流资源共享平台，使物流信息及先进技术得以共享，达到提高物流效率的目标；互联网公司牵头搭建基于数据挖掘的大数据共享平台，将政府、企业及客户的信息进行整合，实现数据资源的共享要求。

9.3 5G 与智能物流

5G 的性能目标是高数据传输速率、减少延迟、节省能源、降低成本、提高系统容量和大规模设备连接。5G 技术的发展促使人类主动创造数据，5G 技术发展带来的一系列新技术，将体现在从无人驾驶汽车到智能物流的方方面面。未来，5G 与物联网深度融合将加速推进，中国的智能物流应用及服务将实现持续、稳健的发展。

5G 可以将更多系统集成到一个能够更快、更低延迟地共享更多数据的网络中，在态势感知和决策制定方面实现阶段性变革。中国将成为 5G 生态系统的全球供应链领导者。

据全球移动通信协会（GSMA）预测，到 2025 年全球 5G 连接数将达 14

亿个，其中中国的 5G 连接数将达 4.6 亿个，将超过北美和欧洲的总和，居全球第 1 位。

从世界 5G 标准的制定情况来看，3GPP 一直在制定 5G 标准，目前已经完成了 5G 三大场景中的 EMBB（增强型移动宽带）部分标准的制定，后续还将制定 URLLC（超高可靠低延时）和 MMTC（海量机器通信）的标准。

1. 5G 对于农业和电子商务行业的影响

5G 将显著改变农业的种养劳作，通过远程培训实现人力与现实技术的结合，促进农产品种养品质提升、扩大农产品成交规模，既带动了农村脱贫攻坚，又满足了农产品高质量发展的需求。5G 将在从田间体验到智慧餐桌这条供应链上广泛应用。基于 5G 的远程监控助推冷库无人值守，使在智能仓储平台日常开展无人值守作业成为现实。

在 5G 时代，随着流量资费降低，更多用户成为移动互联网的参与者。不难推断，随着 5G 技术进一步发展，目前流量红利已经见底的电子商务行业将迎来全新的发展机遇。数字化体验升级，利用短视频来多方位诠释产品的亮点；使 VR 和 AR 应用到购物中，用户可以在一个类似现实的场景中穿衣试鞋，显瘦还是显胖，码数合适与否，都可以立即呈现于眼前，不需要对着一堆冰冷的数据和几张照片，也不用费尽心思地去查看评论。这不仅是对消费者购物体验的升级，对于商家而言也是可预见的乐事，全新的购物热潮可期。目前，买卖潜力最大的市场在县城和农村，这也是电子商务最想开发的一块市场，电子商务行业的蓝海或将再次出现。

随着 5G 时代的来临，过去网络直播中常见的卡顿现象将会消失，主播能随时与“粉丝”保持互动，不再受网络延迟的影响。另外，长视频可以让用户与品牌或产品进行更深层次的接触，5G 将给视频领域带来更多的流量，不久的将来，新一波全民网上冲浪和移动端购物的热潮将来临。

2. 5G 对于智能物流的推动

5G 技术具有高速率、低延迟、大连接的特点，可以实现万物互联。5G 超越目前网络的发展水平，可为物流行业的用户提供更加智能的体验。

不久的将来，一部手机就可以管理几十万平方米的园区，机器人在仓库的应用解放了人工，快递包裹实现自动化分拣等都将成为产业常态。5G 将显著降低智能物流的投入成本。过去，物流园区无论是 3G、4G 或 Wi-Fi 覆盖，信号都差强人意，成本也高；如果依托 5G 技术，用物联网覆盖园区，物流园区的网联化成本将显著降低，信号也将更加稳定。

在 5G 迅猛发展的背景下，中国物流产业的 5G 竞赛已经打响。2019 年 1 月，中国移动与迅蚁科技首个 5G+无人机物流创新应用实验室在杭州落成；3 月，中国首个 5G 智能物流示范园区京东物流落地上海；4 月，圆通速递、菜鸟网络、中国联通在杭州共同建设全国首个 5G 快递分拨中心。多家企业“全流程无人仓”于 2020 年“双十一”前投入使用，菜鸟无人仓为品牌商家提供精细的供应链管理和高效的物流发货。菜鸟无人仓可以直接从存储区发货，省掉中间环节，单个立体仓库的吞吐能力提高 1 倍多，单个立体仓库一天可以发货 8000 立方米，相当于 140 万箱牛奶。

物流先驱企业已经起跑，而更多物流企业将进入赛道、加速追赶。在国家持续出台利好政策、同行竞争日益激烈、市场需求不断升级的大环境中，物流企业借 5G 东风加速完成技术升级革命，进而实现企业品牌升级转型。放眼整个物流行业，自动化、无人化是大势所趋，物流行业必将走向智能物流。

3. 5G 对国家物流枢纽城市的影响

智能物流在 5G 时代变革创新，将实现更加智能的应用，更快的反应速率，更多更大的可能性，这些都是未来可期的场景。5G 在国家物流枢纽城市的应用将会带来巨大的物流市场与繁荣。

目前，国家物流枢纽城市正在加强区域内整合优化，新技术势必得以拓展和普及，可以预见正在布局规划中的国家物流枢纽城市将率先应用 5G。

4. 5G 对智能物流园区的影响

随着物流园区进入智慧化时代，电子商务、物流、信息、金融等产业之间高效整合、资源联动，共同推进 5G 在物流园区办公、安防领域的广泛应用，物流园区成为产业要素的集聚平台，正在积极打造基于 5G 的应用示范。

传统物流园区经历了井喷式的增长之后，急转而下衰退，过山车般的发展模式导致传统物流园区陷入同质化无序竞争中。在物流园区运营管理过程中，客户资源少，服务管理不到位，安全漏洞大，导致一些传统物流园区利用率超低。智能物流园区更多地分担政府部门的职能，承担社会的基础功能。智能物流园区以货物为中心，从产地、销地、集散地来构建物流网络。5G 将使智能物流园区产生颠覆性效果，自动化、无人化或少人化智能物流园区建设加速发展。

案例 9–2　京东 5G 智能物流园区

京东组建国内首个智能物流园区，具有独特优势。其立足智能物流技术，满载物流行业的殷切期望。

京东 5G 智能物流园区依托 5G 技术，通过人工智能、物联网、自动驾驶、机器人等智能物流技术和产品融合应用，打造高智能、自决策、一体化的智能物流示范园区。

京东首个 5G 智能物流示范园区位于上海嘉定，其中包含智能人员管理与智能车辆管理系统的一期工程已经上线交付使用。除此之外，京东还将同时在北京“亚洲一号”的物流全链路可视化监控、机器人智能配送等多个物流场景进行 5G 应用部署。

根据设计规划，京东 5G 智能物流园区将实现所有人、机、车、设备的一体互联，包括自动驾驶、自动分拣、自动巡检、人机交互的整体调度及管理，搭建 5G 技术在智能物流方面的典型应用场景。

京东 5G 智能物流园区内将设置智能车辆匹配、自动驾驶覆盖、人脸识别管理和全域信息监控，预留全园区自动驾驶技术接入，实现无人重卡、无人轻型货车、无人巡检机器人调度行驶；依托定位技术实现车辆入园路线自动计算和最优车位匹配；通过人脸识别系统实现员工管理，以进行园区、仓库、分拣多级权限控制；基于 5G 建设园区内无人机、无人车巡检及人防联动系统，实现人、车、园区管理的异常预警和实时状态监控。

在数字化仓库自动入仓及出仓匹配、实时库存管理、仓储大脑和机器人无缝衔接、AR 作业、包裹跟踪定位等场景中，5G 技术也将发挥重要作用。根据规划，京东 5G 智能物流园区将自动识别仓库内商品实物体积，匹配最合理的车辆，提升满载率；借助仓储大脑实现所有搬运、拣选、码垛机器人互联互通和调度统筹，以及仓库内叉车、托盘、周转筐等资产设备的定位跟踪；通过 AR 眼镜帮助操作员自动识别商品，并结合可视化指令辅助作业；实现包裹实时追踪和全程视频监控，方便商家、客户随时查询包裹情况并进行履约超时预警。

自动分拣系统是一种集光、机、电、信息技术于一体的现代化装备，它包含了存储系统、零拣系统、复核打包系统、集/合单系统、路线规划系统、机器视觉识别系统、人机交互系统、信息管理系统等。

与人工智能、物联网、自动驾驶等一样，5G 未来将成为智能物流发展必不可少的技术前提。此前，5G 智能物流园区前瞻性布局以无人机、无人车、无人仓、人机交互等为代表的智能物流技术应用，带动了整个物流行业的创新性发展。5G 智能物流园区建设，成为搭建软硬件一体技术体系、面向未来布局、继续引领行业发展的重要方向。

作为技术驱动、数据智能的物流科技企业，京东物流正式明确其核心战略为“体验为本，效率制胜”，同时提出重点围绕“提升网络效率和标准服务能力、健全全面供应链服务能力、强化科技领先和平台化能力”三大必赢之战，全面推进企业高质量发展。其中就包括 5G 技术应用创新有所突破、物联网应用快速布局，同时基于技术能力的沉淀，加强平台化能力建设，将经过实践验证的物流技术对外输出。

京东以 5G 智能物流园区为开始，实现物流全环节人员、设备、数据的互联，以及园区、仓储、站点、车辆、末端设备等全流程基础设施的互通，逐步形成 5G 在物流行业的应用和技术标准。京东 5G 智能物流园区将建设成为行业应用领先实践，更多 5G 技术加持下的物流智能升级也将陆续到来。

9.4 大数据技术下智能物流的应对与体验

新冠肺炎疫情对全球经济造成空前的冲击，其影响力度实属罕见。新冠肺炎疫情让全球经济按下暂停键，其间生鲜电子商务的业务量出现爆发式增长，但同时包裹分拣及配送任务非常艰巨，这使得应用了自动输送分拣系统的大型仓配一体物流中心逐渐成为现代物流系统的核心。

大数据技术下的智能物流对遏制新冠肺炎疫情发挥了重要作用。其中，无人机提供运送检验标本等智能无人化服务，无人物流车、无人清洁消毒车用于隔离区内的送餐服务、清洁消毒，智能配送机器人快递极大地提高疫情防控效果和效率，顺丰无人配送实现了无接触援助，菜鸟搭建的国家智能物流骨干网成为防疫救援和经济复苏的双通道。

案例 9-3　国家智能物流骨干网

菜鸟持续投入建设国家智能物流骨干网，加快实现在中国任何地方货物 24 小时达，在全球范围内货物 72 小时达。72 小时全球运货必达是什么概念，举个例子，挪威白天捕鱼，杭州晚上吃鱼。这种兑现全球美好生活的愿望，在新冠肺炎疫情席卷全球时，让菜鸟意外成为飞遍全球的明星。

菜鸟是全球四大跨境包裹网络之一，日均处理订单超过 FedEx、DHL，仅次于 UPS 公司。菜鸟采用一种理想主义的物流解决方案，强调协同，即通过与快递公司、航空公司等合作伙伴建立协同关系，打造数字化基础设施，实现平台更高效调度与运转。这种看似更苦、更累的解决方案，使菜鸟成为新冠肺炎疫情暴发后物流行业的中流砥柱。

菜鸟完成物联网智能改造的物流园区的景象为：机器人忙着搬运拣选货物；摄像头能自动识别消防通道是否堵塞；在分拨区域，摄像头能自动识别包裹目的地，并按照目的地将包裹分类，方便下游集中配送。

2016 年，菜鸟上线，解决的是消费者要去线下找快递、快递市场面向 C 端用户价格体系混乱、快递上门时间无法确定等一系列痛点问题。这些痛点问题解决的背后，是菜鸟智能化物流网络不断进化、优化用户体验的结果。现在，淘宝、天猫用户可以在平台享受无缝链接的退换货服务，只需要在退换货订单后选择菜鸟的服务，就可以在线预约快递员按时上门，退换货地址也不需要手动填写，菜鸟开发的数字化系统会为用户自动填写。

借助菜鸟铺向全球的国家智能物流骨干网，通过菜鸟冷链网络，泰国金枕榴莲从树上采摘，到进入中国仓库只需要 120 小时；在吉隆坡，以前商品的通关平均时长为 36 小时，通过菜鸟的关务平台网上操作，通关平均时长降低为 0～3 小时，99.9%的线上申报包裹获得秒级通关；在比利时，一个中小型货运机场因为菜鸟 eHub 的到来，货运吞吐量进入欧洲前列，成为货运吞吐量增长最快的欧洲机场之一。

菜鸟搭建的全球物流骨干网，是防疫救援和经济复苏的双通道。其中，在欧洲地区，通过在比利时等建立 eWTP 枢纽通道，既保障了救援、医疗物资准时到达，又保证了中国与全球商品物资的正常流动。即使在新冠肺炎疫情期间全球运输价格暴涨的困难时期，菜鸟仍然实现了总体物流成本降低 20%以上，助力中欧商业往来的正常运转。

国家智能物流骨干网看似抽象，但菜鸟已在幕后默默干了 7 年。每个不断提速的菜鸟包裹背后都是大数据技术不断修炼的结果。电子面单被视为大数据的关键一步。2014 年 5 月，菜鸟第一张电子面单上线。每个快递包裹，都相当于被装上了一张独一无二的“身份证”，变得可以被实时追踪。当时，中通率先使用菜鸟电子面单。电子面单就像打通了物流的“任督二脉”，自动分拣设备、智能分单、智慧物流也因此发展起来。

菜鸟已然将数字化物流基础设施铺向全球，其下一步仍然瞄准大数据提速。菜鸟将联合快递公司增加大数据技术投入，把物流行业建设成像水、电、煤一样 24 小时不间断运营的基础设施和生命线；全球智能物流骨干网的覆盖将更快、更灵活；菜鸟驿站将升级为数字化的社区生活服务站，通过增加团购、洗衣、回收等服务，让物流末端更贴近消费者；将继续拓展国际寄件、智能寄件等新场景，优化快递员收入结构，让快递员和消费者更好连接。

全球化仍然是菜鸟未来发展的重点之一。未来 3 年内，菜鸟将把跨境包裹时效提升 1 倍，为中小企业提供跨境贸易主通道。菜鸟已经着手在泰国、俄罗斯、西班牙、美国等地增设物流枢纽设施，并计划未来新增 1000 架次出口包机，未来 3 年通过近 200 万平方米海外仓为中小企业备货出海，从而建设一张全球最大的包裹网络。除物流网络这项基础设施之外，菜鸟还发起从消费供应链到产业供应链的升级，为品牌、商家和工厂提供数字化解决方案，其中产业升级的目标直指产业带集群，希望帮助 10 个产值百亿元的产业带和 1000 家产值超过 1 亿元的工厂。

菜鸟快速成长的 7 年也是中国物流行业突飞猛进的 7 年。菜鸟用 7 年时间变身物流行业四大企业之一，表面上看是阿里巴巴投资物流行业的又一次价值扩张，背后则体现了坚持业内协同、大数据数字化商业模式。

参考文献

[1] 孙晓雨. 大数据时代提升意识形态安全的路径研究[C]//中国通信学会网络空间安全战略与法律主题征文论文集. 2018.

[2] 姜锋. 大数据行业应用和商业模式研究[J]. 软件产业与工程，2014(4)：20-23.

[3] 孙会峰. 2019 中国大数据产业发展白皮书[J]. 互联网经济，2019，9：10-21.

[4] 许鹏天. 大数据视野下社会治安防控体系研究[D]. 上海：华东政法大学，2017.

[5] 李真春，裴彦芳. 大数据概念及主要技术分析研究[J]. 科技传播，2016，19：105-106.

[6] 吴萍. "互联网+"背景下智慧物流发展的新动能、态势与路径[J]. 商业经济研究，2018(7)：81-83.

[7] 吴迪. 鞍钢物流管理平台优化设计[D]. 长春：吉林大学，2016.

[8] 洪波涌. 产业链视角下我国智能物流业发展研究[D]. 福州：福建师范大学，2016.

[9] 邱伏生. 面向智能制造的智慧供应链建设[J]. 物流技术与应用，2017，22(3)：92-94.

[10] 韩东亚. 仓配装一体化产品生产,仓储和配送问题研究[D]. 合肥：中国科学技术大学，2019.

[11] 董鹏，胡培新. 大数据时代将"革新"物流业[J]. 铁路采购与物流，2015，5：59-60.

[12] 杨曙. 大数据时代的智能物流模式研究[J]. 企业科技与发展，2018，439(5)：120-121.

[13] 丁阳. 基于大数据下陕西省智慧物流体系建设研究[J]. 中国商论，2018，17：12-13.

[14] 李芏巍. 高端物流探索与研究[J]. 中国流通经济，2008，12：20-33.

[15] 李艾巍. 生鲜食品供应链，迎来新时代发展全球机遇[N]. 现代物流报，2018-02-28.

[16] 孙燕，李芏巍. 构建新型生鲜食品供应链方法研究[J]. 公路交通科技（应用技术版），2018，161(5)：321-323.
[17] 高家奎，殷大发. 基于 GIS+BIM 的煤层气发电站智能化综合管控平台构建研究[J]. 能源与环保，2020，42(4)：137-140，149.
[18] 李心萍. 人工智能+物流快到家[N]. 人民日报，2018-02-08.
[19] 唐玮峰. 基于云计算的分布式库存调拨模型构建与算法研究[D]. 桂林：广西师范学院，2016.
[20] 蒋凡. 物流大数据标准及案例研究[J]. 大数据，2017，3(4)：60-66.
[21] 顾颀，朱灿，曹健. 互联网商品匹配算法[J]. 上海大学学报：自然科学版，2016(22)：58-68.
[22] 王荣花. 大数据对物流发展的影响[J]. 现代营销：学苑版，2018.
[23] 田雪，司维鹏，刘莹莹. 大数据在物流企业中的应用[J]. 电子商务，2015，1：36-37.
[24] 吴宇，等. 大数据驱动物流企业价值创造机理[J]. 物流工程与管理，2017，9：31-32.
[25] 童婧，刘春艳. 大数据技术对智慧物流各环节的影响[J]. 科技经济导刊，2017(30)：39，116.
[26] 李佳. 基于大数据云计算的智慧物流模式重构[J]. 中国流通经济，2019，33(2)：22-31.
[27] 张唯，赵明. 让机器人“跑腿”[J]. 科学之友，2019(4)：34-35.
[28] 丁新明. 电子商务冲击下线下实体店发展模式创新——基于线上线下商业业态的比较[J]. 经济研究导刊，2021，4：135-137.
[29] 左越. 区块链技术和产业发展论坛为技术发展指明方向[J]. 信息技术与标准化，2016，11：9.
[30] 张驰. 数据资产价值分析模型与交易体系研究[D]. 北京：北京交通大学，2018.
[31] 张璟霖，伦祖炜. 区块链技术与供应链金融结合研究[J]. 合作经济与科技，2017(21).
[32] 任芳. 从数字化到“数智化”物流行业加速变革[J]. 物流技术与应用，2019，7：74-75.
[33] 郭博文，祖峰. 浅谈大数据对物流企业竞争力的影响及应用策略[J]. 商业经济，2016，9：57-59.

[34] 王谦，李江凤. 基于物联网管理模式的智慧物流模式构建[J]. 中国市场，2014，50：79-82.

[35] 刘彩芳. 大数据技术在现代物流中的应用研究[J]. 智能计算机与应用，2017，7(6)：169-170.

[36] 梁红波. 云物流和大数据对物流模式的变革[J]. 中国流通经济，2014(5)：41-45.

[37] 余浩宇. 基于大数据的企业物流管理体系优化研究[J]. 环渤海经济瞭望，2018(4)：191-192.

[38] 杨曙. 浅析大数据时代物流信息的挖掘与应用[J]. 电脑知识与技术，2017，13(18)：1-2.

[39] 庞彪. 以智慧促升级[J]. 中国物流与采购，2017，5：38-40.

[40] 郭祥栋，李弘. 供应链与物流管理的发展现状及前景研究[J]. 内蒙古科技与经济，2007(7)：11-12.

[41] 孔婷婷. 供应链一体化时代的物流管理研究[J]. 企业家天地旬刊，2013(12)：39-40.

[42] 王勇，吴志勇，廖明，等. 物流配送车辆调度决策支持系统[J]. 重庆大学学报（自然科学版），2006，29(9)：162-166.

[43] 龙婷. 基于GIS的城市物流配送路径规划系统研究[D]. 长沙：湖南大学，2013.

[44] 贾旭光. 基于智能快递箱的城市快递配送系统优化研究[J]. 江苏商论，2018，6：40-41，46.

[45] 陈文玲. 世界经济正处于历史的十字路口[J]. 全球化，2019，5：13-32.

[46] 赵广立. 无人驾驶卡车上路还有多久[N]. 中国科学报，2019-10-17.

[47] 林恺华，赵莹，江国逊. 区域性物流产业集聚区发展规划研究[J]. 物流工程与管理，2011，4：33-35.

[48] 付爱农，夏元. 大数据智能化助力“重庆装备”提质增效[N]. 重庆日报，2020-06-26.

[49] 曹立明. 谈区域物流信息云平台在物流资源整合中的作用[J]. 商业经济研究，2014(5)：56-57.

[50] 程琳，朱晓峰，陆敬筠. 基于大数据的共享物流信息平台模型研究[J]. 科技管理研究，2018，409(15)：241-245.

[51] 赵然，安刚，周永圣. 浅谈智慧供应链的发展与构建[J]. 中国市场，2015，10：93-94.
[52] 俞华锋. 基于云计算的智慧物流平台的研究[J]. 科技视界，2015，32：39-39.
[53] 庞彪. 智慧物流加速落地[J]. 中国物流与采购，2016(15)：31-33.
[54] 石荣丽. 基于大数据的智慧物流园区信息平台建设[J]. 企业经济，2016，3：134-138.
[55] 王柏谊，孙庆峰. 大数据时代物流信息平台构建与建设对策研究[J]. 情报科学，2016，36(3)：52-56.
[56] 张汉青. 我国大数据产业进入加速发展期[N]. 经济参考报，2019-06-06.
[57] 赛迪智库大数据产业形势分析课题组. 大数据：与实体经济融合更加深化[J]. 网络安全和信息化，2020，3：17-20.
[58] 李立. 菜鸟变身“新四大” 阿里新基建再扩张[N]. 中国经营报，2020-06-29.
[59] 李芏巍，杨倩，许行，等. 生产服务型国家物流枢纽：概念，特征及其在全球供应链中的地位[J]. 供应链管理，2020，3(3)：94-108.
[60] 李芏巍. 国家枢纽城市建设对投资与消费的拉动具有“乘数效应”[J]. 中国经济评论，2021，3：5.
[61] 李芏巍，杨倩，甘盖凡，薛战雷. 新基建战略下国家物流枢纽及重要物流基础设施发展机遇研究[J]. 供应链管理，2020，10(10)：101-117.
[62] 李宏斌，李芏巍，王振，等. 空港型国家物流枢纽：概念，特征，机理及其在全球供应链中的特殊地位[J]. 供应链管理，2021，2(7)：30-40.
[63] 陈红梅，李芏巍，杨倩，张震. 港口型国家物流枢纽：概念、特征及其在全球供应链中的地位[J]. 供应链管理，2020，1(9)：62-73.

后 记

《大数据在智能物流中的应用》推出并进入公众视野，顺应了大数据和物流两大产业融合发展的趋势。笔者在长期从事城市发展、物流供应链的理论研究和实践探索的基础上，对“大数据”与“智能物流”两大命题进行全面、详尽的梳理，让人们看到大数据与智能物流的融合创新。

在《大数据在智能物流中的应用》书稿整理过程中，笔者见证了“大数据”飞速发展的历程，感受了“智能物流”发展与创新探索的过程，也更多地了解了大数据在智能物流中应用的模式创新这一探索过程。从开始写作至完稿，笔者不断与有关人士交流，得到了很多建议、鼓励和帮助，借此机会向他们致以衷心的感谢。

感谢《物联网在中国》（二期）编委会的支持，感谢《国之重器出版工程》编辑委员会，感谢编委会的各位领导、委员和专家们，谢谢大家！特别感谢工业和信息化部国家金卡工程协调领导小组办公室主任张琪司长多年来的支持与鼓励，特此鸣谢！

本书荣幸邀请到中国物流与采购联合会会长、中国物流学会会长何黎明作序。笔者与何黎明相识于 20 年前，他是我特别尊重的一位国家一级协会与学会领导，他曾担任国际采购与供应管理联盟全球主席、亚太物流联盟主席，在国内和国际物流行业有广泛的影响力。何黎明领导下的中国物流与采购联合会、中国物流学会，影响着中国物流行业的发展，也影响着中国物流的研究工作者，他是中国现代物流的重量级人物，为中国现代物流的发展做出了卓越的贡献。感谢何黎明会长对本书给予的帮助与支持，特此鸣谢！

本书得到国务院原参事、全国政协原常委、中国物流策划研究院和中物策（北京）工程技术研究院院务委员会主席、中国物流与供应链智库专家顾问委员会主席任玉岭研究员，国务院原参事、全国政协原常委、中国物流策划研究院和中物策（北京）工程技术研究院院长李庆云教授，住房和城乡建设部稽查特派员、中国物流策划研究院和中物策（北京）工程技术研究院副院长苏是嵋教授级高工的帮助与支持，特此感谢。

在本书编写过程中，广州大学原副校长禹奇才教授，国际著名冷链专家、广州大学工商管理学院谢如鹤教授，广州大学建筑学院副院长龚兆先教授、原副院长沈粤教授，广州大学建筑设计研究院院长李建军教授、骆尔提书记、肖泽红常务副院长、吴薇副院长、罗文副院长等对本书给予了帮助与支持，特此感谢。

本书在编写过程中得到了国内行业专家们给予的支持与鼓励，他们是中国物流学界泰斗王之泰教授，北京交通大学物流研究院院长徐寿波院士、副院长王耀球教授，中国物流与采购联合会和中国物流学会会长何黎明、副会长崔忠付、副会长贺登才、副会长蔡进、副会长戴定一，全国物流园区专业委员会主任姜超峰、副主任冯耕中、副主任张晓东，中粮工程科技股份有限公司纪委书记陈华定，国家发展和改革委员会综合运输研究所所长汪鸣，国务院发展研究中心魏际刚研究员，广东省中小企业局副局长黄建明等，特此鸣谢。

本书在编写过程中得到了遂宁市政府、德阳市政府、达州市政府、广清指挥部、鹤壁市人民代表大会常务委员会、安康市政府、安康市发展和改革委员会、高安市政府、都匀市政府、遂宁市船山区政府、乌兰察布市集宁区政府、中国西部现代物流港管委会、集宁现代物流港管委会、宜宾市翠屏区政府、德阳市商务局、清远市规划局、恒口示范区（试验区）管工委、达州国资管理公司、达州秦巴物流园、达州供销合作联社、四川棉麻集团、宜宾市翠屏区商务局、高安市汽运产业基地管委会等的帮助与支持，特此感谢。

本书在编写过程中得到了国家智库、中国物流与供应链智库、首控国际智库、中新智库、“一带一路”自贸驿站建设发展工作联席会议、中国信息协会智慧物流产业分会、华南商业智库、亚太供应链智库、华南现代物流学会、广东省商业经济学会、广东省物流与供应链协会、广东省物流与供应链学会、广东高科技产业商会、贵州省职工书画摄影家协会、广州市物流技术与应用协会的帮助和支持，特此感谢。

本书在编写过程中，得到了广州商控集团、广州交通投资集团、中铁南方、中铁十局、东鹏集团、山东顺和集团、四川绿然科技集团、广东林安物流集团、广东来裕物流集团、威斯腾西部铁路物流园、四川双龙铁路物流园、临沂天源国际物流有限公司、北京雨成管理咨询有限公司、广州市广百物流、广州志鸿物流、宝新物流、行者物流、中运国际集团、贵广绿谷创意园、广东兰亭智投、广州贵广投资、节点云科技信息、珠江啤酒、贵州省仁怀市本味坊酒业、贵州省仁怀市唐家酒坊、广东黄老爷生物科技等企业的帮助与支持，特此感谢。

本书在编写过程中得到了《澳门导报》报社及陈蓺（Lucy）总编辑的帮助与支持，特此感谢。

特别感谢中国物流与采购联合会、中国物流学会、中国物流策划研究院、中物策（北京）工程技术研究院、广州大学建筑设计研究院、广州大学工商管理学院、广州大学物流与运输研究中心、广州大学物流类专业教学指导委员会等对本书给予的帮助与支持。

本书得到了中国物流与供应链智库精英团队优秀成员李家齐教授、李弘教授、黄远新教授、秦进教授、陈红梅教授、张良卫教授、林植潘教授、易海燕副教授、杨京帅副教授、刘广海副教授、刘仁军副教授、刘鹏飞副教授、李宏斌博士、冯志祥高级经济师、甘盖凡注册规划师、薛战雷注册规划师、徐来注册规划师、颜梦注册规划师、李峻磊研究员、杨倩研究员等的帮助和支持，感谢广州李芏巍工作室赵春洁、马兰、李子豪、李慕妍、李灏钧等给予的帮助和支持。

本书得到了许行、付夏莲及张远昌研究员的帮助和支持，他们参与了本书目录和框架的搭建，特此鸣谢！

感谢电子工业出版社及相关编辑在本书出版过程中给予的大力支持、帮助和辛苦的工作，特别鸣谢！

另外，本书写作参阅和引用了大量相关的资料、数据、案例，这些来源于公开发表的报纸、杂志、书籍，以及网络、电视、广播等，有原作出处的本书已经注明，有的遗漏未注明出处，在此一并致谢。本书涉及信息来源广泛，感谢所有参考资料的作者及其单位的支持与帮助。若本书参考资料有遗漏未注明出处的，请有关人员与笔者联系（微信：liduwei56；助理电话：020-86237961）。

感谢所有对本书给予帮助与支持的朋友们！在此谢谢大家！

李芏巍

于广州大学